"一带一路"战略构想热点问题研究

一带一路
战略构想及其实践研究

The Grand Strategic Idea and Its Practice of the Silk Road Economic Belt and the 21st-Century Maritime Silk Road

胡 键◎著

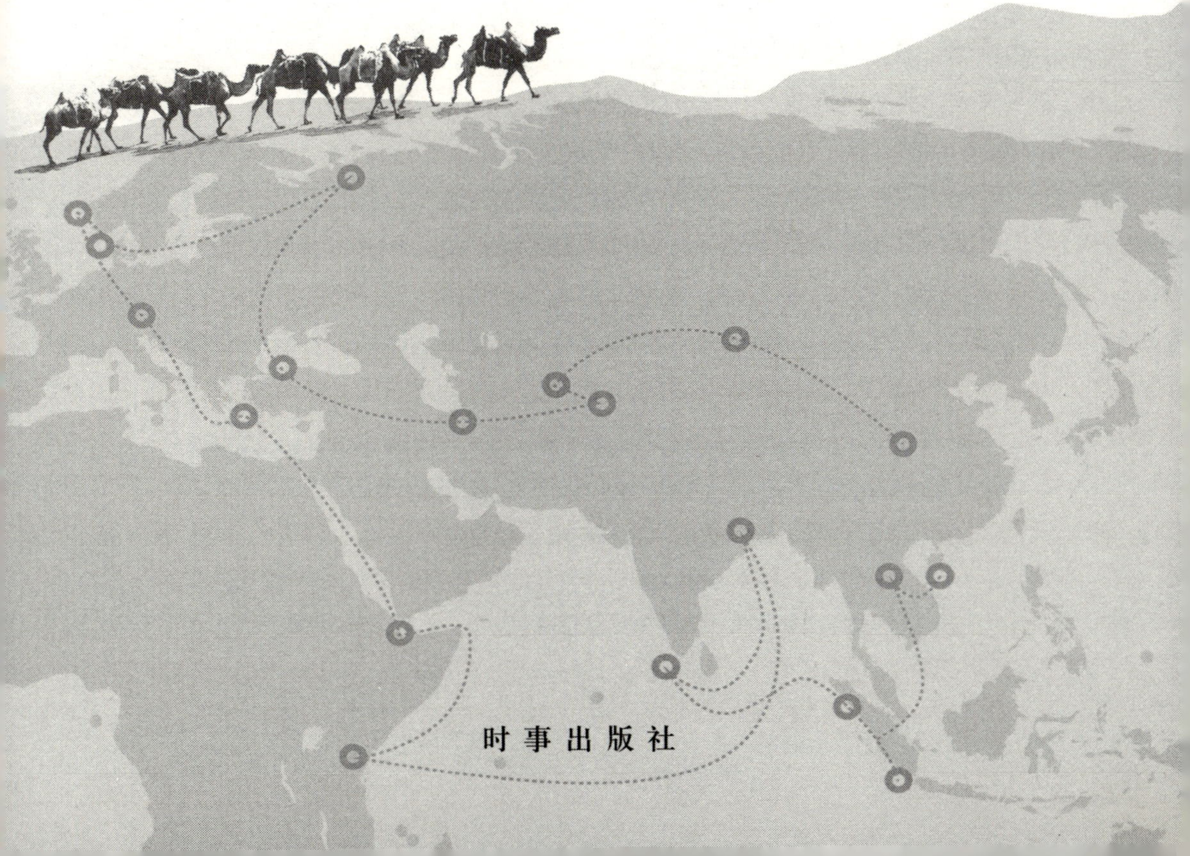

时事出版社

图书在版编目（CIP）数据

“一带一路”战略构想及其实践研究/胡键著．—北京：时事出版社，2016.1

ISBN 978-7-80232-905-8

Ⅰ．①一…　Ⅱ．①胡…　Ⅲ．①区域经济合作—国际合作—研究—中国　Ⅳ．①F125.5

中国版本图书馆 CIP 数据核字（2015）第 253031 号

出版发行：时事出版社
地　　址：北京市海淀区万寿寺甲 2 号
邮　　编：100081
发行热线：（010）88547590　88547591
读者服务部：（010）88547595
传　　真：（010）88547592
电子邮箱：shishichubanshe@sina.com
网　　址：www.shishishe.com
印　　刷：北京昌平百善印刷厂

开本：787×1092　1/16　印张：14.25　字数：230 千字
2016 年 1 月第 1 版　2016 年 1 月第 1 次印刷
定价：68.00 元
（如有印装质量问题，请与本社发行部联系调换）

前　言

本书是基于笔者在社会上讲课的内容形成的。自2013年9月习近平提出“一带一路”战略构想之后，不仅各高校、党校在学习，而且社会各层面都希望对此予以了解和领会。尤其是一些省市希望努力抓住“一带一路”的机会以实现经济的跨越，也邀请笔者前往讲课。因此，自2014年下半年以来，笔者应邀到十多所高校、党校，以及部队、党政机关专门讲“一带一路”的问题，并在此基础上形成了不同专题的讲稿，而后每讲一次又不断完善，最终形成了这本书的内容。由于是在讲稿的基础上形成的，因此严格来说，它不是一本研究性专著，而是一本整合性专著，并且可能存在一些不够严谨的地方，特别是在参阅资料的时候缺乏必要的学术规范。笔者一直强调学术规范，但由于是热点问题，加之受讲课时效性的制约，本书不同于笔者一贯的做法，希望读者用宽容之心予以谅解。

虽然本书是在讲稿的基础上形成的，但并不意味着其中所探讨的“一带一路”对笔者来说完全是一个陌生的领域，相反，笔者对这个问题已经有较长时间的关注和研究。“一带一路”的内涵包括两个方面：一个是新丝绸之路经济带，主要是面向亚欧大陆各国的经济发展问题；另一个是海上丝绸之路，主要是面向东部沿海途经东南亚、南亚以及环印度洋各国的经济发展问题。新丝绸之路经济带建设中所涉及的最重要的区域无疑是中亚地区。笔者过去长期研究中亚问题，包括中亚国家的政治、经济、社会、文化以及中亚的对外关系，并发表了一系列有关中亚问题的论文，应该说这是形成本书最重要的基础。2007年，第二届

"欧亚经济论坛"在西安举行，其主题就是"新丝绸之路与和谐社会"，来自中亚、俄罗斯、美国、欧盟和中国的专家学者、政府职能部门的官员以及各国媒体人士共500多人见证了这次国际盛会。参加本次会议的中国领导人是时任中共中央政治局常委、全国政协主席，其他国家也有政府要员参会。由此可见，各国都十分关注对新丝绸之路经济带的研究。本次论坛的成果最后形成了一本论文集，这可以说是关于新丝绸之路经济带研究最早、最全面的成果，其内容涵盖了中亚地区的政治、经济、社会、文化以及非传统安全治理等方面的研究。

中亚问题的研究也包括大陆桥经济问题的研究，因为第二亚欧大陆桥从中国连云港经陇海线、兰新线，穿过中哈边界进入中亚地区，最后到达荷兰的鹿特丹。但是，这条大陆桥却长期受制于各种非传统安全因素特别是恐怖主义、分裂主义、极端主义的影响，以及中亚各国政局的影响而难以发挥其正常的功效。这是从事中亚问题研究而对第二亚欧大陆桥问题的一种观感。但不管怎样，中国经济发展不仅要加强第二亚欧大陆桥的建设，而且需要寻找"走出去"的更多通道。2007年，应云南省发展和改革委员会与云南省社会科学院的邀请，笔者参加了"第三亚欧大陆桥"的可行性论证，并作为评审组组长提出了不少想法。尽管关于"第三亚欧大陆桥"当时只是一个设想，但它至少拓展了中国"走出去"的视野。结合云南省学者在20世纪90年代中后期提出的"中印缅孟经济合作"的设想来看，实际上，这一系列的设想是非常有意义的。在此基础上，2013年李克强总理在与印度领导人会晤时提出了"中印缅孟经济走廊"的倡议，得到了相关国家的高度认同。2015年9月，笔者应西双版纳州政府的邀请去讲授"一带一路建设与中印缅孟经济走廊"的相关内容，随后考察了西双版纳州的产业、交通、口岸等情况，这种直观印象为进一步完善本书提供了非常重要的帮助。

另外，2010年，在新疆"7·5"事件一周年之际，笔者到新疆进行考察，从乌鲁木齐开车经巴音布鲁克草原、库车、库尔勒、和田、喀什，最后到达塔什库尔干中巴边界上的红旗拉甫山口，对南疆的人文、经济进行了考察，对中巴公路沿线以及中巴合作的情况也有了直观的认识。这些考察对后来关于"中巴经济走廊"的认识非常有价值。

总之，本书是基于既有研究而写成的，并非一时之兴的产物。需要指出的是，"一带一路"战略构想提出之后，言之者可谓众矣，然而真正在研究其内涵的却为数不多，绝大多数都是把"一带一路"作为一顶帽子在使用，而没有进行直接涉及其实质性内容的研究。这样会导致"一带一路"成为一种口号，从而降低它对中国乃至世界的意义。本书则是关于"一带一路"的综合性研究，虽不全面，但却直面其内容。不管怎样，对于想了解"一带一路"内容的学者和政府决策者而言，本书还是有一定现实参考价值的。

胡键

2015 年 9 月

目 录

Contents

第一章
“一带一路”战略构想提出的背景

“一带一路”战略构想是习近平主席在2013年提出来的战略设想，但绝非突发奇想，也并非空中楼阁，而是有着深厚的理念渊源的。其中的理念渊源远的历史不说，我们可以从“上海五国”到上海合作组织的发展中找到其历史脉络，尤其是其与中俄传统文化和十八大的外交思想还有着直接的关系。

第一节 “一带一路”战略构想的理论渊源

“一带一路”战略构想是中国改革开放外交实践的最新发展。从理论上来看，它不仅受到中国传统文化的影响，而且直接就是中国当代外交实践的理论抽象，特别是党的十八大中国外交思想的具体化。

一、与“上海五国”会晤机制的渊源

中国与苏联之间存在长达7500多公里的共同边界，曾多次发生正面冲突。1989年5月，苏联领导人戈尔巴乔夫访华，邓小平在会见他时正式宣布：“中苏关系从此实现正常化。”1989年11月，中苏双方开始就边境地区加强军事领域信任和相互裁减军事力量问题进行谈判。1991年

12月苏联解体后，中国与苏联的边界变为中国与俄罗斯、哈萨克斯坦、吉尔吉斯斯坦、塔吉克斯坦四国的边界。相应地，原先中苏双方一对一的边界谈判转为以中国为一方，俄、哈、吉、塔四国为另一方的五国两方谈判。后来，由于形势的发展，五国领导人决定继续保持这一机制，并且由五国两方变为五国五方，讨论更广泛的合作问题。“上海五国”正是沿着这样的逻辑发展起来的。

苏联解体后，中国与俄、哈、吉、塔的边界问题谈判非常艰难，但是从1992年3月开始，五国两方延续了1989年11月的中苏两国边境裁军谈判。到1995年12月，五国两方进行了22轮谈判，最后就中国与上述四国关于在边境地区相互裁减军事力量协定及其他有关文件的内容达成一致。因此，经五国的共同努力，1996年4月26日，中华人民共和国、俄罗斯联邦、哈萨克斯坦、吉尔吉斯斯坦和塔吉克斯坦五国元首在上海共同签署了《中华人民共和国和俄罗斯联邦、哈萨克斯坦、吉尔吉斯斯坦和塔吉克斯坦关于在边境地区加强军事领域信任的协定》，这就是“上海五国”的雏形。根据协定，五国两方部署在边境地区的军事力量互不进攻；双方不进行针对对方的军事演习；限制军事演习的规模、范围和次数；相互通报边境100公里纵深地区的重要军事活动情况；彼此邀请观察实兵演习；预防危险军事活动；加强双方边境地区军事力量和边防部队之间的友好交往等。这个协定使中俄、中哈、中吉、中塔边界在成为和平友好边界的道路上迈出了关键的一步。

1997年4月24—25日，五国两方又在莫斯科签署了《在边境地区相互裁减军事力量的协定》。其主要内容是：中国与俄、哈、吉、塔双方将边境地区的军事力量裁减到与睦邻友好相适应的最低水平，使其只具有防御性；互不使用武力或以武力相威胁；不谋求单方面的军事优势；双方部署在边境地区的军事力量互不进攻；裁减和限制部署在边界两侧各100公里纵深的陆军、空军、防空军航空兵、边防部队人员和主要种类的武器数量，确定裁减后的最高数额；确定裁减方式和期限；交换边境地区的军事力量的有关资料；对协定的执行情况进行监督等。由于五国会晤取得如此丰硕的成果，五国领导人决定继续保持这一机制，由五国两方变为五国五方，讨论更广泛的合作问题。《在边境地区相互裁减军事力量的协定》与《关于在边境地区加强军事领域信任的协定》一起，为后来中国与四国在双边基础上解决边界问题奠定了基础。

在开始边界问题谈判的同时，军事上的互信机制也逐渐建立起来。当然，这种互信机制首先是在有关各国政治互信的基础上建立起来的。俄罗斯独立后，中国作为其最大的邻国立即予以承认，并不再以意识形态为国家间关系标准，而是本着睦邻友好、平等信任、互利合作、共同发展以及遵守国际法则的基本精神来指导两国间的新型关系。当然，这种政治上的互信也建立在两国友好的历史渊源之上。军事互信机制是在新的国际环境中培育起来的。冷战结束后，国际环境发生了深刻变化，全球化已成为不可阻挡的历史潮流，和平与发展是时代的主题，发展更是世界各国的时代主旋律，世界各国、各地区都在求合作、谋发展。中国与俄罗斯、中亚各国都处于经济转轨、社会转型时期，都面临着内部经济发展的艰巨任务，本地区尽管存在许多历史遗留问题，但没有理由不建立新的合作机制。

从 1996 年开始，“上海五国”元首每年会晤一次，以增进相互之间的友谊，更重要的是五国加强打击日益泛滥的恐怖主义、分裂主义和极端主义实力。苏联解体后，中亚地区宗教纷争和民族冲突不断，而这一切又与国际伊斯兰极端势力相联系，从而使该地区各国的极端势力联成一体，形成了一股跨国的恐怖主义势力，严重危害着中亚地区各国的国家安全与社会稳定。“上海五国”元首会晤机制一开始就对这一现象给予了极大的关注。1998 年 7 月，五国领导人在阿拉木图举行第三次会晤，共同签署了《阿拉木图联合声明》。五国一致表示：“任何形式的民族分裂主义、民族排斥和宗教极端主义都是不能接受的”，并把“将采取措施，打击国际恐怖主义、有组织犯罪、偷运武器、贩卖毒品和麻醉品以及其他跨国犯罪活动”的原则首次写入会晤的联合公报。1999 年 8 月，五国元首第四次会晤在吉尔吉斯斯坦首都比什凯克举行，并发表了《比什凯克联合声明》。声明首次指出：民族主义、宗教极端主义和国际恐怖主义以及毒品走私、武器贩运是影响本地区各国稳定与安全的严重威胁，决定“采取联合行动”，打击、遏制三股恶势力以及毒品、武器走私等犯罪活动，并推动五国执法安全部门的合作。这次会议之后，五国执法安全部门领导人和国防部长相继召开了三次实质性会议，讨论了建立军事安全以打击恐怖主义方面的合作机制的具体问题。2000 年 7 月，五国元首在塔吉克斯坦首都杜尚别举行第五次会晤，乌兹别克斯坦总统以观察员身份参加会晤，各方重申联合打击三股恶势力以及非法贩卖武器、毒品和非法移民等犯罪活动。为此，五国商定，将签署多边合作条约与协定，五国边防、海关和安全部门负责人定期会晤，酌情在五国框架内联合举行反恐怖和反暴力活动的演习，就地区形势和共同关心的国际问题广泛地交换意见，并就构筑面向 21 世纪的睦邻友好与和平合作大厦达成广泛的共识。

在这里不得不提哈萨克斯坦。苏联解体后，哈萨克斯坦于 1991 年 12 月独立。独立后不到一年，纳扎尔巴耶夫总统就在 1992 年 10 月的第 47 届联合国代表大会上首次提出了关于建立一个全亚洲范围的地区性安全合作组织的倡议，旨在通过各国专家、学者和领导人之间“讨论亚洲或欧亚的和平与安全问题”，促进亚洲各国间的对话和协商，对地区形势达成一致的认识，消弭相互间的误解、对立与冲突，保障地区的稳定与安宁，进而协商解决共同面临的问题，推动在亚洲地区建立安全保障机制，促进区域性经济发展与社会繁荣，并建议将这个地区性安全合作组织定名为“亚洲相互协作与信任措施会议”（英文缩写为 CICA）。1993 年 2 月，纳扎尔巴耶夫总统在大西洋合作委员会会议上再一次提出了这一构想，同时将推动这一构想实施的方案进一步细化。1992—1995 年，亚洲各国专家、学者、外交官进行了广泛研讨，就亚洲地区整体安全亟待解决的问题和面临的困难进行充分酝酿，初步制订了亚洲安全合作的阶段性目标，并在此基础上筹建“亚信”国际会议。1995—1998 年，亚洲国家较高级别领导人参加的多边安全合作会议召开，讨论仿照欧洲安全与合作组织方式建立全亚洲安全合作机构的可能性。1999 年 8 月，纳扎尔巴耶夫的倡议得到“上海五国”比什凯克元首会晤的认可，其在发表的声明中指出：“各方高度重视维护地区的和平与稳定，支持……哈萨克斯坦共和国倡议的‘亚洲相互协作与信任措施会议’的进程……”这是关于在亚洲建立和平与稳定的重要倡议。另外，1998 年，当时的吉尔吉斯斯坦总统阿卡耶夫提出“丝路外交战略”，倡导把丝绸之路作为欧亚地区各国之间、各种文明之间的联系桥梁。他的倡议也在比什凯克的“上海五国”元首会议上获得认可，声明指出：“各方支持吉尔吉斯共和国总统阿卡耶夫关于在当代国际合作中复兴丝绸之路的‘丝路外交’构想，以促进地区经济持续发展，加强地区和平与稳定。”

虽然，“上海五国”会晤机制和纳扎尔巴耶夫、阿卡耶夫的倡议不是中国提出“一带一路”战略构想的原因，但是其都主张建立亚洲的和平与稳定，在这一点上，其与“一带一路”战略构想的目标是完全一致的。况且，中国在“上海五国”会晤机制中本就发挥着关键性作用，其价值观念也是中国周边外交的重要体现。所以说，“一带一路”的战略构想与上述观念有重要的渊源。正如 2013 年 9 月，习近平主席特地选择在哈萨克斯坦纳扎尔巴耶夫大学提出用创新合作的模式共同建设“丝绸之路经济带”，不是没有原因的。

二、与上海合作组织的渊源

进入 21 世纪以来，“上海五国”升格为上海合作组织，成员国也试图借用地区多边组织来重塑欧亚地区秩序。诚然，上述各种倡议特别是上海合作组织成立十多年来对促进欧亚地区的合作与稳定发挥了十分重要的作用，但是欧亚地区仍然存在着各种障碍，如各种亚政治力量、相互不信任的认知导致的猜疑等，都严重阻碍着上述倡议和机构对欧亚地区秩序发挥重塑的功能，以至于欧亚地区秩序碎片化的趋势仍然存在。

2001 年 6 月，上海合作组织在上海正式成立并签署了《打击恐怖主义、分裂主义和极端主义上海公约》。上海合作组织的成立标志着原来的“上海五国”已顺利地实现了功能转换，即从解决边界的功能转向反恐的功能。这一公约第一次对“恐怖主义、分裂主义和极端主义”做了法律上的界定，为维护本地区的安全与稳定、联合打击三股势力奠定了法律基础。

从五国会晤机制到上海合作组织的诞生，以反恐为中心的地区安全合作组织经历了发展、成长最后到机制化的过程，逐渐成为一个成熟的国际反恐组织。作为一个新的地区安全治理机制，上海合作组织具有与时代相适应的新特点。

首先，上海合作组织是有效的地区治理机制。全球化对整个世界的效应实际上是一个硬币的两面，在给世界带来利益的同时，也扩大了世界性的不平等和两极分化，增加了世界各国发展的脆弱性，以及引发一些国家内部的危机和动乱，促使一些犯罪活动的国际化与恐怖主义的全球网络化等。全球问题需要全球治理，而地区组织也是全球治理的一个非常重要的层次，是地区治理的具体机制。上海合作组织以打击恐怖主义、分裂主义和极端主义为主要任务，兼及打击毒品买卖、武器走私和其他跨国犯罪活动，在治理包括恐怖主义在内的全球性问题方面发挥了积极的作用。

其次，上海合作组织倡导"互信、互利、平等、协商、尊重多样文明、谋求共同发展"的精神，在组织内部没有一个或几个主导国，其中既有中国、俄罗斯这样的大国，也有其他四个小国，但在组织原则和机制中，内部不存在任何大小国家区别对待的不平等关系，而是成员国一律平等的多边协商合作机制。这与传统国际组织通行的"大国原则"完全不一样。从这些原则精神来看，上海合作组织可以说是在建立公正合理的国际新秩序方面在本地区的一种尝试。

第三，上海合作组织主张一种摒弃"冷战思维"的新安全观。1997年4月中俄两国签署《关于世界多极化和建立国际新秩序的联合声明》，正式提出了这种新的安全观。后来，这种新安全观逐渐得到"上海五国"各成员国的认同，其精神最后被渗透到上海合作组织的各项机制中。所以，以共同安全、合作安全和综合安全等概念为基本架构与基础的安全理念，构成了《上海合作组织成立宣言》、《上海合作组织元首宣言》、《上海合作组织宪章》和《打击恐怖主义、分裂主义和极端主义上海公约》等文件的核心思想。正是这种安全理念使上海合作组织无论是处理传统安全还是非传统安全威胁方面的机制都得到了逐步完善。①

第四，上海合作组织逐渐淡化军事色彩而强化反恐力度，这表明该

① 俞晓秋等：《非传统安全论析》，《现代国际关系》2003年第5期，第48页。

组织完全不同于传统国际政府组织的功能。结盟性的组织毫无疑问是针对第三方的，即使非结盟性的军事组织也往往使该组织外的某些国家产生忧虑，从而对该组织增加几分戒备之心。而上海合作组织不仅不会使组织外的国家产生戒备，相反，组织外的一些国家觉得在反恐等问题上与该组织有共同利益，所以要么以非成员国的身份加强与该组织进行合作，要么加入该组织以更好地应对全球问题。① 这表明上海合作组织是一个非对抗性的、非排他性的区域合作组织，它时刻准备同所有国家和国际组织密切配合以根除恐怖主义给全世界带来的威胁。

“一带一路”战略设想的目的是通过经济手段来促进欧亚地区的共同发展，共同构建安全共同体、责任共同体和命运共同体。上海合作组织的“上海精神”所体现的新安全观、新型的国家间关系、新型的合作模式，与“一带一路”战略构想在本质上是相同的。

三、与十八大外交思想的渊源

中国共产党十八大报告指出：“合作共赢，就是要倡导人类命运共同体意识，在追求本国利益时兼顾他国合理关切，在谋求本国发展中促进各国共同发展，建立更加平等均衡的新型全球发展伙伴关系，同舟共济，权责共担，增进人类共同利益。”这句话不仅揭示了中国走和平发展道路的外交指针，更体现了当今世界事实上已经越来越突出的国际社会的共生现象。当今世界既不同于中世纪到近代历史的社会体系，也不同于冷战时代的国际体系。冷战结束以后，世界格局发生了重大变化，这些变化从时间顺序来看大致包括：

第一，世界从两大阵营的冷战分裂转变为冷战后的大国合作。在冷战时期，两大超级大国挟持着各自的盟友进行争夺，使世界成为一个核桃的两瓣。冷战结束以后，虽然国家间的冲突频次可能比冷战时期更多，但主要表现为地区性的冲突和小国之间的战争；而且，这些冲突基本上

① 前者如美国在“9·11”事件后就主动要求上海合作组织成员国在反恐方面加强合作；后者如巴基斯坦、印度等国因感到自己国家的确面临着国际恐怖主义的巨大威胁而提出加入上海合作组织。

都伴随着分裂主义、极端主义、恐怖主义等全球化的负面问题。大国之间的分歧基本上没有发展成为直接的武力冲突，即使有一定程度的对抗也都在理性和可控的范围内，在双方或多方的协调下，大国之间很快又走上合作的轨道。即便是科索沃战争、乌克兰危机，各大国面对一触即发的战争危机都能走上理性的谈判桌。因此，冷战结束以后，大国已经进入一个合作的长周期，至少冷战结束20多年来，大国之间没有发生战争。

第二，世界从冷战初期形式上的合作到当今利益上的相互依存。在冷战结束初期，大国之间的合作基本上还是在形式上，缺少实质性的内容。主要是因为相互间的隔阂并没有立刻消除，而且双方主要的成员在欧亚大陆上继续保持着地缘博弈的态势，特别是要消化苏联解体后的诸多问题，因此双方有合作但更多的仍然是竞争。然而，随着全球市场体系的不断发展和主权国家市场的不断开放，各主权国家的利益通过市场的方式越来越密切地捆绑在一起。特别是大国之间的利益交织、叠加和一致性，因此利益上的相互依存度就越来越高。

第三，世界从利益依存到命运攸关。随着传统安全问题的逐渐退潮，非传统安全问题越来越成为各国利益的最大危害，例如环境保护、气候问题、技术异化问题（黑客）、恐怖主义、重大灾难的应对问题（如地震、海啸、核危机、生化危机、流行性疾病）等。这些问题最大的特点是跨国性、不可预测性，虽然在某个国家发生，但如果不及时治理就会很快遍及其他国家乃至更大的范围。在这种情形之下，相互依存的利益各方就成为命运攸关方。全球问题要求全球进行跨国治理、合作治理和综合治理。

各方成为命运攸关方是因为各方都有着广泛的经济利益、共同的安全利益等，而这些利益在全球问题的威胁之下处于不安全状态。保护共同利益不受威胁的前提就是要树立命运共同体意识，而何谓命运共同体意识？从全球的角度来看，人类共同体意识至少要包括：

第一，摒弃狭隘的国家利益观。毫无疑问，对于主权国家而言，国家利益始终要放在首位，但在当今世界，国家利益越来越成为构建全球治理机制的最大束缚。因为，狭隘的国家利益纵容民族主义情绪，而民族主义情绪一旦发展为极端民族主义，那么它就会促使国家背离人类共同体的共同利益，而利益攸关方的利益格局将整体性地受到危害。贸易保护主义问题、领土争端问题、资源争夺问题等都是狭隘的国家利益观在作祟。因此，要处理好国家利益与人类共同利益的辩证关系。

第二，摒弃狭隘的国家安全观。从历史上来看，传统的国家安全观都是以牺牲他国的安全来追求本国的安全，这是受传统的国家利益观所影响的。传统的政治学是权力政治学，权力政治学就是追求绝对的安全，我之所以感到不安全，就是因为你的存在，因此为了实现我的安全就必须消灭你。然而，在非传统安全威胁之下，根本就难以追求狭隘的国家安全，只有合作追求共同的安全，才能实现自己的安全。也就是说，非传统安全领域中，安全是一种可以共享的公共品。

第三，摒弃文化、宗教、民族的原教旨主义倾向。文化的原教旨主义表现为对自己文化有一种强烈的自负感，认为只有自己的文化才是拯救世界的唯一文化。历史上西方流行的欧洲文化中心主义就是一种文化原教旨主义。亨廷顿提出的“文明冲突论”实际上也是继马克斯·韦伯在20世纪初所倡导的西方文化中心论而在20世纪末所流行的另一种文化原教旨主义。宗教原教旨主义虽然在国家的层面上不会存在，但宗教团体在当今世界中已经成为一种非常重要的行为体，宗教团体的主张有时在相当大的程度上影响国家决策，从而导致某种倾向的宗教原教旨主义国家政策。民族原教旨主义则是指各种极端民族主义情绪，这种情绪会假借爱国主义的旗号在国际社会排斥和打击异族。众所周知，任何民族、任何文化都有其可取之处，各民族应该在吸收其他民族优秀文化的基础上来谋求自身的发展，因此要摒弃文化、宗教、民族原教旨主义倾向。

第四，摒弃强权政治和霸权主义。强权政治和霸权主义就是以大欺小、以强欺弱、随意践踏国际法的行为所构成的国家政策取向。但是，弱肉强食不是人类共存之道。人类命运共同体意识就是要在国际会关系中弘扬平等互信、包容互鉴、合作共赢的精神，共同维护国际公平正义。

世界的和平与发展绝非由几个国家来决定的，必须靠国际社会一起来维护。同样，所谓树立人类共同体意识也是要所有国家行为体都有这种意识，而不是单靠某个或几个国家就能够树立起人类命运共同体意识。正如习近平主席所说，中国走和平发展道路，其他国家也应走和平发展道路，这样世界才能实现和平发展。

第一，和平。和平是共生的前提。共生是一种互利关系，这种互利关系建立的前提必然是和平而不是战争。战争与冲突是你死我活的行为，不可能建立共生关系。

第二，开放。共生系统一定是一个开放的系统；世界的共生系统不是某两个行为体之间的共生，而是整个世界的共生。即便是某两个行为体建立的系统，那么整个世界将会有众多的共生系统，这些不同的共生系统又会在不同层面上建立新的更大的共生系统，从而构成整个世界的共生现象。如果仅仅是两者之间的共生系统，则是一个封闭的共生系统；那么，不同共生系统之间就会因封闭而产生不信任（没有实现能量交换），因不信任而产生对立和冲突。因此，共生系统一定是一个开放的系统。

第三，合作。共生是一方的生存以另一方的生存为条件和前提，因此相互之间的合作就显得尤为重要。如果一方选择不合作即拒绝为另一方提供生存条件，那么另一方也同样不会为前者提供生存条件，结果将导致利益冲突。而冲突的结果，要么是以一方的失败告终，要么是两败俱伤，让旁观者获益。因此，在共生系统中，只有合作才能实现双方的共生存。

第四，共赢。共赢就是在共生系统中相互从对方获得（营养）利益。假若只有一方获益，那么这就不是共生系统，而是寄生系统。在寄生系统中，只有一方获益，甚至获益的一方是靠攫取另一方而生存的，也就是以牺牲另一方的利益为其生存的前提的。当牺牲利益一方的膏脂被掏尽时，获益的一方最终也会因营养枯竭而死。因此，一方所得就是另一方所失的利益格局是难以维系的，只有在共赢的利益格局中才能实现持久的和平。

四、与中国传统价值观的渊源

中国传统价值观主要体现在对于义与利的关系问题上。可以说，义与利是中国哲学中的一个大问题。儒家崇尚义，强调做事只需问合适不合适，而不必去考虑个人的利害得失。孔子说：“君子喻于义，小人喻于利。”儒家文化中“义利合一”的思想，就是主张个人在追求私利时，还要考虑一下自己的行为是否有损社会公利和道德，即“见利思义”，“义然后取利”，“义，利之本也；利，义之和也”。

儒家强调的是“以义为上”。孔子就说：“君子义以为上”（《论语·阳货》），以“义”作为行动的指南；“君子义以为质”（《论语·卫灵公》），孔子培养人才的目标是做君子，君子如果“放于利而行，多怨”（《论语·里仁》），即任凭个人利益指导行动，会招来很多怨恨，所以君子不能谋求个人私利。而由于“小人喻于利”，所以孔子要求君子把利益和恩惠给予老百姓。他提出君子美德之一“惠而不费”，是“因民之所利而利之”（《论语·尧曰》）。他指出“君子”行政的“大节”应该是“礼以行义，义以生利，利以平民”（《左传·成公二年》，孔夫子说：礼法用来推行道义，道义用来产生利益，利益用来安定人民）。孟子说：“鱼，我所欲也；熊掌，亦我所欲也，二者不可得兼，舍鱼而取熊掌者也。生，亦我所欲也；义，亦我所欲也，二者不可得兼，舍生而取义者也。”在关键的时刻，要杀身成仁，舍生取义。荀子虽然提出“义与利者，人之所两有也”，要求“义利兼顾”，但他又说：“义胜利者为治世，利克义者为乱世。”“先义而后利者荣，先利而后义者辱。”由是观之，他和孔孟一样，也是主张先义后利，以义为上的。儒家到了汉代被董仲舒所继承和发扬。董仲舒认为“利以养其身，义以养其心”。《汉书·董仲舒传》记载董仲舒的话说：“夫仁人者，正其谊不谋其利，明其道不计其功。”汉代盐铁之议，以贤良茂陵唐生、文学鲁万生等60余人为一方，以丞相车千秋、御史大夫桑弘羊等公卿为另一方，在义利问题上展开了针锋相对的争论。前者主张“罢郡国盐铁、酒榷、均输，务本抑末，毋与天下争利”；后者“以为此乃所以安边境、制四夷，国家大业，不可废也”。后来桓宽著《盐铁论》，以为二者“或上仁义，或务权利”，是一次关于义利问题的大辩论。到了宋代，理学尤其强调义。程颢说“大凡出义则人利，出利则入义，天下之事，惟义利而已”，朱熹说“义利之说，乃儒者第一义”，基本上承袭了《汉书·董仲舒传》的观点。

与儒家不同，墨家强调的是“国家百姓之大利”即为义。墨子说：“圣人为政一国，一国可倍也；大之为政天下，天下可倍也。其倍之，非外取地也；因其国家，去其无用之费，足以倍之。”（《墨子》卷六）后来欧洲的功利主义思想与此颇为相似，英国功利主义哲学家杰里米·边沁就指出，人应该作出能“达到最大善”的行为。中国当代哲学家冯友兰也说：“凡事物必中国家百姓人民之利，方有价值。国家百姓人民之利，即是人民之‘富’与‘庶’。凡能人民富庶之事物，皆为有用，否则皆为无益或有害；一切价值，皆依次估定。”①

不过，后来清初的颜元明提出了义利统一的辩证观点。他说：“正论便谋利，明道便计功，是欲速，是助长；全不谋利计功，是空寂，是腐儒。”这一观点无疑在今天具有重要的启示。第一，利是义的存在基础，义是利的价值导向。正义而谋利就是强调没有空洞的义。第二，义利关系是动态发展的。谋利，促使人们既谋生存之利，更谋发展之利；既谋个人之利，更谋天下公利。正义，推动人们谋利有道，取舍有至，利己利人，共谋发展。无义之利，就会危害个人发展、社会进步。无利之义，必然是空洞的悬谈，从正其义不谋其利到正其义当谋利的认识飞跃证明了这一点。第三，正义而谋利是社会历史发展的主旋律。一方面，人类一直以谋利为生存根基，以治恶成为历史动力；另一方面，人类一直以正义战胜邪恶，使对谋利效率的追求被正义的道德规则所规定、推动。从传统到现代，从农业文明到工业文明，从封闭社会到开放世界，谋利的个人财富积累与社会总财富增加总是处于正义追求的总目标之下，现代化史就是正义而谋利的历史。

一方面，当代中国外交中的义利观秉承中国传统哲学中“义利合一”的价值理念；另一方面，在新的形势下，当代中国的外交实践也使中国传统的义利观有了新的发展。特别是自2013年以来，习近平主席在多次国际活动中都阐述了践行互利共赢的“义利观”，而且在不同的场合，其都用不同的话语来表达中国所坚持的“义利观”。例如，在非洲

① 冯友兰著：《中国哲学史》（上），重庆出版社2009年版，第78页。

访问，用“真、实、亲、诚”来表达中非之间以义至上的传统友谊；① 在韩国的演讲，则强调要以义为先、先义后利的思想观念来妥善处理国际关系，“不能只追求你少我多、损人利己，更不能搞你输我赢、一家通吃。只有义利兼顾才能义利兼得，只有义利平衡才能义利共赢”；② 访问蒙古国时指出，“中国开展对发展中国家的合作，将坚持正确义利观，不搞我赢你输、我多你少，在一些具体项目上将照顾对方利益”；③ 在塔吉克斯坦撰文指出：“绝不牺牲对方利益谋求一己私利，而是坚持走共同发展、共同繁荣的道路。”④ 总之，习近平主席倡导的正确的义利观是中国外交的新指针，也是中国发挥负责任大国责任的基本外交伦理。

其一，坚持“义以生利”的原则。目光短浅往往会因小利而失去大利，但是要获得大利就必须讲义，坚持义。何为义呢？“义者，宜也。”（《礼记·中庸》）韩愈在《原道》中说“行而宜之谓义”，即思想和行为要符合一定的道德标准。当今，什么是我们要坚持的国际道德标准呢？这就是习近平主席所指出的反映我们共产党人、社会主义国家的理念的义。“这个世界上一部分人过得很好，一部分人过得很不好，不是个好现象。真正的快乐幸福是大家共同快乐、共同幸福。我们希望全世界共同发展，特别是希望广大发展中国家加快发展。利，就是要恪守互利共赢原则，不搞我赢你输，要实现双赢。我们有义务对贫穷的国家给予力所能及的帮助，有时甚至要重义轻利、舍利取义，绝不能唯利是图、斤斤计较。”简而言之就是坚持和平发展的世界大义，坚持合作共赢的世界大利。

其二，坚持“和为贵”的理念。“和”即“协调”，就是处理各个利益主体之间的矛盾，以实现组织目标；“和”又意味着“团结合作”，将个体优势合并成团体优势，提高效率与创造更大价值。孟子说“天时不

---

① 习近平：《永远做可靠朋友和真诚伙伴——在坦桑尼亚尼雷尔国际会议中心的演讲》，http：//news. xinhuanet. com/world/2013 - 03/25/c_ 124501703. htm。

② 习近平：《共创中韩合作美好未来，同襄亚洲振兴繁荣伟业》，http：//politics. people. com. cn/n/2014/0705/c1024 - 25241720. html。

③ 习近平：《守望相助，共创中蒙关系发展新时代——在蒙古国国家大呼拉尔的演讲》，http：//news. xinhuanet. com/world/2014 - 08/22/c_ 1112195359. htm。

④ 习近平：《让中塔友好像雄鹰展翅》，《人民日报》2014 年 9 月 11 日，第 01 版。

如地利，地利不如人和”；荀子说“上不失天时，下不失地利，中得人和，则百事不废”。同时，“和”还包括“和而不同”的思想。“和而不同”意味着与网络中的相关成员进行合作，建立和发展战略伙伴关系。因此，中国外交一直强调优势互补、服务世界。

其三，外交必须坚持“以人为本”。“以人为本”就是强调必须尊重人的价值。荀子说：“水火有气而无生，草木有生而无知，禽兽有知而无义。人有生有气有知，亦且有义。故最为天下贵也。”（《荀子·王制》）《大学》里所说的“有人此有土，有土此有财，有财此有用”即是认为人力资本要远胜于物质资本。

总之，“一带一路”的战略构想在外交上，一是要正确协调相关国家间的关系，坚持“义以生利”。“夫义者，利之足也。”也就是要以利国利民为大义，为人类和社会的发展做贡献，这既是中国的责任，也是中国的义务。二是要协调好自身的行为，坚持“因利思义”。求利是人们的共同心理，是不分君子和小人的，但是“利”的获得必须符合道义。三是要有正确的道德标准，坚持“以义为上”，坚持现实利益与未来的长远利益有机统一；不能谋小利而失大利，不能为了眼前的现实利益，而失去长远利益。谋大利者，必先舍小利。

第二节　“一带一路”战略构想提出的内部原因

有不少人认为，“一带一路”是中国的外交战略，是中国改造国际秩序的外交战略。笔者认为，这种观点对“一带一路”的认识是失之偏颇的。一方面，“一带一路”战略设想是一个综合性的战略构想，而不仅仅是外交战略；另一方面，目前中国拥有改造国际秩序的实力是值得怀疑的。中国的国力根本不可能改变国际秩序，中国更多地是通过融入既有的国际秩序来获得更大的利益和更多的发展机会。再则，中国一直倡导走和平发展之路，因而不可能去改造既有的国际秩序，而是作为重要的参与者努力成为积极的建设者。实际上，“一带一路”虽然与对外的战略构想有关，但却又有很深的国内根源。

一、提高中国对外开放水平的需要

十八届三中全会提出：“加快沿边开放步伐，允许沿边重点口岸、边境城市、经济合作区在人员往来、加工物流、旅游等方面实行特殊方式和政策。建立开发性金融机构，加快同周边国家和区域基础设施互联互通建设，推进丝绸之路经济带、海上丝绸之路建设，形成全方位开放新格局。”所谓“全方位开放新格局”，是相对于过去30多年形成的对外开放格局而言的。从1978年对外开放以来，中国已经形成了“经济特区、沿海开放城市、沿海经济开放开发区、沿江开放城市、内陆开放城市”的全方位开放格局。但是，这样的开放格局主要是通过“筑巢引凤”的方式（即引进外资）形成的，中国经济主体“走出去”的形式主要是对外投资、工程承包等，事实上中国经济对外的关联度并不太高，也就是没有真正形成开放型经济体制。因此，提高对外开放水平，就需要适应经济全球化新形势，推动对内对外开放相互促进、“引进来”和“走出去”更好结合，促进国际国内要素有序自由流动、资源高效配置、市场深度融合，加快培育参与和引领国际经济合作竞争新优势，以开放促改革。

二、消除中国东西部经济发展的二元现象的需要

从内部发展来看，中国过去30多年的发展主要集中于东部沿海地区，通过政策的优惠来促进经济开放与发展。30多年来，通过经济特区、沿海开放城市、沿海经济开发开放区的市场化改革而创造了中国经济发展的奇迹，但是应该看到，中国的发展是严重不平衡的。与发达的东部沿海地区相比，中西部地区的经济发展严重滞后。邓小平当年从中国的实际出发提出了经济的梯度发展战略，即在地区上采取有先有后的发展秩序，东部地区利用有利的条件政策资源先发展起来，在此基础上利用东部的技术等资源向中西部拓展，这也体现了邓小平关于先富帮后富、最终走向共同富裕的思想。但是，东部沿海地区的发展并没有相应

地带动中西部地区的发展，相反东西部的经济差距随着改革开放的推进反而越来越大。究竟是什么原因呢？无疑与资本的本性有关。无论是在社会主义条件下，还是在资本主义条件下，资本的本性始终是不会改变的，即唯利是图。东部沿海地区资本逐利的机会较大，而中西部地区受自然条件和交通不便的影响，资本逐利的机会较少，所以很少有资本愿意到中西部地区去开疆拓土。这样的二元经济现象严重阻碍着中国整体的发展，是中国现代化的严重障碍。不仅如此，体制、机制的二元现象也十分严重。东部沿海地区与国际市场对接比较成功，开放程度比较高，因而市场化程度较高；而中西部地区的市场化程度相对比较低，传统计划经济体制的烙印也比较深，所以尽管在同一个国家内部，但市场体制、机制并不是一样的。这种体制、机制的二元现象使得中国经济事实上存在着地区间的隔离，加之地方政府在管理上的各自为阵，从而形成了"地方割据"的经济现象。当前，东部经济发展已经进入资源和政策两种瓶颈。从资源来看，东部既有的稀缺资源尤其是土地资源已经无法再支撑东部经济的进一步发展；从政策来看，以前推动经济发展的各项政策已经陷入低效用或无效用状态，而政策创新本身也陷入瓶颈。也就是说，东部经济发展越来越需要制度创新来突破既有的瓶颈，其已经成为中国走向现代化和实现大国成长最直接的障碍。

中国现代化与和平发展战略绝不能仅靠东部沿海地区的发展而实现，只有在中西部与东部沿海地区一起实现现代化之后，中国才能够真正地实现大国的成长和国家的现代化。同时，按照邓小平的梯级发展思想，东部沿海地区发展起来以后，一定要带动中西部的发展，否则中国东西部的二元发展现象就难以消除，更不可能实现在现代化基础之上的共同富裕。"西部大开发"的战略设想已经提出了多年，但受多种因素的影响，这个战略设想推进并不理想，或者说没有切实可行的战略抓手。"一带一路"战略构想的提出和实施，就是推进中国西部大开发的战略布局。

三、消除中国城乡二元经济现象的需要

众所周知，中国城乡二元经济现象十分严重。30 多年来，城市的发

展依赖于农村剩余劳动力向城市的转移，不仅把农村优秀的人才（指来自农村但通过大学教育进入城市主流社会的人才）吸纳到城市中，而且把农村的青壮年（指到城市打工的农村剩余劳动力）吸收到城市，同时还把农村有限的稀缺资源通过市场的方式吸引到城市，这样才造就了城市的繁荣，但随之而来的是农村在中国现代化进程中的痛苦呻吟。农村剩下的主要是老弱病残妇幼婴，农业生产陷于萧条。原来种两季水稻的只种一季，而且只求维持自己的口粮即可，根本不愿意再为农业付出更多。因此，我们一方面看到大量的数据是农业丰收的报道，另一方面看到的却是大量农田被基础设施建设、城市扩容所侵占，以及因农村劳动力短缺而出现的大片农田撂荒的现实。而面对进入城市打工的农民工，城市又难以接纳其成为城市人，因此这一批人无论在就业、孩子上学、社会福利等方面都处于城市的边缘，这就成为城市管理的严重后患。没有基本的人力资源，农村的产业培育发展艰难。况且，产业的培育不是短期就能实现的，而且从比较收益来看，农民工没有看到产业收益则会继续被城市的打工收益受吸引。有的农村本身缺乏资源，难以形成产业基础，因而即便十年八年之后仍然无法引进产业，所以人们只能继续到城市打工，老人小孩继续做空巢老人和留守儿童。另外，农村即便能够培育出产业，但其产出效应较小，因而其中的收入肯定不高，在这种情形下，本地的产业也会因收益难以吸引本地的农民而被迫外流。长期留守在村里的儿童缺乏家庭教育，内心孤独又对外面世界好奇，是最容易上当受骗的。因此这些年来，一方面儿童被拐卖的现象日益严重；另一方面，青少年涉黄、涉毒、涉赌的现象也非常严重。黄赌毒现象在今天的农村日益年轻化，不能不说是中国30多年城市化的严重代价。梁任公说，少年强则国强，少年智则国智，少年进步则国进步。国家的发展、国家的未来，无疑靠少年，然而从农村一路看去，现实的悲惨让笔者对中国的未来产生了忧虑。现代化应该是农村与城市的文明水平逐渐拉近，而不是城市把农村的资源消耗殆尽且最终消灭农村。用这种方式来提高中国的城市化率，其结果会导致城市无法容纳乡村文化而爆发城市文明与乡村文明之间的冲突。由此可见，“一带一路”战略构想最直接的受益对象是农村，通过互联互通的基础设施建设，农村与城市就能够连接起来，农村的资源就能够运出去，城市的产业资源也能够无阻碍地进入农村。

四、突破东部经济发展瓶颈的需要

东部沿海地区的经济发展长期以来是靠两大因素来实现的：一是政策；二是资源。政策主要来自于中央政府的授权，即从中央获得的优惠发展政策。但是，政策的效应是递减的，一种政策在实际中的推进不可能永远有着较好的效应，当政策推进到一定程度时，效应就会减弱。30多年的改革发展，政策已经充分运用，其绩效也发挥到了极致。也就是说，东部沿海地区在政策上出现了严重稀缺。而走出这种政策瓶颈的可能性有两种：一种是继续用新的政策进行刺激，但毕竟中国幅员广阔，不可能把所有的政策都给东部沿海地区。再则，中央政府的政策供应并不是源源不断的，政策创新不仅需要成本也需要时间。另一种就是靠制度创新。制度创新带来的绩效更具长期性和持久性，上海自贸区就是典型的制度创新模式。制度创新虽然比较艰难，但一旦实现，其对经济发展就会产生倍增效应。再看资源瓶颈，东部沿海地区的发展长期来看也是一种资源型发展方式，资源要么来自于海外，要么来自于中西部地区。海外资源的拓展受到境外"中国威胁论"的影响已经越来越艰难，而中西部地区的资源则陷于交通不便的困惑而难以获得，在这种情形下，内部的互联互通就显得非常迫切。

五、提升中西部在中国国家发展战略中地位的需要

中国的现代化绝对不只是东部沿海地区的现代化，中西部尤其是西部始终在国家的经济发展战略乃至安全战略上发挥着十分重要的作用。中国"走出去"，不只是从海上。要知道，中国是海权国家，但首先是陆权国家。从海上"走出去"只是一个方向，从陆上"走出去"面对的则是整个欧亚大陆。要从陆上"走出去"，就不能不解决西部地区的交通和产业发展问题。中西部地区发展长期落后，不仅制约中国现代化发

展战略，也给恐怖主义、分裂主义、极端主义提供了机会。尤其是恐怖主义，虽然其产生的原因是多方面的，但贫困无疑是其经济根源。

因此，从整体的发展战略来看，中国需要真正意义上的西部大开发，需要一个类似于美国一样的“西进运动”。通过资金流、信息流、人才流、货物流等，把东部沿海地区与中西部地区连成一体，把城市与农村连成一片，从根本上消除中国现代化进程中的各种二元现象。

第三节 “一带一路”战略构想的外部环境

“一带一路”战略构想的实施，必须依赖于沿线国家的共同努力，而不是单独依赖于中国自己的力量。一个十分重要的原因是，这个战略构想虽然是中国提出来的，但绝非中国一国之战略，而是涉及沿线国家经济发展和现代化的战略，因此提出后得到沿线国家的积极响应。由此可见，“一带一路”战略构想的实施需要一个理想的国际环境，而这个环境离不开以下几个因素：经济全球化、全球治理和非传统安全威胁治理。实际上这三者内部是有重合成分的，甚至在某些情况下是一致的。

一、经济全球化

从资产阶级开辟世界市场以后，经济全球化就在不断深入。今天，经济全球化出现了两种大的趋势：一种是全球市场的一体化，在理论上表现为全球主义的思想；另一种是经济发展的区域化，在理论上表现为新区域主义的思想。

就前者而言，自从经济全球化成为一种世界潮流后，对其就存在两种截然不同的看法。在冷战后的诸多问题中，反对经济全球化的观点、意见虽然一直存在，但那时并没有人把这种现象称作“运动”。或者说，反对全球化的观点和意见在 20 世纪 90 年代之前还没有演变成有组织的、群众性的政治运动。但是从 20 世纪末开始，反全球化运动成了一种连续发生的，而不是一次性的、单独的事件；国际性的，而不是某个国家、某个地区的现象；群众性的政治运动，而不是单独的、个人的行为。它在国际上产生了重大的影响，这在过去是未曾有过的。反全球化运动的兴起，首先同当前这种在国际政治、经济旧秩序大框架中形成的全球化潮流本身所包含的各种缺点和消极因素有着密切的联系。问题在于，当前的全球化固然是造成全球范围贫富差距扩大的重要原因，但其消极影响并不限于此，至少还表现在以下两点上：一是对发达国家的传统工业和发展中国家的民族工业造成巨大冲击，从而造成新的社会不平衡；二是虚拟经济的发展和危机传导机制使金融危机的风险在全球范围内迅速传播。20 世纪 90 年代是金融危机频繁发生的年代，但进入 21 世纪后，金融危机更加频繁，这进一步暴露了经济全球化和国际货币基金组织等国际多边体制的内在缺陷，而反全球化运动兴起于此时与之有很大关系。其次，除了经济全球化因素外，世界贫富差距之所以呈现扩大趋势还有深刻的制度性和政策性原因。最后，人们在谈到反全球化运动针对的目标时，常常强调其反对的不是全球化本身，而是不公正、不合理的国际规则，以及富国利用全球化“使贫富差距越来越大”。这样的区分有合理的方面。对经济全球化进行管理与调整，目的就是要限制和改革目前全球化中的这种不合理性。随着国际旧秩序逐渐得到改造，全球化引起的两极分化等现象将有所减缓。应该看到，在经济全球化和贫富差距扩大之间存在不可分割的、有机的联系。经济全球化是以市场经济为基础的，比较而言，它有利于竞争力强的国家、企业和群体，而不利于竞争力弱的国家、企业和群体。即使国际政治和经济秩序得到了根本的改造，这种状况也很难根本改变。就拿技术革命和技术创新来说，它们一方面促进了生产的发展和经济的增长，另一方面也造成大批企业破产和许多人失业。著名经济学家熊彼得曾经说过：不要以为技术创新就像是在公园散步，每个人都能高高兴兴；技术创新是一个很残酷的过程，如果你成功了，你将毁掉别人的事业。我们应当采取相应的措施和政策，力求避免出现这样的后果。

中国改革开放 30 多年来积极参与经济全球化的进程，并实现了社会和经济的巨大发展。中国参与经济全球化的进程大致可以分为三个阶段：第一阶段为改革开放之初到 20 世纪 90 年代初期，是改革开放的起步探索阶段，被称为“外向型经济培育的阶段”，主要特征为建立经济特区、对外开放口岸；第二阶段为1992年至中国加入WTO前，是改革开放的发展阶段，被称为“开放型经济培育的阶段”，主要特征为建设世界制造业的加工中心；第三阶段为2001年中国加入WTO以后，是改革开放的深入阶段，也就是“经济国际化阶段”，是中国经济发展最快的时期。当前，中国开放程度越来越大，经济发展也越来越快，可以预见，中国在新一轮经济全球化进程中仍然是最大的受益者。从这些情形来看，中国融入经济全球化的基本经验是：其一，中国经济发展的前提条件是世界的和平与稳定。其二，坚持稳定和持续的改革开放策略。正是因为中国抓住了国际分工深化的机遇，有效规避了经济全球化的风险，才实现了经济快速发展。现在国际分工以生产要素为标准，哪个国家能够吸引先进的生产要素，就能抓住机遇，实现新的发展。其三，有步骤地推进经济发展，尤其是在参与经济全球化的过程中，实施正确的开放战略，实现全方位的开放格局，不断提升对外开放水平。最后，中国的开放是互利共赢的开放，对现有的国际经济秩序只能是合理地“扬弃”，不是对现存的经济秩序进行挑战和全盘否定，而是接受并积极建设现有的国际经济秩序和政策，与全球其他国家分享收益和益处。

就后者而言，经济发展的区域化在当今越来越突出。所谓经济区域化是指特定区域内的国家（或地区）为谋求在区域内实现商品和生产要素（资本、服务和劳动力等）的自由流动而建立的一种区域性经济联合体，是建立在区域差异和地区优势基础上的较高层次的区域经济合作组织形式。通过区域经济一体化可以实现区域内各成员国之间经济优势互补和资源合理配置，有利于扩大区域内国家（或地区）间的相互贸易和投资，增强区域经济竞争力，促进区域内各成员国整体经济实力的提高。区域经济一体化始于20世纪40年代，迄今为止已经出现了两次发展高潮。第一次发生在20世纪50—60年代，第二次出现在20世纪90年代并持续至今。伴随着1956年成立的欧洲经济共同体，区域经济一体化在20世纪60年代遍及非洲和拉丁美洲。20世纪90年代以来，区域经济一体化获得了发展的新动力，其标志是：欧共体向欧盟的成功扩大及其政策的深化；美国开始在北美发起北美自由贸易区的倡议；拉美、加勒比海、非洲、东南亚与大洋洲力图重新启动已有组织，并建立新组织。进入21世纪，全球区域经济一体化进一步呈现出史无前例的高速发展，如上海合作组织、东盟、欧亚经济联盟、海合会以及跨太平洋经济合作、跨大西洋经济伙伴关系等。目前，绝大多数国家都已成为一个或多个区域经济一体化协定的参与者，这种区域经济合作的发展不仅没有阻碍双边经济合作的发展，而且在某种程度上促进了后者的发展，区域经济合作已成为经济全球化的一个重要组成部分。

欧亚大陆在自然上是一个整体，但由于政治的原因曾经被一分为二。欧洲尤其是西欧代表了繁荣，而东部的亚洲和中东欧地区则长期以来落后于西欧。虽然冷战结束以后，政治的分界线不那么明显了，甚至是消除了，但经济的分界线仍然存在。欧亚大陆的这种"二元现象"已经成为欧亚大陆各国现代化的重要制约因素。因此，"一带一路"的战略构想就是要通过互联互通来构建欧亚大陆全新的区域经济合作，推进欧亚大陆各国的现代化。

二、全球治理

一般都认为全球治理是在20世纪80年代末90年代初随着全球化日益深化以及全球问题日益凸显而兴起的。但是，"假若全球治理主要是指对某种国际秩序的追求而忽略其价值取向问题的话，那么，全球治理在资本主义大工业生产和普遍交往的出现、各民族之间的相互依赖形成一个有机整体的发展状况，即地域性的民族历史被全球性的世界历史所取代的状况下就已经出现了"。[①] 从这个意义上来说，其一，世界历史进程的开创无疑是全球治理的前提；其二，资本始终在全球治理中扮演着关键性的角色。当然，全球治理无论是在今天还是在资本主义时代都是有价值的，是"包含着价值基础、规制保证和治理操作"的治理体系。[②]

---

① 胡键：《马克思世界历史理论视野下的全球治理》，《世界经济与政治》2012年第11期。

② 任剑涛：《在一致与歧见之间——全球治理的价值共识问题》，《厦门大学学报（哲学社会科学版）》2004年第4期。

“全球治理机制之所以有价值，是因为它们创造了使成员国及其他行为体以互利的方式协调彼此行为的准则和信息。它们能减少交易成本，创造成员国及其他行为体展示可信度的机会，克服背叛承诺问题，同时提供包括原则性的、和平解决冲突方法在内的公共产品。”① 所不同的是，在资本主义时代，资本的全球治理是一种分赃模式，而今天随着网络技术的迅速发展，资本的相互融合程度比任何时候都要高，跨国资本呈现出“去主权化”的现象，当今资本的全球治理越来越需要合作来承担全球的责任，因而当今资本的全球治理是一种责任模式。

全球治理出现的前提是世界历史进程，而这个进程最初是由资本所开拓的世界市场构成的。正如马克思、恩格斯所说：“资产阶级，由于开拓了世界市场，使一切国家的生产和消费都成为世界性的了”，从此，“过去那种地方的和民族的自给自足和闭关自守状态，被各民族的各方面的互相往来和各方面的互相依赖所替代了。物质的生产是如此，精神的生产也是如此”。② 资产阶级开拓了世界市场，从此资本便从资本主义一国内部竞争变为在整个世界的竞争，甚至可以说资本实际上控制着世界历史进程。与此同时，资产阶级开创的世界历史进程也为资本作为全球治理的工具提供了可能。这是因为，资本的目的就是要迫使世界历史进程和世界市场都从属于自己，“迫使一切民族——如果它们不想灭亡的话——采用资产阶级的生产方式；它迫使它们在自己那里推行所谓的文明，即变成资产者。一句话，它按照自己的面貌为自己创造一个世界”。③ 问题在于，资本从一国的竞争变成了全球的竞争，从空间场域来看是更大了，但竞争不是变弱了，而是加强了；矛盾不是缓解了，而是变得更为尖锐了。资本的本质是追求最大的利润，如果资本之间的激烈竞争影响到资本追求利润的最终目的，不同的资本就必然要求对竞争进行必要的管理。这可以说是资本在全球范围内进行治理的原始动力。

不过，资本的治理虽然不可能消除资本之间的竞争，但可以使资本

① ［美］艾伦·布坎南、［美］罗伯特·基欧汉：《全球治理机制的合法性》，《南京大学学报（哲学·人文科学·社会科学）》2011 年第 2 期，第 30 页。

② 《马克思恩格斯文集》第 2 卷，人民出版社 2009 年版，第 35 页。

③ 同上书，第 35—36 页。

的竞争形成暂时的平衡。资本竞争所导致的矛盾表面上看是资本竞争所引发的，但实际上是资本主义生产方式所固有的矛盾，是资本自身无法克服的。然而，资本对外扩展的早期通过殖民和武力掠夺获得了资本的迅速增值，但资本之间的竞争特别是争夺殖民地的战争危害到了资本的目的。因此，不同资本之间明白不协调相互之间的紧张关系，就不可能实现资本增值。在这种情形下，资本一方面摧毁殖民地的原有秩序，把落后民族卷入资本主导的"文明"进程之中；另一方面，不同的资本之间相互承认彼此在殖民地的利益和势力范围，从而在全球范围内形成不同资本之间的"分赃制"。这些情况在近代中国、非洲都表现得非常突出。

但是，这种"分赃制"只是掩盖了资本之间的矛盾，并没法掩盖资本"每个毛孔都滴着血和肮脏的东西"① 的本质，因此恶性的竞争在"分赃制"的掩盖下实际上更为激烈，从而不可避免地使资本主义周期性的经济危机从一个国家蔓延到整个资本主义体系。正如马克思、恩格斯所说，由于资本主义在开拓世界市场的同时也在消灭已经造成的社会生产力，而"社会上文明过度，生活资料太多，工业和商业太发达"，所以"社会所拥有的生产力已经不能再促进资产阶级文明和资产阶级所有制关系的发展"，相反，这种生产关系已经成为生产力发展的障碍。而要克服这些障碍就会使资产阶级所有制的存在受到威胁，资产阶级只好"一方面不得不消灭大量生产力，另一方面夺取新的市场，更加彻底地利用旧的市场"。② 由此可见，尽管资本主义生产方式取代了前资本主义生产方式体现了资本的文明化趋势，③ 但资本与生俱来的丑恶始终没有得到"文明"进程的洗礼。相反，资本凭借自身强大的优势而在获取带有"血和肮脏的东西"的利润的进程中获得了一个加速度。这就是说，以资本为物质工具的全球治理是无法达到善治的目标的。

与过去相比，当今全球治理的内容已经大不相同，治理的主体和对象也都发生了巨大变化。但是，从全球治理的物质性工具来看，当今的

---

① 《资本论》第1卷，人民出版社2004年版，第871页。
② 《马克思恩格斯选集》第1卷，人民出版社1995年版，第278页。
③ 参见《马克思恩格斯全集》第30卷，人民出版社1995年版，第395页。

全球治理并没有创造任何新的物质工具，仍然是在延续自资本主义走向全球以后而创造的全球治理工具。这种物质工具不是别的，就是资本。换言之，全球治理历经了近300年的历史之后，资本仍然是全球治理唯一的物质性工具。尽管新技术革命日新月异，但当今掌控全球化和全球治理进程的仍然是资本，而且当今的资本比历史上任何时候的力量都要强大。互联网等信息技术仅仅是为资本掌控全球治理进程提供了手段，而不是取代资本作为全球治理的掌控者。

但是，当今资本的全球治理模式与过去是有本质区别的。过去的“分赃制”是为了使不同资本在恶性的全球竞争中达成妥协，以实现资本利益最大化，而在当今，资本的全球治理模式已经从“分赃制”转变为“责任制”。这种“责任制”的内容是：

其一，从资本所属关系来看，当今的资本尤其是跨国资本不是简单地属于哪一个主权国家，而是在全球市场上呈现出“去主权国家化”的现象。一个跨国资本也许诞生在某一国家，但资本构成可能是来自于诸多国家，经营范围也遍及全世界。尽管它有自己的母国，但并不完全属于母国，甚至跟母国的关系远远不如与东道国的关系深厚（关键看其经营的内容来自于什么国家）。在相当多的情况下，跨国资本会与主权国家进行具体内容的谈判，但资本主义时代的资本是完全属于具体的主权国家的，而且根本没有资格跟主权国家谈判。

其二，从资本的运营情况来看，跨国资本经营内容的资源并不来自于某一具体的国家，而是遍及世界各国。跨国资本的经营范围（即市场定位）是全球市场，而不是具体的某一个国家的市场。例如，好莱坞是典型的全球资本，虽然地点在美国，但其资本来自于全球，工作室也遍布世界各地，它的市场不是面向美国市场，也不是面向美洲市场，而是面向全球市场，因而利润也是来自于全世界。

其三，跨国资本不仅主营业务遍布全球，而且有诸多的衍生产业，形成相互交织的产业链、利益链，这些更是遍布世界各个角落。这样，在当今的全球市场上形成了跨国资本网络，这些网络构成了真正意义的“利益攸关方”。这样的跨国资本网络事实上对主权国家的对外行为方式产生巨大的掣肘。例如，在乌克兰危机中，俄美之间的博弈在很大程度上不是从国家战略层面来考虑彼此之间的外交政策的，如果是这样，美国对俄罗斯的制裁远不止于此。因为俄罗斯吞并了克里米亚地区和塞外斯托波尔，对美国和整个欧洲来说是绝对不能忍受的。按照常理，美国的反应轻微地说是在经济上对俄进行全面制裁，如果激进一点的话，美国会对俄罗斯采取局部的武力反制。然而，这一切都没有发生，而只是象征性地进行了非常有限的经济制裁。这种制裁对俄罗斯的影响有多大呢？根据梅德韦杰夫的说法，负面影响大约是5%。那么，美国和欧洲为什么不采取更加强硬的制裁措施呢？关键的原因就在于，俄罗斯的资本尤其是能源资本与欧洲的相关资本利益相关度太高，因而对俄罗斯制裁的副作用远远小于对欧洲的影响。在这种情形下，欧美绝对不敢轻易加大制裁力度。

其四，资本主义时代资本的流动总的来看是单向的，即从西欧流向东方落后国家。因而，利润也是单向度的，即从东方落后国家流向西欧发达国家。即便是在西欧与中国的贸易出现了一定程度的双向流动，如中国最初通过丝绸、瓷器、茶叶等产品在对英国的贸易中出现了顺差，但是西欧绝对不允许这种情况长期维持下去，总会想办法制止。其首先通过贸易尤其是鸦片非法贸易来改变利润逆流的情形，当鸦片非法贸易无法进行下去时，就会采取最后的武力手段。但是在当今，不仅资本是多向度流动的——资本在发达国家和发展中国家之间、发达国家之间、发展中国家之间都是双向流动的，而且利润也是多向度流动的。因此，任何一个跨国资本都不敢轻易干预资本和利润的流动方向，否则所有跨国资本都会受到影响。2008年的金融危机就是这样的逻辑造成的。首先是美国的次贷危机，进而引发美国金融系统的危机，最后发酵蔓延到美国以外的其他国家，当然也包括中国的金融系统。当时，中国名义上是拯救美国、欧洲的金融危机，但实际上也是在拯救中国自己。有的学者说，金融危机表明马克思关于资本主义周期性经济危机的理论没有过时，这有一定道理，但并不完全正确。因为，马克思所说的是资本主义体系的经济危机，但当今的金融危机同样也是社会主义国家难以避免的。这就是全球化使然。全球化的不断深化意味着全球治理不仅必须而且非常必要。

综合上述四方面的内容和原因，以及当今跨国资本的总量占据世界资本总量的绝对优势，可以得出：一方面，跨国资本总是在不断协调彼此之间的关系，目的就是要使资本和利润流动的进程具有可持续性；另一方面，为了使资本的经营性运行具有可延续性，跨国资本不得不承担过去政府和社会所承担的社会责任，诸如共同维护资本投资和运营环境、环境保护、慈善、救灾等，这些都体现了资本全球治理的责任模式。

根据马克思的资本理论，资本是有原罪的，即它来到世间就“滴着血和肮脏的东西”，而且资本的本性是唯利是图，这就决定了资本的非道德价值取向。例如，资本所构建起来的殖民主义制度就公然宣布：“赚钱是人类最终的和唯一的目的。”① 为了这一目的，西欧资产阶级开辟了一条殖民增值的血腥之路：残杀土著居民，在非洲与美洲之间贩卖黑人，在爪哇推行盗人制度等。所以说，西欧殖民主义的历史，“展示出一幅背信弃义、贿赂、残杀和卑鄙行为的绝妙图景”。② 那么，这是否意味着资本是无法实现全球善治的呢？

其实未必尽然。资本主义之所以能够战胜前资本主义，是因为资本主义依赖的是法律体系的保护伞。没有法律体系，早期的资本主义完全是一盘散沙，而且力量非常弱小。资本主义市场经济建立初期，资本是通过哄骗与欺诈来实现增值的，但随着生产力的极大发展和世界市场的建立，资本主义的生产和经营方式有了重大变化，“大工业看起来也有了某些道德准则”，资本家开始守法律、讲诚信，但出现这种情况并不是资产阶级的道德水平提高了，也不是“出于伦理的狂热，而纯粹是为了不白费时间和劳动”，因为“事业的发展已经不允许再使用这些低劣的谋取金钱的手段”，所以“资本主义生产越发展，它就越不能采用作为它早期阶段的特征的那些小的哄骗和欺诈手段”。③ 从这个角度来看，资本主义市场体系是在法律约束下发展起来的。但问题的关键是，随着资本日益强大，法律体系越来越无法加以约束，最后资本挣脱法律的约束，但很快就自食其果，周期性的经济危机就成为资本挥之不去的梦魇。

---

① 《资本论》第1卷，人民出版社2004年版，第864页。

② 同上书，第861—862页。

③ 《马克思恩格斯选集》第4卷，人民出版社1995年版，第419页。

因此，在当今时代下，要实现资本的全球善治，一方面要用完善的法律体系来规范资本，去其之恶，扬其市场之能；另一方面，要用道德体系来提升资本的品位，使其能够自觉约束自身恶的一面。

资本是市场体系的血液，要实现资本的全球善治，其必须要有市场经济精神，秉承市场经济的价值。其一，公平，即公平交易，力求排除等级、身份、特权等不平等因素。其二，合作，合作是市场经济运行的基本精神。其三，诚信，也就是契约精神。市场经济是契约经济，契约经济最基本的价值就是诚信。唯其如此，资本才能克服自身的劣根性，最终走向资本的全球善治。

三、非传统安全威胁治理

“一带一路”战略构想的提出还有一个重要因素，那就是各种非传统安全的挑战。经济全球化既会带来实际的利益，也会带来巨大的挑战。而冷战结束以后，军事的威胁已经降为其次，被冷战所掩盖的各种非传统安全问题迅速露出水面。这些问题可分为三大领域：社会与社会之间、社会与自然之间，以及人与社会之间。在社会与社会之间，除了防止战争与和平的传统安全问题，还有克服落后并保障经济发展的非传统安全问题。社会与自然之间的问题和人与社会之间的问题则基本上是非传统安全问题，前者又包括人与环境的相互关系问题［如环境污染（大气层的保护、水域的保护和土壤的保护）、保护生物物种多样化问题（动物群种的保护、植物群种的保护）和保护基因库问题］、社会对自然界的开发问题（如自然资源保护问题和能源开发问题）、自然界的新的全球性客体的保护性开发问题（如宇宙空间的开发问题和世界性大洋的开发问题）；后者包括人口问题、教育问题、健康保护问题、当代条件下人的适应问题、不同文化的发展及其相互作用问题、保障社会稳定以及与各种反社会现象的斗争问题等。[①] 这些问题的显现引起了国际社会的广

① 参见［苏］阿·恩·丘马科夫著，姚洪芳等译：《全球性问题哲学》，中国人民大学出版社1996年版，第112页。

泛关注。

非传统安全问题为什么会越来越凸显呢？

首先，冷战的结束和两极对抗格局的终结使国际社会遭受全面军事对抗和整体毁灭的可能性大大降低，但是过去被两极对抗所掩盖的种种矛盾在冷战后迅速露出水面，其中相当一部分就是非传统安全问题，如难民潮、资源短缺、环境污染、宗教极端主义、恐怖主义、民族分裂主义、艾滋病等。这些问题已经成为国际社会的新的安全威胁。由于这些新安全威胁引发的灾难比传统的战争破坏更加可怕，因此这些过去不太引人注目的非传统安全问题在冷战结束后倍受国际社会的关注。

其次，经济全球化对整个世界的效应实际上是一个硬币的两面。经济全球化的确可以达到“以最有利的条件生产，在最有利的市场销售”这一世界经济发展的最优状态，实现资源的最优配置，进而给世界各国都带来好处，使各国从世界的共同进步中获得更多的补偿，解决个别国家无法靠自身努力解决的问题。[①] 但是，经济全球化进程的加速也扩大了世界性的不平等和两极分化，增加了世界各国发展的脆弱性，引发一些国家内部的危机和动乱，促使一些犯罪活动的国际化与恐怖主义的全球网络化等。在反全球化者看来，由少数国家和少数跨国公司主导的全球化正是全球问题的罪魁祸首，因此当今日益“全球化”的反全球运动[②]不仅仅是代表“后现代性”的“反叛”运动，而且因这种“反叛”产生了诸多的非传统安全问题。

第三，非传统安全问题的凸显也与工业文明时代人类过度崇尚经济主义有关。工业文明时代是人类走向现代化的关键阶段。现代化把人类的生活提高到一个前所未有的文明状态，但工业文明的发展观把经济的基础作用与经济至上、经济第一混同起来，从而在国际社会中形成了一种过度的经济主义增长观。于是，现代化的内涵被缩小到非常有限的范

---

① 蔡拓等：《全球问题与当代国际关系》，天津人民出版社 2002 年版，第 3 页；吴兴南、林善炜：《全球化与未来中国》，中国社会科学出版社 2002 年版，第 340—342 页。

② 自 1999 年 11 月底到 12 月初世贸组织部长西雅图会议以来，几乎每次国际会议都爆发了大规模的反全球化示威，此后凡有重大国际会议召开，会场外就有反全球化示威。2003 年在法国小镇埃维昂召开八国峰会期间，反全球化运动的规模更是空前，所以说反全球化也已经全球化了。

围内，甚至只是指狂热经济增长的经济主义与征服自然、主宰自然的人类中心主义。正当人类为征服自然、主宰自然而沾沾自喜的时候，殊不知人与自然的关系已经全面紧张，并且自然开始反过来对人类进行报复了。

第四，国际社会转型过程中某些领域内的秩序失范也导致了非传统安全问题的兴起。国际社会转型是一个不断分化又重新整合的动态过程，冷战结束意味着旧的全球整合机制或者说旧的全球治理机制的崩溃，国际社会处于加速分化时期，新的国际整合机制在短期内无法建立起来，[①] 所以国际社会某些领域内的秩序处于失范和失控状态，而各种非传统安全问题就是这种失范和失控的具体表现。

此外，进入信息社会后，先进的信息技术与滞后的社会控制机制的矛盾、发达国家的信息优势与发展中国家的信息贫困以及由此所导致的“数字鸿沟”等也会引发前所未有的新的安全威胁，如日益显现的网络战争、广泛盛行的网络犯罪、无处不存的网络黑客、防不胜防的网络病毒、越来越猖獗的网络恐怖以及逐渐抬头的网络霸权等。[②] 也就是说，技术的“异化”也会在信息社会中产生相应的非传统安全问题。

为了有效地防治各种突发性的非传统安全问题，中国需要与国际社会进行竭诚合作，因而需要对过去一段时间确立的外交思想进行适时调整。

当今中国外交思想萌发于20世纪70年代末80年代初，随着中国改革开放的历程而逐步发展，在80年代末90年代初基本成熟，其核心内容是韬光养晦、永不当头，目标是经济建设，即为国内经济建设营造一个和平稳定的国际环境。在中国从贫困状态到小康社会的现代化建设过程中，这一外交思想无疑具有重要的意义，它使中国以一个非常恰当的身份逐步融入国际社会中，并使中国的国家利益不断拓展。在中国全面

---

① 日本国际政治学家星野昭吉认为，国际社会的转型也表现为全球治理的转型，通过国际合作体系建立非维持现状的全球治理，就是一种形式的全球治理转型；冷战结束，两极格局作为一种全球治理模式已经解体，但两极格局之后，关于世界格局是什么还存在许多争论，虽然多极化是主流，但其只是一种趋势，还不是现实，特别是伊拉克战争之后，单极的地位明显上升，所以说国际社会新的整合机制并没有真正建立起来。

② 参见胡键、文军：《网络与国家安全》，贵州人民出版社2002年版，第23—43页。

建设小康社会的新时期，这一外交思想的原则不仅没有过时，而且将继续发挥积极的作用。但是，也应该承认，在总的原则不变的前提下，具体的外交策略应该随着国际形势的发展而做适当调整，而近年来非传统安全问题的凸显则是中国外交思想调整的直接导因，也就是说非传统安全问题促使中国外交思想作出相应的调整。

首先，非传统安全问题使中国外交树立了一种新的安全观，即综合安全观。① 过去由于冷战的原因，中国在安全上主要追求军事安全。冷战结束后的最初几年里，国际紧张局势使中国卷入战争的可能性较大，中国仍然主要关注军事安全，到20世纪90年代下半期，中美关系明显改善，中国被迫卷入战争的危险性降低，但是一系列非军事灾难却成为中国谋求进一步发展的障碍，包括“传统的”非传统安全问题，如环境污染、流行性疾病、资源短缺、恐怖主义等，而且随着国际互联网络在中国的应用和普及，以及中国各行各业推行的“上网工程”，与互联网联系在一起的技术“异化”问题也时刻威胁着中国的国家安全。② 这时候，中国越来越关注非军事安全问题，因此综合安全被逐步纳入中国的外交思想体系中，并成为党和政府决策的重要依据。③

其次，非传统安全问题使中国外交从主要关注国内问题开始转向越来越多地关注中国的国际形象。20世纪90年代中期以前，中国外交完全是为经济发展服务的，也就是说，所有的决策目标就是内部发展，但是随着中国国际地位的提升，中国政府开始认识到中国国际角色的重要性。尤其是作为一个经济高速发展的国家，又是联合国安理会常任理事国，中国树立什么样的国际形象至关重要。特别是“9·11”事件爆发后，中国政府表示坚决站在反恐的一边，并对美国发动的“反恐”战争

---

① 所谓“综合安全观”是指超出了传统的军事安全为中心的范畴并将“非传统安全”纳入其中的新安全观，以国际国内多种行为体为研究对象，它把安全范围扩大到了比“国家”更广大、更立体的层面。参见王逸舟：《论综合安全》，《世界经济与政治》1998年第4期。

② 参见胡键、文军著：《网络与国家安全》，贵州人民出版社2002年版。

③ 中国共产党十六大报告第一次把“非传统安全”的内容写进了党的文件中，这表明党和政府在决策中已经将非传统安全问题考虑在内。实际上，在外交决策中，中国与其他国家早就在非传统安全问题领域进行有效合作，如上海合作组织中有一项合作内容就是打击恐怖主义、分裂主义和极端主义；在SARS流行时期，为了防治疫情，中国政府与东盟国家进行了有效的合作。

给予积极的支持。不仅如此，中国在防范各种非传统安全问题加强与周边国家的合作，2002 年底与东盟签署了加强非传统安全领域的合作宣言；在 SARS 疫情蔓延期间，同日、韩以及东盟就治理疫情问题专门举行了部长级会议，随后又单独与东盟就 SARS 问题召开特别峰会。这充分显示了中国在处理全球非传统安全问题上所持的高度重视的态度，也展现了中国负责任的国际角色，甚至使一些国家对中国的国际身份开始重新认识。①

此外，非传统安全问题使中国外交思想更加关注合作并在合作中谋求双赢。非传统安全问题的兴起，一方面使国与国之间矛盾加深、紧张加剧，甚至采用传统军事手段来解决非传统安全问题；另一方面，它使相关国家加强对话与合作，共商解决之法。特别是随着非传统安全问题的日益增多，在国际社会形成了一种与过去的“权力政治观”相异的“问题政治观”（issue politics），并且围绕着发展中共同面临的问题而形成新的国家间关系。在这种关系中，冲突仍然存在，但在“问题政治领域”里，为了解决“问题”，国际冲突已让位于国际合作。当代中国的外交思想历来就强调对话与合作，只是由于中国的实力有限，在传统安全领域内的合作往往受到掣肘。

“一带一路”的核心区域主要是在上海合作组织和东盟覆盖的区域，而这两大地区都深受恐怖主义之害。恐怖主义的根源很多，但贫困是其经济根源，因此“一带一路”战略构想以及由此带来的经济发展将是治理恐怖主义的经济手段。

① 中国一直自称是一个发展中国家，国际社会也基本上认可，但是通过抗击“非典”，中国能够独立地应对这种急需几十亿美元才能解决的危机，所以国际社会特别是广大发展中国家对中国发展中国家的身份已不太认同。

第二章
“一带一路”战略构想的主要内容

2013 年 9 月 7 日，习近平主席在哈萨克斯坦纳扎尔巴耶夫大学提出共同建设“丝绸之路经济带”。同年 10 月 3 日，习近平主席在印度尼西亚国会演讲时强调中国愿同东盟国家共建 21 世纪“海上丝绸之路”。十八届三中全会报告提出，要加快同周边国家和区域基础设施互联互通建设，推进丝绸之路经济带、海上丝绸之路建设，形成全方位开放新格局。2014 年索契冬奥会期间，习近平主席和普京总统就俄罗斯跨欧亚铁路与丝绸之路经济带和海上丝绸之路的对接问题达成战略共识。以上是关于“一带一路”战略构想提出的简要过程，但是习近平主席并没有展开说明相关内容，因此战略构想提出之后，学界展开了充分的讨论，且对其内容进行了各自的阐释。

第一节　关于“一带一路”内涵的争论

“一带一路”战略构想自 2013 年提出之后，学术界关于其内容的看法存在诸多分歧。归纳起来，有以下不同的观点：①

① 关于“一带一路”的观点主要是见之于一些媒体，只有少数的理论研究，因此这里所列举的观点，凡是来自于新闻媒体的就不注明具体出处，而对来自于学术媒体的理论研究就专门注明观点来源。

其一，"一带一路"是中国崛起的大战略。这种观点认为，从中国内部来看，过去30多年的改革留下了诸多问题，改革本身存在着不少弊端；而中国的发展与世界经济发展是紧密联系在一起的，中国内部的问题也是世界的问题，因此"一带一路"实际上是内外统筹的大战略举措。[①] 从这个角度来看，"一带一路"不只是一个经济发展战略，更是一个长期的政治战略，而且关系到中国未来能否立于世界民族之林的问题。同时，"一带一路"也是改造国际秩序的战略，是中国向世界提供公共产品的战略。[②]

其二，"一带一路"是中国的新国际主义外交战略。这种观点认为，"一带一路"是中国共产党十八大之后提出来的，在思想上是十八大的延续和外交战略具体化。十八大提出了构建全球命运共同体的设想，而"一带一路"正是对全球命运共同体思想的具体化，体现的是中国的新国际主义外交战略。这个外交战略体现了中国外交的转型：从着眼于内部发展转向关注全球命运；从坚持不干涉原则转向创造性介入；[③] 从多予少取转向与外部互利共赢。"一带一路"新国际主义外交战略强调欧亚地区内部的重要性，并要加强政治影响，但其核心仍然是经济利益。

其三，"一带一路"是中国的新"马歇尔计划"，即中国对外经济援助的经济外交战略。这种观点认为，金融危机以来，世界经济处于低迷状态，发展动力严重不足。一个非常重要的原因在于广大发展中国家的增长动力不足。中国是世界经济规模仅次于美国的经济体，因此中国可以借助于内部的高储蓄转化为对外的援助性投资，特别是在发展中国家的基础设施建设中发挥重要作用。这样既能解决发展中国家的基础设施"瓶颈"问题，又能解决中国高储蓄和外汇储备问题。在持这种观点的人看来，这种援助性投资将给出资国带来丰厚的回报，同时也有助于遏

---

① 黄仁伟：《建设新思路的战略考量》，《社会观察》2014年第6期。

② Zorawar Daulet Singh, "Indian Perceptions of China's Maritime Silk Road at Sea", *Journal of Defence Studies*, Vol. 8, No. 4, 2014, p. 136；姚勤华：《"一带一路"系中国崛起的大战略》，《社会观察》2015年第6期。

③ "创造性介入"这个概念是王逸舟首先提出来的，参见王逸舟：《创新不干涉原则，加大保护海外利益的力度》，《国际政治研究》2013年第2期。

制正在滋生的贸易保护主义。①

其四，“一带一路”是中国的经济发展设计，也是中国与周边合作发展的倡议。这种观点认为，“一带一路”是一部好经，但好经千万不要念歪。它不是政治和战略的考虑，而完全是一种经济设计，是过去对外开放战略的延续，从单向性的对外开放向双向性均衡开放的转型。“一带一路”是中国资本输出的重要载体，资本投资的优先领域是基础设施，其重要保障是亚洲基础设施投资银行和“丝路基金”。在一定程度上，“一带一路”也是中国过剩产能的对外转移战略。②

笔者认为，上述几种观点都有失之偏颇之处。首先，中国一直坚持走和平发展道路，制定的任何战略都不可能去挑战既有的主导国，也不可能去改造既有的国际秩序，中国只能作为一个参与者和积极的建设者。同时，中国未必有能力作为主导国来提供全球公共产品，即便有某些能力，那也只能跟既有的主导国一起来提供全球公共产品。其次，中国在欧亚地区的合作一直倡导平等的原则，尤其是在处于欧亚地区中心地带的中亚地区，中国与这些国家秉承《上海合作组织宪章》，坚持互信、互利、平等、协商，尊重多样文明，谋求共同发展的“上海精神”，推进中国与中亚各国的安全合作、经济合作以及其他领域的合作。因此，“一带一路”不是中国对欧亚地区内部施加政治影响的新国际主义战略。再次，如果说“一带一路”是中国的新“马歇尔计划”，那么必须有一个前提：中国有足够的能力来应对金融危机，且有足够的经济资源来维系这种经济援助计划。但显而易见的是，中国不仅没有这种对外行为能力，而且内部还存在诸多发展不平衡性问题，内部的发展仍然是中国最重要的任务。换言之，“一带一路”并非中国的对外援助计划，而恰恰首先是中国解决内部发展问题的对外倡议。最后，第四种观点虽然强调

① Michele Penna, “China's Marshall Plan: All Silk Roads Lead to Beijing?”, *World Politics Review*, December 9, 2014；黄益平：《中国经济外交战略下的“一带一路”》，《国际经济评论》2015 年第 1 期。

② 唐朱昌：《“一带一路”的定位、风险与合作》，《社会观察》2015 年第 6 期。此外，一些外国学者也持类似的观点，如 Rajeev Ranjian Chaturvedy, “Decoding China's Silk Diplomacy at Sea”, http://www.ipcs.org/article/military-and-defence/decoding-chinas-silk-diplomacy-at = sea - 4771.hml。

"一带一路"是中国的经济发展设计，但又认为是中国过剩产能的对外转移战略。中国确实存在产能过剩的问题，但"一带一路"优先发展的是基础设施，中国恰恰是用最先进的高铁技术来为沿线国家基础设施建设服务，也就是用先进科学技术来为沿线国家的发展提供技术服务。

综上所述，笔者认为，"一带一路"首先是统筹内外两个大局的重要抓手，是互联互通的经济发展战略构想，首要的当然是内部的互联互通。长期以来，中国内部的发展受制于内部的种种障碍，尤其是地理上的自然分割，从而形成了区域上的不平衡。如果内部都不能互联互通，外部即便互联互通了，内部的发展仍然是不平衡的，因而也就无法从根本上改变中国内部发展的地区二元现象。在内部互联互通的同时要全力推进对外的互联互通。中国既是陆权国家，也是海权国家，因而必须从海陆两方面进行对外开放和对外延展，最大可能地拓展中国的外部利益。中国过去30多年的对外开放主要体现在东部沿海地区的开放，尽管大陆边境开放也在推进，但主要面向亚太地区。当时的开放是打开国门迎接外部世界，但在21世纪海上丝绸之路的框架下，东部沿海地区新的开放更多地是要"走出去"，向海外发展，向海洋发展。一方面要拓展海上权益，另一方面要建立跨太平洋地区的大经济圈，特别是要建立亚太自贸区，在战略上与亚太地区的各国建立利益共同体，促进合作共赢的亚太格局。在陆上，中国的开放相对滞后，主要原因是中国战略重心在东部，西部发展相对落后，基础条件不好，陆上"走出去"的通道不多，除了第二亚欧大陆桥和中巴走廊之外，就是向俄罗斯方向的几个有限通道。即便是第二亚欧大陆桥也受到多种因素的掣肘无法发挥其实际的作用，如中亚地区的相对不稳定、中国与中亚国家不同宽度的铁路轨道、沿路各国的法律问题等。而中巴走廊则受制于巴基斯坦的局势困境，内部中巴公路在南疆地区又是地形复杂的地段，受天气因素的制约较大，需要从技术上克服这些问题。因此，基础设施的互联互通十分重要。除了硬设施的互联互通，软设施也要互联互通，即体制、机制的互联互通。受发展的二元现象影响，中国市场体制、机制在东西部之间也存在着二元现象，既没有在国内形成统一的市场，更没有把国内市场与欧亚大陆的国际市场统一起来。因此，"一带一路"的一个重要目的就是要在欧亚大路上形成一个体制、机制互联互通的大市场，最终构筑一个资金流、技术流、人才流、信息流、货物流互联互通的欧亚合作大格局。①

第二节 “一带一路”的本质就是互联互通

“一带一路”战略构想最重要的内容就是复兴古丝绸之路的经济繁荣，特别是亚洲中部腹心地带的经济繁荣和社会稳定。历史上，多种文明、多种宗教、众多民族在这里相互交织、交流、对话、融合，正是这样造就了繁荣的古丝绸之路。但是，历史并非总是风花雪月，在对话与交流的过程中也有冲突。特别是在历史上伊斯兰势力向东扩张的进程中，这里发生了非常惨烈的宗教战争。即便是到了当今时代，冲突仍然存在。如果沿着中国新疆南部一直向西走，我们会发现众多经历了历史的战火之后残佛教寺庙、石窟的遗迹。不过，哭泣和流血的不只是弱小民族及其文化，还有曾经盛极一时的经济，也同样在宗教、民族的冲突中化为灰烬，或被封存在历史之中。

“一带一路”首先是“互联互通”战略，包括了外部和内部的互联互通。一种观点认为，互联互通主要是从对外的角度来看的。如果仅仅视作对外的新战略是不足以真正理解“一带一路”的。对外进行互联互通固然重要，但中国的发展长期以来受制于内部的种种障碍，尤其是地理上的自然分割，形成了区域上的不平衡。如果内部都不能互联互通，即便外部互联互通了，内部的发展仍然是不平衡的，因而也就不能从根本上改变中国内部发展的地区差距。因此，内部的互联互通实际上就是中国在经济上要有一个“西进运动”。因为东部的资源越来越少，尤其是土地资源几近用尽，但经济的热土还在东部，于是资金、人才继续向东部聚集，东部的城市管理和整个社会的综合治理都难以应付，“西进

① 关于这些观点，笔者曾经在另外的文章中都有论述，详细的阐述请参见胡键：《新丝路：中国内外互联互通的战略构想》，《社会观察》2014 年第 6 期；胡键：《“一带一路”：战略内涵与城市布局》，《社会观察》2015 年第 6 期。另外还可参见陆钢：《“一带一路”：一盘棋，八大联动》，《社会观察》2015 年第 6 期。

运动”就是要在东西部的互联互通中推进西部经济的发展。

“一带一路”的互联互通既是基础设施上的互联互通，更是体制、机制上的互联互通。内部的互联互通在基础设施上是借助于高速公路、高速铁路和航空港建设来推进的，这固然重要，但更需要体制、机制上的互联互通。长期以来，中国按照邓小平的不平衡发展和梯度发展理论来推进中国的经济发展，所以在体制、机制上也存在着严重的“二元化”现象：东部与中西部的体制、机制存在着巨大的差别，导致国内市场存在严重的分割现象。再加上各种地方保护主义的存在，国内的统一大市场实际上始终没有形成。在此情形下，互联互通只能是一句空话。因此，在基础设施互联互通的基础上，更应该加强体制、机制上的互联互通，使中国内部建立一个真正意义上的开放、统一的大市场。

“一带一路”在内部互联互通的同时，也要全力推进对外的互联互通。中国面向太平洋，背靠欧亚大陆，对外的互联互通就是既要确保海上通道畅通，又要做到与欧亚大陆腹地的通道安全可靠。但是，中国在“走出去”的问题上不仅受到恐怖主义等非传统安全威胁的影响，还受到周边国家的不信任。因此，加强对外的互联互通，一方面要继续推进高铁外交，以突破自然因素和各种非传统观安全因素的束缚；另一方面要加强对周边国家的软实力攻势，用柔性的文化与这些国家建立友好关系。此外，要加大对周边国家的经济投资和贸易往来，把中国的发展变成中国带领周边国家共同发展的经济大格局。“一带一路”战略最关键的是要突破中亚、俄罗斯、东欧国家，建立起走向整个欧亚大陆的经济圈；同时，要全面推进中国的南亚和印度洋战略，与巴基斯坦、印度建立战略关系，使之成为新丝绸之路战略的重要支点国家。当然，巴基斯坦与中国保持着传统友谊关系，但政局不稳、恐怖事件频发等制约了中国的战略实施步骤，客观上也降低了巴基斯坦在中国“一带一路”战略中的地位，但中国不能放弃巴基斯坦。印度是与中国相邻的大国，在古丝绸之路上就是重要的角色，因此中国的新丝绸之路战略也不能忽视印度。当前，印度的发展态势较好，而且与中国的关系正在发生新的突破，这是一个好的趋势。不过，奥巴马访印，特别是美国公布了《美国印度的亚太战略》，有的媒体认为这是美印针对中国的战略。这种判断似乎过于简单，美印的合作虽然有针对中国的因素，但中国同样可以利用美印的合作来推进中国的战略，尤其是把美国、印度拉入中国的“一带一路”战略之中，那么在美印、中美、中印的战略框架中，印度将会成为中国“一带一路”战略的新的战略支柱性国家。这样，中国的南亚战略和印度洋战略就会成为“一带一路”的重要组成部分。在此基础上，“一带一路”进入非洲就简单多了。因为印度稳住之后，东南亚的中缅走廊（以下都用中印缅孟经济走廊）也相对来说安全多了。最终，“一带一路”就形成了两个连接点：中巴走廊和中缅走廊。当然，中缅走廊目前遭遇的困境较多，解决好缅甸问题考验着中国的战略智慧。

在“一带一路”战略框架下，还是资金流、技术流、人才流、信息流的互联互通。当前，国内不少省市都在争抢“一带一路”的起点问题，目的是要搭乘“一带一路”的快车，促进本省区的经济发展，这本无可厚非。但是，这种思维仍然是基于一省一区的发展，没有大局意识，缺乏战略眼光，不是互联互通的发展思维。互联互通的要义不在于起点在哪里，而在于在通道、机制上能否保障资金流、技术流、人才流、信息流的畅通无阻。中国传统上的东西部分界线从地理上来划分基本上是东经 110 度经线，但从经济发展的角度来划分，可能东部的范围更小，基本上是指东南沿海地区。中国内部的资金流、技术流、人才流、信息流基本上就是在东南沿海地区，到安徽、江西、河南、湖南、湖北之后，这种情形就完全不一样了。这种发展思路就不是“一带一路”的思路。因此，中国的经济发展要大力推进东经 110 度经线以西地区的发展。在此基础上，使资金流、技术流、人才流、信息流在中国内外两个市场中畅通无阻。

过去，中国的对外开放主要是引进外资、利用外资，这对中国的产业发展是有贡献的。但是，今天中国资金雄厚，可能不只是要利用外资，更重要的是要让中国的资金“走出去”，让它在国际市场上活跃起来。同样，中国过去没有什么先进技术，主要靠对外引进，但中国今天的技术已经处于国际领先水平，中国“走出去”也意味着中国的技术“走出去”，例如中国的高铁技术在技术水平、造价、开发成本等方面都拥有优势，高铁“走出去”成为中国高科技外交的重要内容之一。此外还有核电、卫星导航系统等，中国都成为输出国。特别在卫星导航系统方面，中国已经与巴基斯坦、泰国、阿拉伯国家以及隔洋相望的拉美地区有较为深入的合作。如果说高铁是“一带一路”的硬设施的话，那么卫星导航以及由此带来的产业链则是“一带一路”的软设施。信息流过去主要靠美国技术，卫星导航产业也被美国的全球卫星导航系统垄断，在推进“一带一路”战略中，中国需要摆脱对美国的技术依赖，通过打造中国的技术来促进信息流的互通。推进“一带一路”战略的关键是人才。当前，中国的人才建设缺乏战略，基本上还是传统思维，靠培养个别所谓的领军人才来支撑具体的项目，忽视了一个重要的人才现象，即中国出现了人才的群体性崛起，但由于在使用人才上仍聚焦于所谓的领军人才，大批在本领域内有独到研究的人才被搁置起来，无法真正发挥作用。这当然是一种人才浪费现象。此外，中国的眼光虽然能够盯住国际人才，也注重引进外部人才，但却不愿意用好内部的既有人才。一方面是人才的短缺，另一方面是人才的浪费，而人才短缺恰恰是人才浪费所造成的。我们总以为“外来的和尚会念经”，结果内部的“和尚”只好往外部走，而被引进的“和尚”成为内部的“和尚”之后就很快被闲置起来，引进多少人才成了一种政绩工程。这样，怎么能够形成人才流呢？人才流实际上不是要把人才挪来挪去，引进来跑出去，而是在人才使用机制上能够确保人才发挥相应的作用。总之，中国要在“一带一路”战略框架下建立资金流、技术流、人才流、信息流的畅通管道，打造世界级的金融港、技术港、人才港、信息港。

“一带一路”战略构想不只是要恢复古丝绸之路的繁荣，更重要的是为中国的现实发展和未来战略考虑。中国正在崛起为一个大国，但在这一进程中，中国的内外环境都不容乐观。因此，“一带一路”的建设就是中国面向欧亚内陆开放的新战略。中国内部发展问题很多，由于东部沿海地区发展迅速，虽然也产生了不少问题，但那是发展过程中的问题，基本上可以通过发展得到解决。但是，中西部则是发展滞后或者说是不发展的问题。发展严重滞后和不发展是因为发展出现了瓶颈性问题，因此需要以更快的速度发展才能解决。中西部的发展首先要解决基础设施落后的问题。虽然近年来中西部的高速公路、铁路发展很快，但远远不能满足中西部发展的需要。特别是在广大山区，资源丰富，但无法以最快的速度输送出去，从而导致山区的人们守着聚宝盆却忍饥挨饿的现象。因此，发展中西部的基础设施首先要实现内部互联互通。

中国的对外开放一直强调是全方位的，但很显然向欧亚内部的开放并不像向东部海洋开放那么容易。虽然海洋上有所谓的岛链困锁的问题，但东部开放型经济毕竟使中国从大陆走向了海洋，海洋经济有了突飞猛进的发展。随着经济和科技实力的进一步发展，中国突破岛链困锁的可能性越来越大，中国经济也进一步向深海经济发展。然而，中国向欧亚内陆的开放一方面受自然条件的束缚，主要是中国大陆边界都是崇山峻岭，能够走出去的地方并不太多。另一方面是受周边安全局势的影响，中国在对欧亚内陆开放上持相对谨慎的态度。尤其是中亚地区的三股势力非常猖獗，是中国向欧亚内陆全面开放的最大障碍。对于三股势力，中国必须要加大主动战，采取积极防范的策略。什么是主动战和积极防范的策略呢？就是大力发展经济，从根本上解决民族发展问题。中国新疆的“疆独”势力与中亚、阿富汗的恐怖势力是一丘之貉，他们仅凭几美元就能招募新人参与到恐怖活动中去，成为人体炸弹，不就是因为当地民众经济非常困难吗？可以说，大多数人走上恐怖分子的不归之路，是因为受到了几美元的诱惑，极少数才是顽固的恐怖分子。因此，解决中西部尤其是新疆地区的经济发展问题刻不容缓。

不过，发展中西部经济并非是要降低东部沿海经济的重要性，而是要把东部与中西部放在国家发展战略的同一个水平上来思考这个新的发展战略。换言之，新丝路经济带并非只是陆上丝绸之路的内容，还包括海上丝绸之路的内容。从陆路，中国的经济和战略影响力能够通过中亚、南亚辐射到欧亚大陆；从海上，中国的经济和战略影响力能够覆盖亚太地区和印度洋沿岸国家。这“一带”、“一路”通过两条“走廊”即中巴（中国—巴基斯坦）和中缅（中国—缅甸）联接起来，最终形成一个内外互联互通的战略格局。

第三节　中国城市群的战略布局

从行政区划来看，中国一直采用省、县、乡三级行政区划体制，因而在行政管理上也是绝对按照省县乡的区划来进行管理的。在这种管理体制下，地方领导不能越出本行政范围。如果要进行跨行政区划合作，也只是根据具体的项目而定，行政区划导致在管理上的地方主义和本位主义是无法摆脱的。因此长期以来，中国只有城市管理的理念，没有城市群管理的理念。也正因为如此，在“一带一路”战略构想提出来之后，各地都在抢“一带一路”的起点。抢到起点，就意味着抢到了本省、本市经济发展概念性的引擎。这实际上曲解了“一带一路”，不是互联互通的思维。互联互通没有起点之说，只要有优势，任何一个地方都是起点。互联互通思维就是要去城市管理概念，加强城市群管理的概念。那么，中国今天的城市群发展状况如何呢？

随着“一带一路”战略构想的推进，《人民日报》微信客户端曾撰文指出，中国将出现5个超级城市群，除了已获批的长三角、珠三角和长江中游城市群，环渤海和成渝城市群也已纳入版图。这看起来似乎很有道理，但仍然是基于中国传统的行政区划而人为地来布局中国的城市群，并不是“一带一路”构想中的内容。“一带一路”构想本质上是互联互通，而且既非仅仅是内部的互联互通，又非单独的外部的互联互通，而是内外联动的互联互通。因此，上述的5个城市群布局就没有真正体现“一带一路”构想和未来的发展趋势。

城市的布局是为发展战略考虑的。中国既有的城市群（如长三角、珠三角和长江中游城市群）基本上是对外开放过程中形成的，但行政干预的烙印非常大，甚至并没有形成真正意义上的城市群。完全意义上的城市群应该是资金流、信息流、货物流、人才流畅通无阻，基本没有这个城市与那个城市的差别。然而，既有的3个城市群无论如何没有去掉地方主义的行政色彩，甚至资金流、信息流、货物流、人才流也是严格限制在一城一市之中的。一旦从一个城市向另一个城市流动时，无论哪一方面都会受到行政方面的限制。也就是说，我们还没有城市群的管理理念，仍然是城市管理的思维。这样的管理思维显然不容易推进“一带一路”的战略构想。

新的城市群应该为推进“一带一路”战略构想服务，同时“一带一路”的实施也要依托新城市群的功能转型特别是它们的辐射作用。甚至可以说，“一带一路”的推进还会对既有的城市群进行新的整合，至少在功能上会有所调整。例如，长三角、珠三角城市群长期以来东向大海，海洋性经济的特征比较明显，向西则主要是援助性功能。那么，为了推进“一带一路”战略构想，中国城市群的布局会发生什么变化呢？既有的3个城市群会继续得到发展，这是无疑的。而以东经110度经线为分界将出现以西安、兰州、银川为中心的陕甘宁城市群，其既有新丝绸之路经济带的历史基础和文化底蕴，又处于中国东西部结合部地带，在资金流、信息流、货物流、人才流中起到中转作用，东部承接环渤海城市群和长三角城市群的先进技术，自身的发展又促使东部的技术向西继续流向乌鲁木齐、喀什、伊宁等中国最西部的城市，而这些城市则构成了中国西部城市群。这个城市群过去基本上是技术、资金、人才的受援方，经济不发达，加上长期以来受恐怖主义的危害，所以过去在中国整体战略上的主要功能是维护国家统一和地区安定，其他功能都是次要的。然而，在“一带一路”战略构想中，西部城市群的重要功能将是经济辐射中心，不仅能在中国西部地区成为经济中心，而且要成为向中亚、南亚辐射的经济中心，因而像乌鲁木齐、喀什这样的城市完全可以建立功能性的经济特区。这个城市群承担着中巴经济走廊的建设，以及发展中国与中亚国家友好关系的功能。中国与中亚国家的经贸关系主要是指中国新疆与中亚国家的经贸关系。同时，中巴高铁能否建成，从中国内部讲关键是取决于乌鲁木齐、喀什的经济发展状况和整个新疆地区的安全与稳定。所以，西部城市群不再是被援助方，而应该是自主创新的地区。第三个新的城市群是以成都、重庆、贵阳、昆明、南宁为中心的西南城市群。这个城市群实际上是四边形的，南北走向的两条边都会延伸到国外，一条经昆明延伸到缅甸直到印度洋沿岸，另一条经南宁延伸到整个中南半岛。这里恰恰是中印缅孟经济走廊和中国与中南半岛国家的泛亚经济区（中国—东盟自贸区），因此西南城市群同样也是以主要城市为中心的经济辐射点。第四个新的城市群是以沈阳、长春、哈尔滨、呼和浩特为中心覆盖整个东北和内蒙古东部城市的城市群。这个城市群对内要承载中国的东北振兴计划，对外则要成为中蒙俄经济走廊的组成部分，是“一带一路”战略构想中最东边的经济发展走廊。最后一个也是最重要的新城市群就是环渤海城市群。这个城市群由于关系到首都北京的稳定和安全，因此城市功能、政治功能要多于经济功能。不过，北京的经济功能同样是举足轻重的。

因此，未来中国在推进“一带一路”过程中就不只是有 5 个城市群，而是有 8 个城市群，并且所发挥的作用各有不同。当前，各省市仍然沿用过去的逻辑，争抢“一带一路”的起点，从而获得“一带一路”的经济概念，形成本省、本地区发展的“概念股”，这显然是曲解了“一带一路”的战略构想。“一带一路”的重点是互联互通，只要能够实现互联互通，就没有起点和终点。对一个地区的发展而言，更关键的是是否有自己的技术优势，是否有自己的创新优势，是否有符合“一带一路”战略构想在整体上对各个城市、地区的定位。例如，长江中游城市群和陕甘宁城市群基本上是中转，而不可能定位为对外辐射的中心。

第三章
“一带一路”战略构想与中国外交转型

长期以来，中国外交一直把大国关系作为重中之重，因为国际关系的结构性问题主要是由大国关系来决定的。特别是自改革开放以来，中国要融入国际体系之中，而主导国际体系的无疑是大国尤其是美国和欧洲主要国家。因此，国际体系的主导大国究竟怎样认识中国就显得非常重要。也正因为如此，西方主要大国关于中国的各种话语就成为中国最为关注的方面，如“中国威胁论”、“中国崩溃论”、“中国强硬论”、“中国傲慢论”、“中国责任论”、“中国新殖民主义论”等。同样地，对于来自西方大国的问题话语，中国不得不回应；对于有关中国比较积极的话语，中国不得不接受。当然，这样会导致中国话语权的丧失，但是为了顺利地融入国际体系，中国也只能采取一种被动的做法，甚至在某些方面对主导大国也有一些迎合的色彩。这样无疑也会纵容主导大国对中国说三道四的情形，然而在当时的情形下，中国把大国关系特别是美国、俄罗斯和欧洲主要大国作为外交的重点无疑是正确的。在健康的大国关系框架下，中国进一步与各大国建立了相应的战略伙伴关系。但是，有的伙伴关系还是有所存疑的。“一带一路”战略构想的提出为中国的外交调整甚至是外交转型提供了一个极好的机遇。

第一节　中国外交转型

今天，中国已经发展到这样一种程度：在经济上，中国的经济规模对世界经济起着决定性的影响；在国际地位上，中国已经处在国际舞台的中央区域；在对国际体系的作用上，中国已经通过经济手段具有一定的议程设置能力和制度塑造能力等等。而与此相反，主导大国（如美国、欧洲各国）则在传统的国家实力上出现了下滑的趋势；同时，西方大国曾经主导的全球治理进程也逐渐或部分地转移到新兴国家手中；全球性问题的解决更是越来越离不开中国等新兴国家的参与。在这种情形下，中国的外交如果仍然按照常理出牌，则既不符合"时事易也"的现实，也不符合中国的长远利益。所以，中国外交转型是顺其自然的过程，当然也需要中国决策者因势利导。"一带一路"的战略构想正是一个顺其自然、因势利导的外交转型过程。

一、倡导构建中美新型大国关系

首先，构建中美新型大国关系需要建立中美关系的良性互动。中美新型大国关系可能在一定程度上涉及中国和平发展能否成功实现的问题。对此，有学者提出了关于衡量中国成功实现和平发展的三大标志：一是中国能否以和平方式实现两岸统一；二是中国与美国的关系能否保持良性发展；三是中国的制度和价值观能否得到国际社会大多数国家的认同。[①] 不过，笔者认为这三条难以用来衡量中国能否实现和平发展。其一，和平方式解决两岸统一当然是最理想的方式，但并不排除非和平方式的可能性。假若因政党轮替台湾出现事实上的"台独"，那么非和平方式解决的可能或许会成为现实，但维护主权完整的行动并不会影响中

① 黄仁伟、刘宏松：《中国和平发展道路能否成功的三大标志》，《国际观察》2012 年第 5 期。

国走和平发展道路。其二，中国保持与美国关系的良性发展确实至关重要，但绝不能靠中国单方面克制来实现，不然建立起的中美关系本身就是不平等的，因而也就不是良性发展的双边关系，更不是新型的大国关系。其三，要中国的制度和价值观得到国际社会大多数国家的认同，显然是不现实的。中国应该对自己的制度和价值观有充分的自信，只要符合自身发展的就应坚持，并不需要其他国家的认同，但需要其他国家的尊重，也就是尊重世界的多样性。基于上述分析，笔者认为中国能否实现和平发展的标志应该是：其一，中国是否有足够的实力来维护国家利益。在国际舞台上，我们不能沉浸在理想主义的幻想之中，虽然我们不相信实力政治学可以解决一切问题，但实力始终是最根本的话语权。中国有足够的实力，周边国家就不敢轻易挑战中国的底线。这是中国成功实现和平发展的物质基础和前提条件。其二，中国能否在物质性实力增强的同时实现文化的复兴。应当承认，当前中国的崛起主要是经济实力的崛起，尽管中国在软实力的提升方面做了很大的努力，但软实力的各要素尤其是文化要素还没有随着经济的崛起而复兴。中国经济总量的增加并没有立即带来国民素质的整体提升。中国近年来一直强调要增强国家软实力，正是看到了文化对于大国成长具有不可或缺的重要性。当文化与物质性实力能够实现平衡发展时，中国也将成为一个受国际社会尊重的高品位的国家。其三，中国与作为国际体系主导国的美国之间能否共同构筑确保双边关系良性发展的国际制度和相应的机制。与美国的实力相比，中国仍然是相对弱小国家，两国关系既不能靠中国作为弱者一方的“克制”，也不可能靠美国作为强者一方的“克制”来确保持长久的良性发展，只有在双方互信构筑的制度和机制的规制之下，两国关系才能够实现良性发展。

其次，构建中美新型大国关系不能只着眼于同美国的关系，还需要与周边国家建立起广泛的共同利益。对中国来讲，一方面，周边国家是中国经济发展战略的重要依托、贸易往来与能源供应的重要渠道、传统与非传统安全合作的平台、政治增信与文化交流的对象。另一方面，中国周边国家虽然已经没有冷战时期那样严重的军事威胁，但是，随着全球化负面效应的日益凸显，中国周边国家同中国一样饱受各种非传统安全威胁的肆虐，包括恐怖活动、走私、贩毒、偷渡等有组织犯罪及疾病、疫情、自然灾害等。因此，中国与周边国家不仅要在传统安全领域内加强合作、增加互信，而且要在非传统安全领域全面合作，共同应对危害本地区利益的非传统威胁。

再次，构建中美新型大国关系要调整好美国主导下的亚洲安全机制。中国的和平发展必然对整个亚洲的地缘结构产生影响。中国究竟怎样来塑造亚洲新的地缘结构，这对中国、亚洲乃至整个世界都具有重要的意义。中国必须妥善应对这一转型，积极谋求与亚洲各国及相关国际力量的合作，在合作中扩展共同利益，在互利共赢中共同谋求地区稳定与繁荣。自二战后到冷战结束，严格来说亚洲没有共同的经济—安全合作机制。但是，经济的飞速发展以及在全球化进程中所处的特殊地位都要求亚洲构建本地区的经济—安全合作机制。第一是要构建共同的经济合作机制。亚洲的经济合作机制一直发展迟缓，主要原因在于：其一，亚洲的多样性十分突出，社会制度、经济体制、经济发展水平、宗教、文化、种族等千差万别；其二，亚洲长期以来经济落后，许多贫穷落后的农业国家习惯于过自给自足的生活，对外经济关系不发达，因而内部动力不足；其三，亚洲除了日本外，没有真正意义上的发达国家，因而缺乏核心国家。此外，亚洲长期遭受战乱，大国间历史恩怨至今尚未了结。但是随着国际和地区形势的发展变化，亚洲经济一体化外部环境逐渐得到改善，内部建立积极合作机制的欲望日益增强：一是东亚的区域经济合作进程加快；二是南亚区域经济合作出现突破性进展；三是中亚地区经济合作日益深化，而中国既是积极的参与者更是积极的推动者。第二是要构建共同的安全合作机制。同样，长期以来，亚洲没有共同的安全合作机制，主要原因在于亚洲国家缺乏共同安全意识。冷战后亚洲的长足发展遇到种种问题，特别是经济发展过程中的资源短缺问题。亚洲的经济增长率居世界前茅，但因世界资源分布不平衡，亚洲总体上是一个资源短缺的地区。近年来，亚洲各国都面临消费增长迅猛、对外依赖严重等难题。因此，构建亚洲能源安全合作机制刻不容缓。除此之外，亚洲还应该建立共同的反恐合作机制。当前，恐怖主义已经成为世界的公害，亚洲国家更是深受其害。从中亚的“乌兹别克斯坦伊斯兰运动”等极端宗教组织到阿富汗的塔利班组织，从“东突伊斯兰运动”到南亚、东南亚的“伊斯兰祈祷团”等，这些恐怖组织已经把整个亚洲作为“人质”，直接危害着亚洲各国的安全与稳定。因此，亚洲迫切需要建立共同的反恐机制。另外，亚洲还应建立共同的地区安全合作机制。当前，一个由中国积极参与、推动乃至倡导的建立在共同利益和新安全观基础上的亚洲地区合作新体系正在逐步构建。不过，自二战结束以来美国一直是亚洲地区国际体系的主导者，并通过一系列双边军事同盟关系在亚洲保持着强大的军事存在。美国不是亚太地区的“观众”，而是“主角”。在战后半个多世纪中，在整个亚太地区，无论是从小周边还是从大周边的角度看，美国的影响力都占据优势，并因之主导安全、经济秩序，显然是个局内角色。可见，美国是亚洲各国以及中国的特殊“邻国”。进入21世纪以来，美国全面强化以美日安保同盟为核心的亚洲盟国体系，推进以关岛为中心的西太平洋前沿部署，并试图将二者结合改造为“亚洲版的北约”；构建与印度的战略伙伴关系，提升与巴基斯坦和一些中亚国家的战略关系，在东南亚、中亚和南亚实行渗透并扩大其力量存在和军事准入，将其从阿拉斯加到孟加拉湾的大弧线向西向北延伸到达中亚地区；构建西太平洋地区的战区导弹防御体系，确立其战略进攻和战略防御相结合的绝对优势。在这种情形下，美国成为中国在建构亚洲新的地缘结构过程中所要考虑的最重要的因素，绝不能挑战美国主导下既有的亚洲盟国体系。如果对它构成挑战，那么亚洲新的地缘结构将不利于中国的和平发展战略；反之，如若能妥善处理与它的关系，那么中国在其中便可以获得更大的收益。因此，中国要推进建立亚洲本地区的经济—安全合作机制：一是要构建共同的经济合作机制；二是要构建共同的安全合作机制；三是不以挑战美国的亚洲盟国体系为目的，而是作为美国盟国体系的一个补充而出现。

最后，构建中美新型大国关系要倡导“不冲突、不对抗、相互尊重、合作共赢”的价值理念。这种价值理念既是和平共处五项原则的升华，也是“互信、互利、平等、协商、尊重多样文明、谋求共同发展”的“上海精神”在中美关系中的具体应用，促使美国与中国一道成为命运共同体的成员。毕竟从中美新型大国关系的性质来看，其是两个大国在全球的互动关系，而不是简单的双边关系。之所以是全球互动关系，是因为中美关系是当今世界上最重要的国家间关系，对世界有着根本性的影响。而不是简单的双边关系，则是因为中美双边关系已经超出了一般意义的双边关系，具有全球性的意义。美国大西洋理事会（The Atlantic Council）在2012年发布的一份题为《展望2030：后西方世界中的美国战略》（Envisioning 2030：US Strategy for a Post-Western World）的研究报告中指出："在包括多边机构、全球金融体系、核未来、网络安全、外太空、气候变化、全球资源紧缺和亚洲安全等广泛的国际事务中，美中关系都将成为成败的关键。"由此可见中美关系的重要性。中美新型大国关系是经济上高度相互依赖的大国关系。中美之间的贸易关系非常紧密，据2014年的统计数据显示，中国是美国的第二大贸易伙伴（美国与最大贸易伙伴加拿大的货物贸易额为6385.8美元，比美中货物贸易额多564.7亿美元；与第三大贸易伙伴墨西哥的货物贸易额为5092.1亿美元，比美中货物贸易额少728.9亿美元）、第三大出口市场（美国对最大出口市场加拿大的货物出口额为3003.5亿美元，比对华出口额多1783.3亿美元；对第二大出口市场墨西哥的出口额为2261.5亿美元，比对华出口额多1041.4亿美元），以及第一大进口来源地（美国自第二大进口来源地加拿大进口3382.3亿美元，比自华进口少1218.6亿美元）。[①] 此外，中美新型大国关系是守成大国与崛起大国之间的关系。中国是最大的发展中国家，也是迅速发展的新兴国家；美国是最大的发达国家，也是实力最强的守成大国。因而，中美关系是当今世界上最复杂、最重要的双边关系。二者之间是否存在潜在的冲突，中国的崛起是否会陷入"修昔底德陷阱"，关键要看两国是否有足够的智慧来处理这种双边关系。

二、加强周边外交，构筑和平稳定的周边关系

周边外交直接关系到中国外部环境的安全与稳定。长期以来，中国

① 以上数据皆为2014年的统计数据。

的周边外交主要体现在双边外交上，多边外交虽然也有，但似乎并没有成为主导型政策。当然，随着2001年6月上海合作组织的建立，中国周边外交的多边色彩增加，但也因受到其他双边关系的影响而一度成效甚微。例如，上海合作组织框架内的多边合作就受制于俄罗斯的态度。因为最初俄罗斯并不十分热心于上海合作组织，而是更多地关注独联体内部的一体化建设。但是，“颜色革命”尤其是乌克兰危机使俄罗斯更加重视对东方的政策，它对上海合作组织的关注才超乎寻常，这样也使中国施展多边外交有了更大的空间和更多的机会。同样，中国虽然在1991年就开始与东盟对话且成为东盟的全面对话伙伴国，但是双边关系的色彩要胜于多边关系。到了2008年金融危机之时，东盟国家才整体上抱中国经济之暖来抵御国际金融危机之寒，这时中国与东盟的多边外交才凸显出来。从实际来看，中国周边外交呈现出以下新特点：

其一，在价值理念上，中国秉承“与邻为善、以邻为伴”的外交方针和“睦邻、安邻、富邻”的外交政策。习近平主席的治国理政方略就特别强调要做好周边外交工作。中国有句俗话：远亲不如近邻。处理好与近邻的关系远比处理好与一个遥远大国的关系更为重要，这是中国进入国际体系之后的深切体会。在这一问题上，我们要向美国学习，从美国处理与拉美国家的关系上获得经验教训。1823年提出的“门罗主义”虽然实质上反映的是美国想把拉美变成自己“后院”的战略野心，但是它既制止了神圣同盟对拉美革命的镇压，又挫败了英国势力侵入拉美的图谋，客观上保护了新独立的拉美国家。19世纪正值欧洲列强凭借硬实力拓展殖民地的时代，而“门罗主义”公然反对欧洲列强干涉拉丁美洲的革命，从而为美国在美洲树立了一个良好的国际形象，使美国自身在实力上升的情况下不仅不会被周边邻国视为威胁，反而被视为一种保护，从而也赢得了拉美人民的好感，[①] 美国也就顺理成章地成为“担负美洲国家代言人的角色”。[②] 即便是在取代英国成为世界霸主之后，美国对拉美国家始终保持着克制的心态。当然，冷战结束后，美国在拉美国家中

① 郭树勇著：《大国成长的逻辑：西方大国崛起的国际政治社会学分析》，北京大学出版社2006年版，第148—151页。

② 周琪主编：《意识形态与美国外交》，上海人民出版社2006年版，第186页。

的声望有所下降，但并没有实质性地影响二者之间的关系。甚至查韦斯时代的委内瑞拉对美国一直口头声讨，美国也没有像对待萨达姆时代的伊拉克、卡扎菲时代的利比亚那样断然采取措施。即便是事实上处于敌对状态的古巴，美国也照样能够容忍，并最终实现美古关系正常化。这其中最重要的原因就在于，只要在可控范围内，美国绝不轻易对自己的近邻采取极端政策。因为，非和平方式对待邻国，必然会引火上身。

其二，处理好周边外交，是中国几千年历史的智慧。正如习近平主席所说，两千多年的交往历史证明，只要坚持团结互信、平等互利、包容互鉴、合作共赢，不同种族、不同信仰、不同文化背景的国家完全可以共享和平，共同发展。这是古丝绸之路留给我们的宝贵启示。我们要全面加强务实合作，将政治关系优势、地缘毗邻优势、经济互补优势转化为务实合作优势、持续增长优势，打造互利共赢的利益共同体。为了使欧亚各国经济联系更加紧密、相互合作更加深入、发展空间更加广阔，我们可以用创新的合作模式，共同建设“丝绸之路经济带”，这是一项造福沿途各国人民的大事业。在谈到中国与东盟的关系时，习近平主席指出，中国和东盟国家唇齿相依，肩负着共同维护地区和平稳定的责任。历史上，中国和东盟国家人民在掌握民族命运的斗争中曾经并肩战斗、风雨同舟。“合抱之木，生于毫末；九层之台，起于累土。”保持中国—东盟友谊之树长青，必须夯实双方关系的社会土壤。在漫长历史进程中，中国和东盟国家人民创造了丰富多彩、享誉世界的辉煌文明。这里是充满多样性的区域，各种文明在相互影响中融合演进，为中国和东盟国家人民相互学习、相互借鉴、相互促进提供了重要的文化基础。

其三，无论从地理方位、自然环境还是相互关系看，周边对中国都具有极为重要的战略意义。思考周边问题、开展周边外交要有立体、多元、跨越时空的视角。中国周边充满生机活力，有明显发展优势和潜力；环境总体上稳定，睦邻友好、互利合作是周边国家对华关系的主流。因此，习近平主席指出，要谋大势、讲战略、重运筹，把周边外交工作做得更好；坚持与邻为善、以邻为伴，坚持睦邻、安邻、富邻，突出体现亲、诚、惠、容的理念。这些都体现了中国周边外交的重大转型。

三、积极打造外交平台，用平台外交来推进中国的多边外交和周边外交

近年来，中国外交上越来越突出的特点是，在周边打造和夯实外交平台，借以推进多边外交和周边外交。虽然几乎在所有的国际组织和地区组织中都体现了多边外交，但最能体现中国平台外交的是上海合作组织和中国—东盟自贸区。原本在东北亚也拟构建一种全新的机制即“六方会谈”来取代停战机制，但因种种原因没有构建起来。那么，为什么这两个机制会成为中国的重要外交平台呢？

从上海合作组织来看，其是当今最年轻的一个新型区域多边合作机制。它的“新”表现在：第一，功能新。自第二次世界大战结束以来，以安全合作为内容的国际组织有不少，但在此以前，可以毫不夸张地说，所有的国家间安全合作组织都是以传统军事安全为主要功能的。这种传统军事安全合作最大的特点在于，一是针对第三方，二是以第三方的不安全来实现自己的安全。也就是说，以往安全合作机制的合作是一种“零和”合作。相比之下，上海合作组织框架内的安全合作首先是在非传统安全领域内的合作。具体来说，该组织在安全领域内首要的功能就是打击分裂主义、极端主义和恐怖主义以及其他跨国犯罪。上海合作组织不仅是最早打出反恐旗帜的国际组织之一，也是迄今为止在非传统安全领域方面制定了详细法律性文件的唯一的国际组织。第二，机制新。以往特别是冷战时期的国际组织在合作机制上往往是结盟性的，例如北大西洋公约组织、华沙条约国组织等，而且在机制内一般是大国主导，奉行的是大国原则，其他弱小国家在合作的框架内实际上是从属性的成员。而上海合作组织的合作机制，正如成立宣言所说的那样，对内奉行的是所有成员国一律平等和协商一致的原则；对外则奉行不结盟、不针对其他国家和地区和对外开放性的原则，与其他国家及有关国际和地区组织开展各种形式的对话、交流与合作。这样的对内对外合作机制一方面确保了内部成员国之间的独立主权，成员国在框架内的合作不仅拓展了自己的国家利益，而且通过这一多边合作机制解决了自己单独不能解决的一系列问题，尤其是在打击三股邪恶势力和谋求经济发展方面，各

成员国得到了实实在在的好处。另一方面，内部良好的合作机制和合作成效首先在周边国家中产生了很好的示范效应，一个重要的表现就是，一些国家（如蒙古国、印度、巴基斯坦、伊朗）在认同该组织的宗旨和原则的前提下积极地申请以某种身份加入该组织，并先后被吸收成为该组织的观察员国；同时，对外的不结盟和开放性原则也使一些国际和地区组织同样对上海合作组织这种新型的合作机制产生了浓厚的兴趣。在这种情形下，塔什干峰会以后，首先是2004年12月联合国吸收上海合作组织为其观察员，随后，上海合作组织又先后与东盟、独联体和欧亚经济共同体等地区组织建立了伙伴关系。上海合作组织的新机制不仅有助于亚太地区形成以《联合国宪章》和其他国际法准则为基础、兼顾所有参与方利益的安全合作体系，而且有利于整个世界和平与稳定。第三，理念新。过去各国奉行的是传统的安全观，而其是以权力政治学为基础的，所以国际关系在发展中纷争不断，即使在经历了两次世界大战以后，人们也没有真正认识到战争对人类的巨大危害，因而在半个世纪的冷战年代，国家之间的军备竞赛常常把整个世界拖到战争的边缘。由此可见，传统的安全观无法缓解更不能消除"安全困境"。冷战以后建立的上海合作组织首先从思想上对传统安全观进行反思，尤其是对冷战时期的安全理念提出了质疑，并认为冷战结束后，随着国际关系的缓和，世界经济的发展成为国际形势的基本特征，因此安全的涵义已演变为一个综合概念，其内容由军事和政治扩展到经济、科技、环境、社会、文化等诸多领域，相应地，寻求安全的手段也趋向多元化，加强对话与合作成为寻求共同安全的重要途径。同时，以"互信、互利、平等、协商、尊重多样文明、谋求共同发展"为基本内容的"上海精神"不仅已经成为各成员国之间相互关系的基本准则，而且日益得到国际社会的认同。上海合作组织能够取得如此大的成就，其中最根本的一条就是各成员国坚定不移地坚持"上海精神"。因此，以这种安全理念为自己意识形态的多边合作机制决不可能发展成为一个军事组织，更不可能会是对抗西方的地区组织。

因此，上海合作组织作为中国重要的外交平台，具有以下特点：其一，它是合作的平台：上海合作组织从成立以来，完全是谋求合作，从最开始的安全合作和经济合作，到现在的能源、交通、金融、教育与人文等，已经发展到全面合作的新阶段。其二，它是对话的平台：每年举行一次固定的元首会晤政府首脑会晤以及专业职能领域的会晤，目的是为了进行对话与交流。而且，这种对话与交流从来都是讨论各方正面的话题，也就是正能量的交流；从来不谈各方存在的分歧，没有负能量的交流。即便成员国之间在某些领域内存在着矛盾与分歧，也从来不会在这个平台上讨论。其三，它是平等的平台：《上海合作组织宪章》明确了成员国一律平等，而且强调成员国一致的原则。尽管在该平台上有中俄两个大国，其他成员国都是小国，但中俄都没有要求大国主导权。虽然中俄两个大国为该平台的创建在物质、人员上贡献很多，但两国也没有要求拥有任何特权。其四，它是开放、不结盟的平台：《上海合作组织宪章》规定，上海合作组织不针对第三方，这体现了不结盟的原则。因为如果成员国结盟的话，那么任何一个成员国受到伤害，就意味着对所有成员国的伤害，这是冷战时代结盟的表现。但是，上海合作组织不针对第三方，而且秉持开放性，与其他国家和国际组织加强合作。近年来，上海合作组织的元首峰会邀请了不少国家和国际组织的代表与会，有的成了观察员身份，有的成了对话伙伴对象，所以这个平台始终是开放的。在成立初期，上海合作组织就把乌兹别克斯坦吸收进来，在2015年乌法峰会上也启动了印度、巴基斯坦转化为正式成员国的程序。其五，它是由诸多不同层次的平台构成的，而且还会不断增加其他平台来构筑更大的平台：上海合作组织首先是由“上海五国”对话机制发展起来的，而该对话机制主要是军事互信机制；在此基础上发展成为上海合作组织平台；随后又先后成立了秘书处和地区反恐机构。这是上海合作组织平台内最早的二级平台。随后，在多次联合军演的基础上逐渐机制化联合军演，从一定意义上来说，联合军演机制也已经成为上海合作组织平台中的二级平台。而上海合作组织能源俱乐部、上海合作组织大学平台、上海合作组织金融平台以及上海合作组织司法培训基地也将会是上海合作组织平台中的又一平台。将来上海合作组织平台的发展方向将无疑是新丝绸之路经济带这个更大的平台，在上海合作组织成员国、观察员国等覆盖的领域，通过加强经济、安全、能源、交通、信息、人文等方面的全面、广泛、深入的合作，构筑欧亚大陆跨国家、跨地域的合作。最后，这个平台以“上海精神”为价值理念，坚持互信、互利、平等、协商、尊重多样文明，谋求共同发展。这种价值理念不仅是上海合作组织平台的意识形态，而且实际上已经成为构建新型国家间关系的重要理念。

如果说上海合作组织更多地是一个具有政治性意义的综合外交平台，那么中国—东盟自贸区则完全是一个经济外交平台，这与中国对外开放的历史有直接的关系。对外开放初期，中国引进外资的主要来源国是东南亚国家，经过长期的经济往来，中国与东盟国家在经济利益上自然就形成了非常紧密的联系。在此情形下，2000 年 10 月，中国时任国务院总理朱镕基在新加坡举行的中国与东盟领导人会议上，提出在 WTO 承诺的基础上，建设更加互惠的中国—东盟自由贸易区倡议。2001 年 11 月，中国与东盟各国签署了《南海各方行为宣言》，在当年“10 + 1”领导人会议上，中国拿出更为充实的议案，终于与东盟达成了自贸区共识。“10 + 1”宣布 10 年内建成自由贸易区的目标。2002 年 11 月 4 日，《中国与东盟全面经济合作框架协议》签署，自贸区建设正式启动。从 2002 年至今，中国—东盟自贸区取得了巨大的成就：2003 年 10 月，中国签署《东南亚友好合作条约》，成为首个加入该条约的非东盟国家，为推动自贸区的发展打下了很好的政治基础和人文基础；2004 年底，《货物贸易协议》和《争端解决机制协议》签署，标志自贸区建设进入实质性执行阶段；2009 年 8 月 15 日，《中国—东盟自由贸易区投资协议》签署，标志主要谈判结束；2010 年 1 月 1 日，拥有 19 亿人口、GDP 接近 6 万亿美元、发展中国家间最大的自由贸易区——中国—东盟自由贸易区正式建立。

中国—东盟自贸区自建立以来虽然面临着诸多障碍性因素，如“中国威胁论”（主要是指中国经济的日益强大、吸收外资的增多以及大量价廉物美的中国商品涌入本地市场，东盟成员国内部以及周边许多国家感到了竞争的压力，“中国威胁论”等言论泛起，宣称中国的经济崛起将对该区域内的其他国家造成威胁，强大的中国很有可能将会在该地区称霸，直接影响到地区的政治和经济格局，东盟国家应联合起来予以对抗）、东盟内部的摩擦和矛盾（如历史积怨、领土争端、政局不稳、民族宗教的巨大差异等)、东盟成员国经济发展水平的差异和经贸结构的雷同化、东盟内部缺少核心的经济力量和协调机制、东盟成员国与台湾的经贸关系，以及美国、日本等发达国家的干预等，但是其作为中国重要的外交平台，将进一步促进中国与东盟之间的企业对话与合作；促进中国与东盟之间的贸易与投资联系；促进各自国家的经济发展和中国—东盟自由贸易区深化发展。

第二节 “一带一路”战略构想与欧亚大陆秩序的重塑[①]

有不少人认为，中国的崛起将对国际秩序进行重构。此话既有正确的成分，也有错误之处。中国崛起重塑国际秩序是必然的，但绝非是中国作为国际秩序的主导国而重塑国际秩序，而是中国与世界各国在共同发展进程中为了世界共同体的命运而共同重构国际秩序。众所周知，自第二次世界大战以来，欧亚大陆秩序一直处于不健康的状态，先是冷战“铁幕”的分割导致欧亚大陆成为“一个核桃的两半边”。[②] 冷战结束以后，欧亚大陆的秩序仍然呈现出碎片化的趋势，主要是因为受恐怖主义、分裂主义、极端主义以及大国传统地缘政治博弈等的影响。因此，中国提出“一带一路”战略构想，就是希望借此推进中国内部的经济发展尤其是突破内部经济发展的瓶颈，并且与沿线国家在“一带一路”的建设中实现共同发展、共同繁荣，从而在经济发展的同时与沿线国家携手重塑欧亚大陆新秩序。

一、欧亚大陆秩序的第二次重塑

欧亚大陆秩序一直事关整个世界的安全与稳定。两次世界大战的策

① 本节内容曾以单篇文章形式发表，参见胡键：《“一带一路”战略构想与欧亚大陆秩序的重塑》，《当代世界与社会主义》2015 年第 4 期。

② ［美］沃尔特·拉弗贝：《美苏冷战史话 1945—1975》，商务印书馆 1980 年版，第 56 页。

源地都在欧亚大陆，威斯特伐利亚体系、维也纳体系、雅尔塔体系等首先都是围绕欧亚大陆秩序的国际博弈结果，当然后来也是构建国际秩序的重要内容，或者说它们本身就是国际体系的内容。冷战结束以来，欧亚大陆秩序经过了并正在发生着两次较大规模的重构：一次是苏联解体导致的重构，这个过程虽然完成了，但还有余音；另一次将伴随"一带一路"战略构想产生，这个过程已经开始，并且将矫正上一次重塑的错误。

苏联解体和冷战结束对欧亚大陆秩序的重构是基于政治的力量，也称为政治性重构。一方面，苏东剧变和冷战结束，"欧亚地缘战略的重心加快向内陆收缩"，[①] 其中主要的原因是北约不仅没有随冷战的结束而解散，相反继续在对俄罗斯方向实施挤压，使俄罗斯的战略纵深不断缩小。另一方面，从国际政治力量来看，多种政治力量在此进行博弈，各大国的地缘战略利益在此猛烈交锋碰撞。除了欧亚内部的主要力量（如中、俄、欧、日四强以及印度、东盟等）不断在重塑欧亚地缘政治结构外，美国作为域外的政治力量仍然在欧亚地区作为一种特殊的力量而存在，并且是塑造欧亚地区秩序的最重要的力量。[②] 政治力量重塑欧亚地区秩序的过程从冷战结束一直延续到今天，甚至未来在相当长的时间内还将进行。从"沙漠之狐"行动（1998 年）、科索沃战争（1999 年）、阿富汗战争（2001 年）、伊拉克战争（2003 年）、"颜色革命"（2003—2005 年：独联体地区；2010—2011 年：中东北非地区）、俄格战争（2008 年）到迄今为止尚未解决的乌克兰危机（2013 年以来），都反映了政治重塑欧亚地区秩序的历史逻辑和现实状况。与此同时，恐怖主义、分裂主义、极端主义等亚政治力量也参与了这个重塑的过程。然而，这个过程总体上是失败的，至少是不成功的，因为其是一种零和的博弈。

那么，欧亚地区能否走出零和博弈的困境呢？或者说，欧亚地区秩序的重塑是否有另一种方式呢？在"一带一路"战略构想提出前，实际上欧亚地区的政治家们已经有过诸多设想，在探索重塑欧亚地区新秩序

---

① 唐永胜：《欧亚大陆地缘关系的重大变化》，《世界经济与政治》1999 年第 1 期。

② 参见姜琦、王耀东：《中国面对欧亚地缘政治格局新态势的战略选择》，《上海行政学院学报》2000 年第 2 期。

的问题上进行了不懈的努力。其中包括：1992 年 10 月哈萨克斯坦总统纳扎尔巴耶夫在第 47 届联合国代表大会上首次提出了关于建立一个全亚洲范围的地区性安全合作组织的倡议，旨在通过各国专家、学者和领导人之间“讨论亚洲或欧亚的和平与安全问题”，促进亚洲各国间的对话和协商，对地区形势达成一致的认识，消弭相互间的误解、对立与冲突，保障地区的稳定与安宁，进而协商解决共同面临的问题，推动在亚洲地区建立安全保障机制，促进区域性经济发展与社会繁荣，并建议将这个地区性安全合作组织定名为“亚洲相互协作与信任措施会议”。后来在 1999 年 8 月举行的“上海五国”比什凯克元首会晤中得到了认可，声明指出：“各方高度重视维护地区的和平与稳定，支持……哈萨克斯坦共和国倡议的亚洲相互协作和信任措施会议的进程……”① 1998 年，当时的吉尔吉斯斯坦总统阿卡耶夫提出“丝路外交战略”，倡导把丝绸之路作为欧亚地区各国之间、各种文明之间的联系桥梁。② 他的倡议也在比什凯克的“上海五国”元首会晤中获得认可，声明指出：“各方支持吉尔吉斯共和国总统阿卡耶夫关于在当代国际合作中复兴丝绸之路的‘丝路外交’构想，以促进地区经济持续发展，加强地区和平与稳定。”③ 进入 21 世纪，在“上海五国”升格为上海合作组织以后，成员国也在试图借用地区多边组织来重塑欧亚地区秩序。诚然，上述各种倡议特别是上海合作组织成立十多年来对促进欧亚地区的合作与稳定发挥了十分重要的作用，但是欧亚地区仍然存在着各种障碍，如各种亚政治力量、相互不信任的认知导致的猜疑等，都严重阻碍着上述倡议和机构对欧亚地区秩序发挥重塑的功能，以至于迄今为止欧亚地区秩序碎片化的趋势仍然存在，且有进一步恶化的可能。这表明政治重塑欧亚地区秩序的努力非常艰难。

中国是欧亚大陆上的重要国家，而欧亚秩序的碎片化将成为中国和平与发展道路上的严重障碍。在政治重塑欧亚秩序的同时，中国比较早

① 《中、吉、俄、哈、塔元首比什凯克声明》，新华社，1999 年 8 月 25 日比什凯克电。

② ［吉］阿斯卡尔·阿卡耶夫：《丝路外交战略》，《现代国际关系》1998 年第 12 期。

③ 参见潘光、胡键：《21 世纪的第一个新型区域合作组织——对上海合作组织的综合研究》，中共中央党校出版社 2006 年版，第 47—57 页。

地试图用经济的手段来重塑。2001年在上海合作组织成立后，根据中方的提议，当年9月六国总理在阿拉木图签署了《上海合作组织成员国政府间关于开展区域经济合作基本目标和方向及启动贸易和投资便利化进程备忘录》；2003年9月，六国总理在北京政府首脑会议上签署了《上海合作组织成员国多边贸易合作纲要》，联合公报指出："进一步加强贸易投资便利化是现阶段上海合作组织区域经济合作的主要任务。"① 但是，十多年来，多边经济合作始终步履艰难，双边合作成效也不大，因此用经济的手段重塑欧亚地区秩序必须要有新的抓手。在这种情形下，中国提出的"一带一路"战略构想就具有创新的价值，尤其在重塑欧亚地区秩序方面将发挥不可替代的作用。

用经济的手段来重塑欧亚地区秩序，目标就是通过区域经济合作来共同促进欧亚大陆各国的繁荣和发展。其主要方式大致有：一是利益嵌入式，也就是以一国为主导把自己的利益通过经济合作嵌入有关各国的利益之中，从而形成利益共同体和责任共同体。二是市场对接式，即把一国的国内市场通过经济合作特别是贸易的方式与其他国家的市场对接在一起，同时也包括把一国的市场机制与其他国家的市场机制在具体的合作中进行相互接纳，从而形成一体化性质的统一市场，最后各国则会为维护这个市场的正常运作而形成一种责任共同体和命运共同体。"一带一路"战略构想就是用经济的手段来重塑欧亚地区秩序的新设想，上述两种方式在"一带一路"战略构想中并不是相互割裂的，而是在同一个手段之下相互补充且同时发挥作用的。一方面，中国提出"一带一路"的战略构想，所以在推进"一带一路"进程中无疑发挥着主导性作用，并且把中国的经济发展利益嵌入到沿线所有国家的经济发展利益之中，与这些国家构筑一个欧亚大陆内部的利益共同体和责任共同体。另一方面，中国推进"一带一路"并非是要改变沿线国家的市场体制和机制，而是通过最主要的基础设施建设，把欧亚大陆打造成为首先是基础设施的互联互通，最终实现市场体制机制的互联互通，构筑起一个欧亚

---

① 《上海合作组织成员国政府首脑（总理）会晤联合公报》，参见上海合作组织官网，http：//www. sectsco. org/CN11/show. asp？id＝164。

大陆的统一大市场。这样，中国就与沿线国家形成了一个责任共同体和命运共同体。虽然“一带一路”才刚刚开始推进，但从已经开始的项目中，我们可以看到一种与政治力量塑造欧亚秩序完全不同的方式，因为“一带一路”完全抛弃了零和博弈的游戏，而是采取以和平合作、共赢发展为目标的秩序重塑方式。所以，其结果将不会是欧亚秩序向碎片化趋势发展，而是向更加和平、更加整合的方向发展。

二、重塑欧亚大陆秩序的机遇与风险

“一带一路”虽然倡导用经济的方式来重塑欧亚大陆秩序，但这毕竟是新的尝试，而且欧亚大陆秩序是国际秩序的关键，因此无论用什么重塑手段都是机遇与风险并存的。

从机遇来看，首先，政治力量重塑秩序的情形基本上没有成功，而且留下了不少后遗症，这给其他方式尤其是经济方式重塑秩序提供了可能。“一带一路”战略构想是中国基于30多年来融入国际体系经验提出来的，中国融入国际体系采取的是一种利益嵌入式的融入方式。“中国经济的市场化、国际化、全球化进程越是发展，中国与世界体系的融合程度就越高。实际上中国改变世界体系的能力也越增强。”[①] 也正因为如此，中国不仅没有颠覆既有的国际体系，而且在进入国际体系之后，在利益上与既有的主导国和体系内的其他国家形成了利益捆绑，后来逐渐成为利益共同体。正是基于这样一种独特的经历，中国提出了“一带一路”的经济发展战略构想，并以此来重塑欧亚大陆秩序。

其次，中国经济转型的成功和中国崛起为欧亚大陆的众多经济转型国家产生了示范效应。中国崛起主要基于经济的成功转型，在此过程中既实现了经济规模的飞跃，又没有出现政治、社会动荡。最重要的是，中国的经济转型实现了“整体性的利益增长和社会普遍性收益”，所以获得了社会的普遍性认同。[②] 与此同时，中国经济发展在世界尤其是欧

---

① 黄仁伟著：《中国崛起的时间和空间》，上海社会科学院出版社2002年版，第4页。

② 胡键：《知识、制度、利益：理解中国改革的三个维度》，《华东师范大学学报（哲学社会科学版）》2013年第1期。

亚大陆的广大发展中国家产生了溢出效应。过去中国着眼于内部的发展以及由此对国际特别是周边产生的带动效应，如果说那还是一种客观上的现象的话，那么"一带一路"战略构想的提出和推进则是中国开始主动把内部的发展效应传导出去的重要举措。

再次，欧亚大陆各国尤其是转型国家不仅都想解开中国崛起之谜，而且也由此对中国重塑欧亚秩序产生了一定的期待。在世界各国看来，中国经济发展一定有独特的"密钥"，而这种"密钥"很有可能对世界具有借鉴意义。也正因为如此，从"北京共识"到"中国模式"的讨论，实际上就反映了中国发展对外界的影响，更体现了欧亚各国在历经"转型之痛"以后对中国的期待。因此，"一带一路"战略构想提出以后得到了沿线国家的普遍认同，并希冀自己国家的发展能够充分地融入到"一带一路"的战略构想之中，从而使"一带一路"也成为自己国家的经济发展战略。在这种情形下，"一带一路"的推进就会通过一种"卷蓬苹效应"或者说滚雪球效应来重塑欧亚大陆秩序。

从风险来看，首先，"一带一路"是中国首先提出来的，而中国作为一个崛起的国家长期以来被视为守成大国美国的挑战者。特别是在此前，欧亚大陆秩序尤其是亚洲经济—安全秩序是美国主导的。前些年，西方说中国"非和平崛起"主要是担心中国与美国在安全上展开激烈的争夺，这种争夺会使战争的风险提高。[①] 但是，随着中国在国际经济、金融领域话语权的提升，西方越来越多地担心中国通过自己的经济和金融力量颠覆美国主导的国际经济、金融秩序，而"一带一路"和亚洲基础设施投资银行就被认为是中国颠覆美元金融秩序的具体实践。如果是这样，那么中国推进"一带一路"就会招致美国的封堵和遏制。这是推进"一带一路"进程中面临的战略性风险。

其次，欧亚大陆上传统地缘政治的争夺仍然十分激烈。虽然欧亚大陆各国都在谋求经济发展，但传统地缘政治的博弈仍然是欧亚大陆不稳定的重要原因之一。由于欧亚大陆的特殊性，地区秩序的塑造始终未能

---

① Zbignew Brezinsiki and John J. Mearsheimer, "Clash of the Titans", *Foreign Affairs*, Vol. 146, January/February, 2005, pp. 46 – 50; John J. Mearsheimer, "China's Unpeaceful Rise", *Current History*, April 2006, pp. 160 – 162.

摆脱冷战的阴影。同时，不仅欧亚大陆内部大国之间（如俄罗斯与欧盟、印度与巴基斯坦等）存在着信任不足的问题，域外大国尤其是美国也一直对欧亚大陆秩序的塑造发挥着至关重要的影响。从科索沃战争、阿富汗战争、伊拉克战争到“颜色革命”以及乌克兰危机等，美国的因素始终伴随着冷战的阴影和惩戒不顺从国家的心态在欧亚大陆进行传统地缘政治的博弈。这是推进“一带一路”进程中可能会遭遇的政治风险。

再次，欧亚大陆上的亚政治力量十分活跃。“一带一路”的核心区域无疑是上海合作组织和东盟所覆盖的地区，而高加索—中亚—阿富汗和中亚—南亚—东南亚长期以来就是恐怖主义的“月牙”地带。[①] 迄今为止，恐怖主义、分裂主义、极端主义等非传统安全威胁仍然是中亚和东南亚地区的最直接的亚政治力量威胁，也是推进“一带一路”进程中最现实的非传统风险。不仅如此，这些因素也带来了“一带一路”项目的经济投资收益和基础设施的安全风险。

三、中国在重塑欧亚大陆秩序中的风险防范

中国倡导的“一带一路”战略构想主观上是要与世界各国共享中国发展带来的机遇，与世界各国构筑命运共同体，但是西方尤其是主导大国美国对中国存在“主观臆想”，其受意识形态影响在对中国的认知上存在“制度化偏见”,[②] 因此中国的倡议往往会被认为完全是出于中国狭隘的国家利益。鉴于这样巨大的偏差，中国在推进战略构想的实践中必须进行风险防范。

首先，加紧发展中美新型大国关系。虽然构建中美新型大国关系要比“一带一路”早，但由于美国不愿意把中美关系的定义权赋予中国，因此其最初并没有真正接受“中美新型大国关系”的提法。随着“一带一路”战略构想的提出以及它对欧亚大陆秩序的重塑功能，中美双方通过发展新型大国关系来消除美国对中国的认识偏见就显得非常必要和紧

① 胡键：《中亚“帝国后遗症”及其治理机制》，《世界经济研究》2004 年第 2 期。

② 胡键著：《角色·责任·成长路径：中国在 21 世纪的基础性战略问题》，上海人民出版社 2010 年版，第 113 页。

迫。发展中美新型大国关系，关键在于能否长期保持中美关系的良性发展。[①] 但是，中美关系的良性发展“决不能靠中国单方面的克制来实现，中国单方面的克制建立起来的中美关系本身就是不平等的，因而也就不是良性发展的双边关系”。[②] 只有把中美关系建立在“不冲突、不对抗、相互尊重、合作共赢”的价值理念上，才能够真正建立和发展中美新型大国关系。

其次，打造多边外交平台，创新周边外交。中美新型大国关系能不能健康发展，一方面决于中美之间的战略共识和长期稳定的框架；[③] 另一方面也取决于中国与周边国家建立起广泛的共同利益，特别是在多边外交平台上构建命运共同体，“让命运共同体意识在周边国家落地生根”。[④] 因此，打造多边外交平台，就是要使多边平台成为“合作的平台”、“对话的平台”、“平等的平台”、“开放且不结盟的平台”、“多层次的平台”，最终使这些平台作为承载中国构建新周边关系与秩序的命运共同体。[⑤]

再次，弘扬“上海精神”，构筑命运共同体的价值理念。以什么样的方式进行合作，取决于持什么样的价值理念。中国推进“一带一路”战略构想，并不能独自行事，必须要靠沿线国家共同参与。在这个过程中，中国需要寻找重要的战略利益契合国。有的学者提出“战略支点国”，笔者认为这个提法不合适。支点意味着是被利用的，一旦利用完毕就可以抛弃。“战略利益契合国”就不一样，相互之间是有利益契合和相互依存的。不仅与战略利益契合国要相互依存，而且与所有沿线国家在推进“一带一路”过程中都要坚持互信、互利、平等、协商，尊重多样文明，谋求共同发展的“上海精神”。

---

① 黄仁伟、刘宏松：《中国和平发展道路能否成功的三大标志》，《国际观察》2012 年第 5 期。

② 胡键：《中国和平发展道路：逻辑、经验、前景》，《探索与争鸣》2013 年第 7 期。

③ 达巍：《建立面向未来的中美关系战略共识与长期稳定框架》，《现代国际关系》2015 年第 6 期。

④ 习近平：《让命运共同体在周边国家落地生根》，参见 http：//news. xinhuanet. com/2013 - 10/25/c_ 117878944. htm。

⑤ 张蕴岭：《中国的周边区域观回归与新秩序构建》，《世界经济与政治》2015 年第 1 期。

最后，要不断拓展和创新国际道义。一方面，推进“一带一路”要信守传统的国际道义，如遵守国际规范、维护和争取国际和平、倡导和追求国际平等、伸张和支持国际正义、认同和增进全球利益、关怀和促进人类福祉、不附加任何政治条件地对落后国家进行经济援助等。[①] 另一方面也是更重要的是，中国推进“一带一路”要本着真、信、亲、惠的原则来拓展国际道义内涵，创新国际道义的内容。国际道义的新内涵包括：一是提供全新的国际公共产品，主要是指共赢发展与综合安全的公共产品；二是提供经济发展的新动力，尤其是在全球经济不景气的当下，在推进“一带一路”进程中，倡导科技创新，建设创新型国家，为沿线国家的经济发展注入新的动力；三是提供全新的合作方式，即开放式的、不针对第三方的、不结盟的合作；四是提供全新的对外援助方式，特别是借助于中国的高铁技术、北斗导航技术为“一带一路”沿线国家提供有偿服务，从而使“一带一路”战略构想具有第三次工业革命的科技含量。

第三节 中国重塑亚洲地缘结构的战略路径

中国的和平发展必然对整个亚洲的地缘结构产生影响。中国已经成为世界经济中非常重要的经济体，这就是说，亚洲地缘结构中的“中国因素”将越来越凸显。尤其是中国通过高铁、高速公路、航空港等基础设施的建设同周边国家和地区的经济联系不断深化，通过这种紧密联系，中国不仅对亚洲经济发展的影响将进一步加深，中国的影响也将促使亚洲的地缘结构发生深远的战略转型。

一、中国与周边国家形成广泛的共同利益

中国的社会经济持续发展，已经与周边国家建立起广泛的共同利益。

---

① 参见刘兴华：《国际道义与中国外交》，《外交评论》2007 年第 6 期。

对中国来讲，周边国家是中国经济发展战略的重要依托、贸易往来与能源供应的重要渠道、传统与非传统安全合作的平台、政治增信与文化交流的对象。

“和平发展”作为中国的发展战略和路径，包含着相互联系并互为因果的两个方面，即“和平”与“发展”。“发展”主要是指中国的内部行为目标；“和平”则是中国的对外行为方式。[①] 然而，内部的发展与对外的行为方式之间存在着固有的联动性：内部发展为对外行为提供物质基础和手段；对外行为则可以彰显内部发展的方式，并对内部发展产生直接的影响。“和平发展”战略充分体现了“和平”与“发展”的完美结合，和平是发展之基，发展是和平之本。这里所说的“和平”有两层含义：一是指国内和平，就是一个国家内部的安定、有序；二是指国际和平，就是国家、地区之间不发生冲突、战争，至少是没有发生大规模的世界战争。国内和平与国际和平是紧密相联的。所谓“发展”，指的是事物由小到大、由简单到复杂、由低级到高级的变化。具体到社会发展道路问题，发展则是指摆脱贫穷、走向富强，使国家的综合国力和国际影响力迅速提高。很显然，中国内部的发展大大夯实了中国对外行为能力的基础，例如近年来，中国已经比较得心应手地利用国际多边机制来表达和维护中国的核心利益和重大利益，在国际社会塑造国际规则和设置政治议程的能力也大大提高，[②] 对待国际体系已经由一个单纯的参与者上升为建设者等。[③] 反过来，中国对外行为的和平方式不仅为内部的发展创造了一个良好的外部环境，而且可以借外部的力量促进内部的发展。内部的发展与对外行为的和平方式之间的高度联动决定了中国的和平发展不仅仅是中国内部的发展，同时也包括同周边国家乃至整个世界共同发展。也就是说，中国承担着国际和国内的双重责任。在这种情况下，中国必须带动周边国家一道发展，使周边国家能够切实分享中国经济发展带来的巨大机遇。

因此，中国的和平发展包含相互联系的三个方面：开放发展、合作

① 胡键：《“问题政治观”：中国和平崛起的国际政治理念》，《国际观察》2004 年第 3 期。

② 胡键：《非经济国力与中国的国际地位》，《太平洋学报》2005 年第 5 期。

③ 庞中英：《中国在国际体系中的地位与作用》，《现代国际关系》2006 年第 4 期。

发展和负责任地发展。所谓开放发展，就是指中国的发展不是与外部世界隔绝的，而是通过开放市场的方式用市场的力量全面融入世界经济体系当中，进而谋求自身的发展。从 20 世纪 70 年代末期通过对内改革来促进对外开放，到目前通过提高对外开放水平来促进内部市场改革，中国一直在开放中发展。而正是基于此，中国与周边国家乃至全球经济体系都建立了广泛的共同利益。中国与俄罗斯建立了最为紧密的战略双边关系，特别是中俄经贸关系进一步发展和深化，中俄战略协作由虚向实发展。中俄战略协作伙伴关系建立于 1996 年，但当时还主要是政治上的伙伴，两国缺乏必要的经济利益基础，因而显得有些空泛。但是自 1999 年以来，双边贸易额连续 6 年以年均近 30% 的增幅稳定增长，2004 年达到 212.3 亿美元，创历史新高，比上年增长 34.7%。2005 年贸易额继续增长达到 291 亿美元，比上年增长 37.1%。2006 年，双方贸易总额继续上升，突破 330 亿美元，较 2005 年增长 14.7%。2010 年实现了 600 亿—800 亿美元的贸易目标。据中国海关总局的统计，中俄 2014 年贸易交易额与上一年同期相比上涨了 6.8%，总额达到 9528 亿美元。由此可见，中俄战略协作伙伴关系已经有了坚实的物质利益基础。[①] 中国开放式的发展已经给转型中的俄罗斯经济复兴带来了巨大的机遇。

印度作为中国的另一大邻国，同样也在崛起。最初，印度媒体普遍认为中印之间存在竞争，甚至有印度官员公然声称，中国的发展是印度的威胁，[②] 但是中国确立的“富邻、睦邻、安邻”的周边政策已经使印度获得了直接的实惠。20 世纪 90 年代末中印双边贸易仅为 10 亿美元上下，2005 年则达到 187 亿美元，2006 年更是突破 200 亿美元。根据商务部的统计，2014 年中印双边贸易达 706 美元，10 年中增长近 25 倍，中

---

① 胡键：《俄罗斯应对中国和平崛起的战略分析》，《当代世界与社会主义》2006 年第 3 期。

② 1998 年 5 月，费尔南德斯在多次讲话中称“中国是比巴基斯坦更大的威胁”，并诬蔑“中国在西藏部署了核弹头导弹对准印度”，“中国侵犯印度边境，要攫取印度的领土”，“中国强化在西藏的军事存在”，“中国支持印度东北部的叛乱活动”，“中国和巴基斯坦组成‘轴心’对付印度”，“中国海军在包括缅甸的一些岛上修建军用码头”等等，为印度后来的核试验寻找借口。不仅如此，他还频频前往边界前沿“视察”，以渲染“中国危及印度安全”来“鼓舞部队的士气”。2000 年，他又在一次集会上称，“在成为世界强国的过程中，中国是印度最大的竞争对手”。2001 年 3 月，在印度大张旗鼓扩军之际，费尔南德斯再一次搬出了“中国威胁论”。

国已成为印度最大的贸易伙伴。未来5年中印贸易额将提升至1500亿美元的目标基本能够实现。印度在华投资企业达150多家，中国的中建、中铁、中兴、华为、海尔、TCL等大型企业也投资于印度的交通、通信、电力等若干基础设施建设领域。2006年7月1日建成通车的中国青藏铁路缩短了中国与印度间的距离，使中国西南地区与南亚连成一体的战略构想付诸实践，使西藏成为中国对南亚开放的前沿，并最终成为中国内地联系南亚的陆路大通道，促进南亚经贸大通道的早日建成，更加有利于中印两国关系向前发展。而且，中国、印度和尼泊尔等国还在探讨修建一条从中国经过尼泊尔到印度的铁路的可能性。中国需要建立与印度主要工业城市连接的途径，而印度也同样需要开发通往中国拉萨及其他工业城市的贸易路线，发展与西藏的全线和广泛连接，这有利于印度与中国西藏的旅游和交流。如果能在不久的将来修成这样一条连接三国的铁路，将为本地区长期的经济合作与和平发展创造更多的机遇，带动一个新的经济区域在高原的形成。

同样，中国的开放发展也让东盟国家分享了中国的机遇。中国已与东盟10国分别签署着眼于双方21世纪关系发展的政治文件。中国于2003年作为域外大国率先加入《东南亚友好合作条约》，与东盟建立了面向和平与繁荣的战略伙伴关系。双方建立了较为完善的对话合作机制，主要包括领导人会议、9个部长级会议机制和5个工作层对话合作机制。2006年10月30日，中国—东盟建立对话关系15周年纪念峰会在广西南宁举行。2002年11月，中国与东盟10国领导人签署了《中国与东盟全面经济合作框架协议》，决定到2010年建成中国—东盟自由贸易区，正式启动了中国—东盟自贸区的建设进程。1991—2005年，中国与东盟贸易额从近80亿美元增长到1300亿美元，增长了15倍，年均增长率高达20%。2005年，在东盟的对外贸易中，中国排名第四；在中国的对外贸易中，东盟排名第五。中国和东盟双边贸易额在2006年底已达1608亿美元，而根据中国—东盟商务理事会2015年1月在北京发布的《2014年中国—东盟自由贸易区第四季度报告》，2014年中国与东盟贸易额达4803.94亿美元，同比增长8.3%，增速较中国整体对外贸易平均增速高出4.9个百分点。中国与东盟贸易额占中国对外贸易总额比重达11.16%。

此外，其他周边国家也在中国开放发展中获得了新的发展机遇。正是由于中国的发展已经与周边国家紧紧地联系在一起，中国的利益也与周边国家捆绑在一起，因此周边在中国总体外交布局中已经上升到首要地位，营造“睦邻友好的周边环境”也上升成为中国外交工作的根本任务与基本目标之一。

所谓合作发展，就是指中国在发展道路上不采取单独的行为，必须与周边国家在互动中谋求发展，与周边国家合作应对发展中的问题。众所周知，当前各国发展进程中所面临的不是冷战时期的传统军事威胁，而是全球化背景下的各种非传统威胁。尤其是进入21世纪以来，全球化的负面影响日益凸显，其所引起的全球性的经济结构重组、金融动荡、资源短缺、环境恶化和跨国犯罪等已经不是单靠一国的力量所能对付的，需要各国特别是大国之间携手合作共同应对。更为严重的是，恐怖主义的全球泛滥已经成为人类的公害。中亚地区事实上已经成为恐怖主义的摇篮，而且沿着三条线向外部蔓延：阿富汗—中亚—高加索；中亚—高加索—中东，直至北非和欧洲；中亚—阿富汗—南亚—东南亚。为了打击中亚地区的恐怖主义，在中国的倡导下建立了上海合作组织这一多边合作的平台。[①] 在上海合作组织的框架内，中国积极倡导以共同利益为基础、以合作为基本准则的“新安全观”作为上海合作组织的基本价值理念；积极推进上海合作组织框架内的反恐合作；积极促进上海合作组织内部的积极合作等。[②] 这一切都充分表明，中国的发展是合作的发展。

发展的另一威胁是核扩散。在反核扩散方面，中国同样坚持合作的原则。自2002年10月16日朝鲜在与美国特使会谈中承认其有核开发计划以来，东北亚地区的安全就出现了紧张态势。中国自始至终保持负责

---

① 一些西方学者甚至认为上海合作组织就是在中国主导下发起的。参见 Ariel Cohen，Competition over Eurasia：Are the U. S. and Russia on a Collision Course?，http：//www. heritage. org/Research/RussiaandEurasia/hl901. cfm，2005. 10. 7。

② 张幼文、黄仁伟等著：《2006中国国际地位报告》，人民出版社2006年版，第301—303页。

任、建设性的态度，为缓解危机进行了大量艰巨的调节斡旋工作，并推动了北京三方会谈和后来的六方会谈。虽然六方会谈异常艰难，而且曲折反复，但之后朝鲜核危机终于峰回路转、柳暗花明。朝鲜核危机最终没有上升为地区冲突，一个很重要的原因就在于中国表现出来的耐心和为合作所作出的不懈努力。

所谓负责任地发展，就是指中国在发展进程中主动承担一个大国应该承担的责任。前几年，"中国责任论"成为西方大国谈论中国的一个重要话题。中国主要从两方面来表明中国是负责任地发展。一方面，承担好国内责任，这是由中国内部现实决定的。另一方面，中国作为一个新兴的大国，根据自己的国家利益承担了相应的国际责任：一是维护国际体系的相对稳定；二是尊重国际程序（国际制度与国际法）和维护国际程序的合法性权威；三是与其他大国携手合作，共同应对包括恐怖主义、大规模杀伤性武器扩散、环境污染、能源短缺等全球性问题；四是确保其他发展中国家分享到中国发展带来的巨大机遇、分享中国发展的经验，以及直接分享中国的经济繁荣。此外，中国在抗震救灾、预防疾病流行等方面都展现了负责任的大国姿态。这种互动关系进一步表明，中国的发展离不开世界，世界的发展需要中国。因此，携手与其他发展中国家共同发展，是中国崛起过程中不可推卸的国际责任。

二、中国推进构建亚洲经济—安全机制

中国正在推进形成亚洲本地区的经济—安全合作机制。迄今东北亚只有"停战机制"，没有合作机制；东南亚虽然早在20世纪60年代就成立了东南亚国家联盟，但最初主要是起协调作用，很少有合作的内容，直到20世纪90年代中期东盟内部的合作以及"10+3"、"10+1"合作机制才正式运作。但是，亚洲的经济飞速发展以及其在全球化进程中所处的特殊地位都要求其构建本地区的经济—安全合作机制。随着国际和地区形势的发展变化，近年来，亚洲经济一体化外部环境逐渐得到改善，内部建立积极合作机制的欲望日益增强。由于东亚的大多数国家是

APEC 的成员，在这个“准制度性”经济合作机制中都获得了不少经验，[①] 所以在 1997 年东亚金融危机之后，东盟与中日韩在吉隆坡召开了首届领导人会议，共商应对策略和区域合作大计。随后，每年召开一次东亚领导人会议，从非正式到正式，逐渐走向制度化，形成了“10+3”合作框架。截至 2014 年底，该地区已经在“10+3”框架下开辟了 17 个合作领域，建立了 48 个合作机制，其中部长级机制 14 个，各类合作项目超过 100 个。与此同时，“10+1”机制（即东盟+中国，东盟+日本，东盟+韩国三个并列的双边机制）也应运而生。由此，南亚区域经济合作出现突破性进展，中亚地区经济合作日益深化。早在 20 世纪 90 年代末期，中亚的哈萨克斯坦、吉尔吉斯斯坦、塔吉克斯坦和乌兹别克斯坦就组成了“中亚经济共同体”，开启了中亚区域经济合作的进程。2001 年 6 月，上海合作组织成立后，中亚地区的经济合作进一步深化。2001 年 9 月，上海合作组织成员国总理在阿拉木图举行第一次会晤，商讨了加强经济合作和贸易与投资便利化问题。会议发表有关文件阐述了经济合作的基本目标、富有前景的合作领域和实现的途径。特别是《上海合作组织成员国政府间关于区域合作的基本目标和方向及启动贸易和投资便利化进程的备忘录》的签署，对发展成员国之间的经济合作有着重要的指导性作用。2003 年 5 月，上海合作组织成员国元首莫斯科会议又强调，要尽快完成《上海合作组织长期多边经贸合作纲要》的制定工作。同年 9 月，成员国总理第二次会晤批准了《上海合作组织成员国多边经贸合作纲要》。2014 年的杜尚别峰会上，六国又签署了《上海合作组织成员国政府间国际道路运输便利化协定》等多个经济合作文件。同时，为促进上海合作组织各成员国经贸合作的势头，中国政府向上海合作组织各成员国提供了总额达 9 亿美元的优惠商业贷款和其他经济援助。这表明，上海合作组织在加快经济合作、促进共同发展上已迈出一大步。[②] 此外，随着全球特别是东亚区域经济一体化进程的加快，西亚地区也出现了可喜的进展。2003 年 1 月 1 日，海合会（GCC）六国正式启

① 陆建人、王旭辉：《东亚经济合作进程及其对地区经济增长的影响》，《当代亚太》2005 年第 2 期。

② 胡键：《论上海合作组织发展的动力》，《社会科学》2005 年第 6 期。

动关税同盟，规定从成员国以外地区进口的商品征收5%统一关税，而六个成员体之间将取消关税壁垒。GCC还制订了海湾经济一体化进程时间表，六国在2007年底前建立海湾共同市场，并在2010年1月发行海湾地区统一货币。2004年7月，中国与海合会在北京签署经济、贸易、投资和技术合作框架协议，启动自由贸易区谈判。根据协议，中国与海合会将成立经贸合作联合委员会，正式启动双边经济磋商机制。协议内容还包括：鼓励双边经济、贸易、投资和技术合作；探讨扩大贸易和推动贸易自由化的途径和手段；为扩大贸易交往创造条件；鼓励相互间资本流动；鼓励经贸团组互访和建立经济、贸易、投资和技术合作联委会等内容。近年来，中国与海合会的关系发展更加紧密。总之，亚洲已经进入了区域经济一体化的新阶段，而中国既是积极的参与者更是积极的推动者。

同样，长期以来，亚洲没有共同的安全合作机制。冷战后亚洲的长足发展遇到种种问题，特别是经济发展过程中的资源短缺问题。亚洲的经济增长率居世界前茅，但因世界资源分布不平衡，亚洲总体上是一个资源短缺的地区。21世纪初，亚洲石油需求量占全球的29%，但供应量仅为全球的10%；天然气消费量近4070亿立方米，产量仅3600亿立方米。这表明，亚洲能源主要依赖进口。亚洲的主要国家都是能源消费大国，如中国、印度、日本、韩国等。近年来，亚洲各国都面临着消费增长迅猛、对外依赖严重等难题。因此，构建亚洲能源安全合作机制刻不容缓。其一，要建立能源安全对话与沟通机制。为缓解地区能源竞争和摩擦，消除彼此在能源安全等问题上的不理解和误解，有关国家之间应努力探讨和推动建立政府间能源战略对话机制，将能源合作纳入地区战略对话。其二，要建立企业交流与市场合作机制。尽管地区主要国家能源企业的合作与交流已取得一定进展，但与本地区能源企业的规模、地区能源市场的潜力等相比还有很大的差距。各国企业间应充分发挥自身优势，加强勘探开发、炼油化工和石油进口方面的合作，推动亚洲石油和能源市场的建立。其三，要建立能源技术与环境合作机制。加快日韩等在煤炭清洁利用、节能、新能源开发等领域的先进技术和经验对中国的输出，建立在环境外交领域的对话与合作机制。其四，要建立运输安全合作机制。改善地区脆弱的能源储存和运输网络，加快建设区域性油气运输管网；加强反海盗、反恐怖及有组织犯罪等领域的海上安全合作；同时，着手建立和完善海上溢油应急处理系统。其五，要建立地区能源安全组织与法律机制。这可以参考《欧洲能源宪章》以及国际能源机构自己的《东亚能源宪章》和东亚能源机构；建立共同储备和应急反应机制；建立对话与信息交流机制，如建立“亚洲能源合作论坛”、组建东亚石油信息共享网络等。

除能源安全机制外，亚洲还应该建立共同的反恐机制。当前，恐怖主义已经成为世界的公害，亚洲国家更是深受其害。从中亚的“乌兹别克斯坦伊斯兰运动”等极端宗教组织到阿富汗的“基地”组织，从“东突伊斯兰运动”到南亚、东南亚的“伊斯兰祈祷团”等，这些恐怖组织已经把整个亚洲作为“人质”，直接危害着亚洲各国的安全与稳定。因此，亚洲迫切需要建立共同的反恐机制。上海合作组织经过5年的发展，其反恐合作机制已经非常成熟，不仅签署了反恐的法律文件（如《上海合作组织打击恐怖主义、分裂主义和极端主义上海公约》等），而且设有专门的反恐协调机制（上海合作组织地区反恐机构），此外还通过信息交换、联合反恐军演等给恐怖主义以极大的威慑，在维护地区稳定方面发挥了十分重要的作用。类似于上海合作组织的反恐怖机构还可以在东盟+中、日、韩等机构内大力推行。

另外，亚洲地区合作新体系正在逐步构建。这种地区合作新体系主要由围绕中国周边的三个次区域合作机制组成：一是由东盟与中、日、韩三国组成的“10+3”机制。从1997年12月首次东盟各国与中日韩领导人非正式会晤在吉隆坡举行，[①] 到2005年12月在吉隆坡举行首届东亚峰会（“10+3+3”），东亚地区合作初步形成以东盟为核心、逐次向外延伸的次区域合作体系。中国所倡导的开放地区主义、坚持东盟主导地位、保持合作的透明与开放度、在务实共赢的合作中推动各国共同发展等一系列主张得到广泛认同。二是上海合作组织合作机制。1996年中

---

① 当时为东盟9国加中日韩峰会，随着1999年4月柬埔寨成为东盟第10个成员国后，1999年11月第三次东盟加中日韩峰会即由“9+3”机制变为“10+3”机制。

俄哈吉塔“上海五国”机制建立，2001 年 6 月乌兹别克斯坦正式加入并升格为上海合作组织，此后又接纳蒙古国、伊朗、巴基斯坦和印度为观察员，到2006 年基本完成机制化建设（“6 +4”），上海合作组织正在成为一个以中亚地区为核心，逐步向南亚、北亚、西亚扩展的开放性、综合性的多边区域合作机制。三是关于朝核问题的六方会谈机制。从 2003 年 4 月的中、朝、美三方北京会谈开始，此后由中、朝、美、韩、俄、日参加的关于朝核问题的四轮六方会谈相继在北京举行。朝核问题六方会谈机制不仅控制了朝鲜半岛局势恶化，而且其功能围绕朝鲜半岛军备控制和能源—经济援助问题两个方向延伸，出现机制化和长期化的发展趋势，最终可能成为东北亚地区合作机制的来源之一。①

三、中国不挑战美国的亚洲盟国体系

中国建构亚洲地缘结构不能直接挑战和对抗美国主导下的亚洲盟国体系。如果对它构成挑战，那么亚洲新的地缘结构将不利于中国的和平发展战略；如若能够妥善处理与美国主导下的亚洲盟国体系的关系，那么中国在其中可以获得更大的收益。事实上，在已经建立起来的亚洲次区域地缘结构体系中，中国也是这样处理美国因素的。

第一，中国倡导建立的上海合作组织不针对包括美国在内的任何第三方。上海合作组织有两大目标：一是安全合作；二是经济合作。而该框架内的安全合作又主要是在非传统安全领域内的合作，即打击分裂主义、极端主义和恐怖主义以及其他跨国犯罪。在 2001 年上海合作组织成立时，6 个成员国就签署了《打击恐怖主义、分裂主义和极端主义上海公约》，并且在《上海合作组织成立宣言》中明确指出，各成员国将为落实这一公约而紧密协作。次年，在圣彼得堡峰会上签署的《上海合作组织宪章》又明确了该组织框架内合作的基本方向之一，即采取措施共同打击恐怖主义、分裂主义和极端主义，打击非法贩卖毒品、武器和其他跨国犯罪活动以及非法移民。为此，上海合作组织在塔什干建立了地

① 张幼文、黄仁伟等著：《2006 中国国际地位报告》，人民出版社 2006 年版，第 33 页。

区反恐怖机构。上海合作组织不仅是最早打出反恐旗帜的国际组织之一，也是迄今为止唯一在非传统安全领域方面制定了详细法律性文件的国际组织。虽然恐怖主义是当今国际社会的公害，但冷战后骤然兴起的恐怖主义明显具有浓厚的反美色彩，尤其是在“9·11”事件以后。因此，上海合作组织不仅承认“9·11”事件以后美国反恐联盟的主导地位，而且积极推进自身与美国在中亚地区的反恐合作。至于把上海合作组织视为“亚洲北约”、“中俄对抗美国和其他西方国家的工具”的观点，其要么不了解上海合作组织的原则，要么就是对上海合作组织存在固有的偏见。上海合作组织对内遵循“互信、互利、平等、协商、尊重多样文明、谋求共同发展”的原则，对外奉行不结盟、不针对其他国家和地区的开放原则，特别是对外所奉行的原则构成了上海合作组织与包括美国在内的一切国家和国际组织进行合作的基础。

第二，支持东盟在东亚合作进程中发挥主导作用，也要考虑和照顾区域外国家在本地区的合理利益，增进这些国家对东亚合作的理解与支持。东亚地区既有冷战阴霾和长期存在的领土、民族、宗教等历史问题，也有日益突出的恐怖主义、跨国犯罪、自然灾害、传染性疾病蔓延等新问题；既有发展不平衡，贫富差距拉大的问题，也有能源、资源消耗大幅增长，生态与环境恶化的问题。这些问题相互交织，影响和制约着本地区的稳定与发展。正是为了解决这些问题和加强合作，2005 年 12 月首届东亚峰会在马来西亚吉隆坡召开，该峰会的核心成员国是东盟十国加中日韩三国。这次峰会由于没有邀请美国参加，因此中国的作用就备受关注。马来西亚总理巴达维在发表演讲时更直接表示：“当年美国和欧洲把中国当成威胁并对它进行封锁时，我们却奉行了与中国合作的政策。我们把中国视为未来经济发展的机会。事实表明，中国的发展并不是威胁，现在东盟作为共同体已经从与中国的商业贸易拓展中得到了利益。”但是，中国明确表示，东盟在东亚合作进程中应该发挥主导作用，并主张要考虑和照顾区域外货架在本地区传统的合理利益。因此，尽管没有要求美国参加，但中国也积极推进东亚加强与美国的合作，尤其是增进美国对东亚合作的理解。况且，印度、澳大利亚、新西兰都加入了这次峰会，俄罗斯总统普京也应邀出席，这表明新兴的东亚地区主义是一种开放性、包容性的地区合作。

第三，关于东北亚安全机制的构建，中国同样与美国保持着积极的合作。朝鲜战争停战以来，停战机制一直主导着东北亚的安全局势，但这一机制受多方利益的影响而无法确保东北亚的安全与稳定。尤其是冷战结束以后，反核扩散已经居于美国国家安全战略的核心位置，但由于一方面现有的反扩散体制具有明显的歧视性，即允许5个有核国家（不包括印度、巴基斯坦）保有自己的核武库，而拒绝其他国家再拥有核武器；另一方面，美国的安全利益对核武器的依赖性非常大，以至于美国从来不愿排除使用核武器的可能。[①] 而且，美国作为最大的核国家常常利用种种特权苛刻地对待无核国家，要求它们"照我说的做，不要像我这样做"（Do as I say，not as I do）。[②] 同时，又由于美国长期以来奉行单边霸权，因此与美国关系紧张的国家（如朝鲜、伊朗等）都纷纷提出了核安全诉求。伊朗核问题和朝鲜核危机都表明，由美苏在冷战时期建立起来、目前被美国所主导的现行反核扩散体制陷入严重的困境。中国虽然也是现行体制内的核国家，但中国的安全对核武器的依赖性很小，而且中国倡导建立在共同利益基础之上、以"互信、互利、平等、协商、尊重多样文明、谋求共同发展"为核心内容的新安全观，实际上已经超越了现行核扩散体制中的安全理念，更为重要的是，这种新安全观已经获得了国际社会的广泛认同。

总之，在可预见的未来，中国不会挑战美国，也没有能力、没有必要挑战美国在东亚地区的军事存在和利益存在。一方面，中国不仅不会拥有成为美国真正竞争对手的实力，而且崛起的中国实际上还有很多"成长中的烦恼"，中国需要花大力气来加以解决；[③] 另一方面，中国对亚洲地区安全事务的介入也逐渐从被动反应型为主转向主动合作型为主。在上海合作组织、"东盟10+3"会谈、东亚峰会乃至中东和平进程等问

---

① 胡键：《美国意象中的中国国际角色》，《国际论坛》2007年第3期。

② Barry M. Blechman and Cathline S. Fisher, "Phase out the Bomb", *Foreign Policy*, Winter 1994, pp. 79-82.

③ Albert Keidel, "China's Growing Pains Shouldn't Hurt Us", *The Washington Post*, July 24, 2005.

题上，中国的参与都将逐步深入，并且对美国在这个地区安全事务中的主导地位起到补充和制衡作用。

四、中国构建亚洲地缘结构的基础是自身的核心利益

中国要根据自身核心利益的需要来建构多层次的地缘结构。汉斯·摩根索曾经指出：“只要世界在政治上还是由国家所构成的，那么国际政治中实际上最后的语言就只能是国家利益。”[①] 邓小平也指出，在国际交往中，要始终把国家利益和国家主权放在首位。因此，中国必须要根据自身的核心利益来建构亚洲多层次的地缘结构。那么，究竟什么是中国的核心利益？中国又怎样依据相应的核心利益来建构地缘结构呢？

第一，现存国际体系是中国和平发展最大、最重要的地缘环境。中国的发展得益于现存国际体系的相对稳定与和平转型。一方面，国际体系的相对稳定性和其中不同行为体之间的“位势差”，为和平发展过程中的中国提供了新的但互不产生陌生感的空间；另一方面，中国是在接受国际规则的前提下通过市场化道路进入国际体系的，而不是以殖民掠夺方式进入的，这种和平的崛起方式将有力地促进国际体系的和平转型。因此，中国是现存国际体系的参与者和建设者而不是破坏者。维护现存国际体系完全符合中国的国家利益，维护国际体系的相对稳定是中国作为一个崛起大国的当然责任。

第二，维护国际程序（国际制度与国际法等）的合法性是中国和平发展的另一重要地缘环境。一方面，尽管民族国家存在的前提是主权的独立，但主权本身也是在国际程序上建构起来的。[②] 可以说，没有国际程序就无法确保民族国家的独立主权。因此，国际程序既是民族国家赖以生存的环境，也是独立主权存在的前提。另一方面，国际程序本身也

---

① Hans J. Morgenthau, *Political Dilemma*, The University of Chicago Press, 1958, p. 68.

② 建构主义大师亚历山大·温特（Alexander Wendt）认为，主权不是国家的自然属性，只有当主权得到他国的承认以后，国家才拥有了主权，因此主权也是与实质性权利和行为规范相认同的一种角色身份。参见［美］亚历山大·温特著，秦亚青译：《国际政治的社会理论》，上海人民出版社2000年版，第286页。

有一个合法性的问题。① 这种合法性来自于国际社会行为体对国际程序的认同、尊重和遵守。② 从主权国家与国际程序的互动关系来看，历史上的大国一般都是通过破坏国际程序而兴起的，最后基本上没有逃脱大国兴衰的历史“周期率”；而现存的超强大国美国为了维护其既有的霸权地位，则常常直接在国际社会实施“程序暴力”。③ 而中国的崛起是以认同尊重、遵守国际程序为前提的。由此可见，国际程序是中国的国家利益之所系。

第三，主权完整是中国当前的核心利益所在。台湾问题虽然是中国的内部问题，但其解决始终受到国际因素特别是美国因素的影响。长期以来，美国一直直接或间接干预台湾事务。近年来，美国由于受到伊拉克战争的影响而开始改变对台湾的策略，越来越倾向于通过掌握对台湾海峡“现状”的定义权，来保持其对台湾内部政治的影响力。④ 美国也认识到因台湾问题而使中美走向直接对抗并不符合美国的根本利益；同时还认识到中美在抑制“台独”、避免台海冲突的发生、维护台海局势稳定上有着重大共同利益，能够进行合作。⑤ 但是，在明确中国的崛起是否对美国构成战略威胁以前，美国不愿意看到中国解决其国家统一问题，至少要求中国在台湾问题上放弃武力。显然，美国坚持所谓“反对任何单方面改变台湾海峡现状的企图”的背后隐藏着其政治意图：维持台湾海峡的永久分裂。这样，美国一方面可以巧妙地利用对台湾海峡“现状”的定义权，来对中国的一举一动进行评估与监控；另一方面，

① 关于合法性的讨论基本上是就国家而言的，正如哈贝马斯所说的，只有政治程序才拥有或丧失合法性，这主要是指国家内部的政治程序。既然合法性是就政治程序而言的，那么国际社会的政治程序同样也可以从合法性的角度来理解。

② Ian Hurd, “Legitimacy and Authority in International Politics”, *International Organization*, Vol. 53, No. 2, Spring 1999, p. 318.

③ 所谓“程序暴力”，是指某一行为体应该获得但没有获得国际程序的授权而对其他行为体所施加的某种行为。冷战结束以后，科索沃战争、阿富汗战争、伊拉克战争都是美国在没有获得联合国授权下而发动的，所以说，在冷战后时代，“程序暴力”已经成为美国对外的习惯性行为方式。

④ 黄仁伟：《国际体系转型与中国和平发展道路》，《国际体系与中国的软力量》，时事出版社 2006 年版，第 17 页。

⑤ U. S. National Security Strategy 2006, http: //www. whitehouse. gov/nsc/nss/2006/introduction. html.

美国还可以利用台湾海峡的“现状”对中国实施战略挤压，把中国的力量紧紧锁在“第一岛链”之内。在这种情形下，在台湾问题上，中国构建地缘结构的政策应该是：一方面要反独促统；另一方面要与美国、日本等建立台湾海峡的危机管理体系，使台海问题对任何一方都处于可控性的低风险之中。

第四，内部社会经济发展也是中国的核心利益。中国正在崛起是事实，但中国在快速发展进程中既有“硬伤”也有“软肋”。“硬伤”主要是指中国发展中出现的新问题，如能源和原材料短缺、环境污染等；“软肋”则是指发展进程中的种种不平衡性，如较发达的东部沿海地区与落后的中西部地区同时存在，较先进的工业与落后的农业并存，较发达的城市与落后的农村并存。简单地说，就是地区二元性、工农二元性、城乡二元性以及国力构成的二元性构成了当前中国的现实。这些二元性困境决定了保证10多亿人的生存权和发展权仍然是中国发展中最大的责任。无论是“硬伤”还是“软肋”，都决定了社会经济发展仍然是中国的核心利益所在。然而，中国的发展离不开世界，这就意味着中国需要与世界各国尤其是与周边国家加强双边和多边的多层次合作。

第五，反恐同样是当前中国的核心利益。恐怖主义是国际社会的公害，中国同样深受恐怖主义之害，尤其是在中国西部，“东突”分子与中亚地区的恐怖组织有着千丝万缕的联系，它们沆瀣一气，公然挑战中国的主权完整，并制造了一系列的血案。[①] 因此，为了维护领土和主权的完整、彻底打击恐怖主义，中国与中亚国家、俄罗斯共同构建了上海合作组织这一合作平台。经过5年的发展，这一机制已经在反恐等方面发挥了积极的作用。中国与东盟也签署了有关反恐和其他非传统安全领域内合作的协议。此外，中国在APEC框架内也专门设置了反恐议程，为维护自身国家利益和打击恐怖主义作出了应有的贡献。

① 关于“东突”分子制造血案的详细情况请参见刘汉太、都幸福主编：《中国打击“东突”报告》，新疆人民出版社2003年版。另外，近年来，“东突”分子制造了一系列血案，其制造的恐怖事件已不局限于新疆，而是渗入内地，最严重的是昆明火车站的“301事件”。

第四章
“一带一路”建设与中国的高科技外交

正如前文所述，有不少人认为中国提出的“一带一路”是过剩产能的对外转移战略，是中国低端产业的对外转移战略等等。这些看法显然是对“一带一路”的误解、曲解，也是对中国经济发展战略的误读。当然，中国作为传统制造业大国，随着产业、技术的升级以及劳动力成本的上升，低端制造业向外转移本身也是全球性产业转移的一个大趋势。但是，“一带一路”绝非仅仅是这样一个过程，相反，中国在推进“一带一路”建设中首先进行的是以高科技为内容的对外经济活动。这样就形成了中国的高科技外交，或者说是借助于高科技外交来推进“一带一路”建设。

第一节　科技重塑当今国际关系

回顾国际关系的发展史，我们会发现技术在世界政治和国际关系的塑造方面发挥了巨大的作用。[①] 在世界政治舞台上，哪个国家站在技术变迁的前头并掌握了具有划时代意义的关键技术，它就会成为世界政治中的强国、霸权国。18—19 世纪的英国通过工业革命率先进入蒸汽机和

① 参见黄琪轩著：《大国权力转移与技术变迁》，上海交通大学出版社 2013 年版。

铁路时代，在100多年的时间里成为世界霸主；进入20世纪以后，美国从汽车时代到互联网时代都是世界技术变迁的领头羊，因而迄今为止其霸主地位仍然无法取代。不过，冷战结束以后，尽管美国在技术创新和技术变迁中仍然独占鳌头，但很显然，随着新兴国家的群体性崛起以及美国等西方国家遭受种种危机，国际政治的权力转移已经成为事实，特别是国际政治正在从传统的地缘政治争夺转向地缘政治与“天缘政治”（太空领域的争夺）全面争夺。中国作为一个正在崛起的大国，其太空技术不能长期对外依赖，这不仅与一个大国不相称，而且对国家的社会、政治、经济、生活方面也带来巨大的安全威胁。中国必须从传统意义的大国走向科技大国。

随着当今世界经济全球化的不断深入和发展，科技的主导地位日益凸显，在当今国际政治经济格局中，科学技术的决定性作用得到了前所未有的加强，科技外交在总体外交中的地位也越来越重要。

“十一五”期间，中国科技外交进入重要发展阶段，气候变化、能源环保、粮食安全、重大疾病防控、国际标准制定等需要国际社会共同应对的全球性挑战日益成为外交领域的重要议题，科技外交已处于中国外交战线的前沿。在“十二五”开始时，中国已与152个国家和地区建立了科技合作关系，在46个国家的69个驻外机构派驻了141名科技外交官，加入了200多个政府间国际合作组织，初步形成了较为完整的以政府间科技合作框架为主体的多元化合作格局。

当前，科技外交大有可为。从科技发展状况来看，中国已经具备参与国际大科学合作的能力。国际大科学工程历来是发达国家的俱乐部。近年来，通过参与国际热核聚变实验堆计划、国际综合大洋钻探计划、全球对地观测系统等一系列大科学计划，中国与美、欧、日、俄等主要科技大国开展平等合作，为参与制定国际标准、解决全球性重大问题作出了应有的贡献。近年来，中国陆续建立了5个国家级国际创新园、33个国家级国际联合研究中心和222个国际科技合作基地，成为开展国际科技合作的重要平台。

中国是一个崛起的大国，内部发展固然是应有之责，但通过技术为世界各国提供相应的服务则体现了中国作为一个负责任大国的国际责任，同时也是大国提供全球公共品和公共服务的重要体现。

第二节 "一带一路"建设与中国的"高铁外交"

"一带一路"建设首先是基础设施的互联互通。中国主张以铁路优势高铁来打造欧亚大陆的互联互通，为"一带一路"铺设畅通的渠道。

从2008年中国首条高速铁路——京津城际铁路运营通车至今，中国已经成为世界上高速铁路发展最快、系统技术最全、集成能力最强、在建规模最大、运营里程最长、运营速度最高、产品性价比最优的国家。在内部发展的同时，中国高铁也成功地实现了"走出去"战略。据相关数据显示，截至2015年3月，中国已与包括俄罗斯、巴西在内的世界上50多个国家和地区建立了高速铁路合作关系，总合同额已达到260多亿美元。中国高铁凭借着自己过硬的实力，正在成为中国走向世界的一张"中国名片"。当前，中国国内高铁总里程已经达到1.6万公里。正是有了这样的技术底蕴，中国才敢于大胆对外输出高铁技术，积极推进"高铁外交"。

中国的"高铁外交"大约始于2009年，当时中国与俄罗斯签署了发展高铁的备忘录。同年11月，中国铁道部与美国通用电气公司签署了合作备忘录。2011年7月，中国为土耳其承建的高铁机车设备运抵伊斯坦布尔，"高铁外交"取得象征意义的突破。2012年，中国铁建公司牵头组成合包集团并获得了土耳其高铁项目二期工程全部两个标段，与此同时，中国与伊朗签署了价值22亿美元的铁路建设合同。2013年5月，李克强总理在访问印度时，中印双方同意加强铁路合作，包括重载运输和车站发展等。2013年10月到2014年底，中国政府掀起了"高铁外交"的一个小高潮，李克强总理也因此被誉为是中国高铁"最高级别的推销员"。2013年10月，参加东亚领导人系列会议的李克强总理对泰国进行正式访问，他表示中国拥有先进的高铁建设能力和丰富的管理经验，中泰两国加强铁路建设合作潜力巨大，并同意以泰国农产品大米抵消部分项目费用。同月，李克强总理在北京会见澳大利亚总督布赖斯时，提出澳大利亚已就建造国内第一条高铁进行研究，中国高铁具有优势，希望就此探讨开展合作。一个月后，李克强总理密集出访，参加中国—中东欧国家领导人、上海合作组织成员国总理会议并访问罗马尼亚。在与罗马尼亚总理会晤期间，与罗马尼亚达成了高铁项目协议。同年 12 月，李克强总理在英国参加中英总理年度会晤时指出，中国在核电、高铁领域拥有安全的技术和较高的性价比，两国加强合作前景广阔，并可共同开发第三市场。进入 2014 年，李克强总理的“高铁外交”更为密集。他在 5 月 5 日访问埃塞俄比亚时表示要在非洲建立高铁研发中心，同时也将积极参与非洲公路、铁路、电信、电力等项目建设。他在第 24 届世界经济论坛非洲峰会上致辞时提出，中国愿无条件向非洲提供金融、人才和技术支持，帮助非洲建设高速铁路网络、高速公路网络、区域航空网络的基础设施“三大网络”。2014 年 6 月李克强总理访问英国，双方讨论了中国参与英国连接伦敦与英格兰北部的 2 号高铁项目投资的可能性，并将该项计划写入《中英联合声明》。同月，李克强会见来访的津巴布韦总统时强调，中国积极支持在非洲国家首都和主要商业中心建设高铁的倡议，愿意帮助非洲推进工业化进程。值得注意的是，国家主席习近平在同年 7 月访问拉美四国时也宣布，中国、秘鲁、巴西将合建两洋铁路，横跨南美大陆连接大西洋和太平洋，三国将就开展连接大西洋和太平洋的两洋铁路合作共同发表声明，有力助推了李克强总理的“高铁外交”。同年 9 月习近平主席访问印度，中印双方还签署了铁路合作备忘录和行动计划，印度表示愿意积极考虑与中方合建一条高速铁路。2014 年 10 月李克强总理在中俄总理第 19 次定期会晤期间，双方签署了“莫斯科—喀山”高铁发展合作备忘录，最终将“莫斯科—喀山”高铁延伸至北京。如果这条超过 7000 公里长的高铁最终连通北京和莫斯科，从北京通过铁路前往莫斯科的时间将有望缩短 4 天。李克强在同月访问德国前夕，通过在德国《世界报》上发表署名文章强调，中方将积极考虑德国大众汽车提高在一汽大众合资企业中股份比例的请求，也希望德国允许资质好的中国企业竞标德国的高铁项目。2014 年 11 月，中国铁建与尼日利亚有关方面正式签署了尼日利亚沿海铁路项目的商务合同，合同总金额 119.7 亿美元，标志着中国对外工程承包史上单体合同金额最大的项目取得实质性进展。为了加强"高铁外交"，2014 年 12 月底中国还宣布将两大铁路设备制造公司——北车集团与南车集团进行合并，以打造强有力的国际高铁供应商。2015 年 4 月，中俄两国签署了包括高铁在内的多个重大项目领域的合作备忘录，中国将为参建莫喀高铁项目投资 3000 亿卢布（约 324 亿人民币）。其中 500 亿卢布由中国公司投入，其余由中国的银行贷款提供。这是"一带一路"建设中最重要的项目之一。

从"高铁外交"的轨迹不难发现，之前主要的推销对象是东南亚和中亚国家等邻国，现在已经发展到非洲、欧洲和拉美。结合正在启动的"一带一路"计划，"高铁行动"已经成为中国外交的一个重要内容。无论是建立区域性互联互通的高铁网以促进煤炭和铁矿石等能源资源的进口，还是扩大在周边和其他地区的经济影响力和软实力，"高铁外交"注定将成为中国深化国内经济改革和扩大对外投资的重要手段。① 据报道，中国正在谋划跨国高铁大棋局，其中有：（1）"欧亚高铁"（从伦敦出发，经巴黎、柏林、华沙、基辅，过莫斯科后分成两支，一支进入哈萨克斯坦，另一支遥指远东的哈巴罗夫斯克，之后进入中国境内的满洲里）；（2）"中亚高铁"（起点是乌鲁木齐，经由哈萨克斯坦、乌兹别克斯坦、土库曼斯坦、伊朗、土耳其等国家，最终到达德国）；（3）"泛亚高铁"（从昆明出发，经由越南、柬埔寨、泰国、马来西亚，抵达新加坡）；（4）"中俄加美高铁"（从中国东北出发向北，经西伯利亚抵达白令海峡，以修建隧道的方式穿过太平洋抵达阿拉斯加，再从阿拉斯加去往加拿大，最终抵达美国）。甚至包括整座第二亚欧大陆桥都改为高铁，这将是从根本上改变欧亚大陆地缘政治经济的大手笔。当然，这只是个想法，毕竟涉及的国家多，受环境和国际关系的影响比较大。

尽管中国"高铁外交"遭受到不少阻力，但还是在顺利推进。总体上，中国高铁"走出去"还是比较成功的，主要原因在于：一是"中国制造"展现出全新的魅力。传统的"中国制造"曾经在质量上饱受诟病，当高科技嵌入到"中国制造"之中以后，它展现了全新的技术魅力。二是中国内部拥有世界上最大的高铁路网和最全的高铁系统技术，

① 郭学堂：《"高铁外交"的地缘政治学解读》，《社会科学》2015 年第 5 期。

这在相当大程度上对外部产生了示范效应。三是中国高铁成本低。世界银行发布的《中国高速铁路：建设成本分析》的报告盛赞中国高铁，认为建设成本低廉，最高仅为其他国家高铁成本的2/3。报告说，中国高铁成本低廉得益于较低的劳动力、土地征用和搬迁安置成本，而且中国过去7年大兴土木兴建高铁也迅速提升了施工单位的效率和技术创新。该报告估算，中国高铁每公里造价1700万—2100万美元，而欧洲为每公里2500万—3900万美元。四是从内部协调来看，高铁是当时的铁道部一家推进的，没有部门之间的扯皮现象，因而只要国务院批准、铁道部力推，内部推广就十分顺畅。五是由于中国大战略上提出了“统筹内外两个大局”、“用好国际国内两种资源”和“互联互通”的设想，而高铁则是中国大战略特别是“互联互通”的硬通道，因此国家领导人在对外交流的过程中都亲自推销中国的高铁技术。李克强总理在不遗余力地推销中国高铁时将其优势概括为“高铁三论”：一是技术论，即技术先进、安全可靠；二是价格论，即价格低，性价比高；三是运营论，即运营经验丰富。

第三节 “一带一路”建设与中国的“核电外交”

中国拥有超大规模的核电行业。除了运行中的19套机组，还有在建的29套及计划中的225套，发电量将达2.8亿千瓦，规模已超日本。中国计划到2050年建成年发电量达4亿千瓦的核电机组，发电量将超出目前世界核电量的总和。中国正把核电作为“未来发展领域”加大研发力度。中国的核电技术已经从技术引进、学习阶段转向技术出口阶段，电力出口也会不断增加。中国的核电外交也正在大力推进。

中国核电“走出去”是一个国家战略。早在1986年，中国就进入全球核技术输出国家行列，其中最具有代表性的是分别于1991年、2005年向巴基斯坦恰希玛核电项目提供两台30万千瓦的核电机组，这也是到目前为止中国核电企业仅有的真正实现实物出口的商用核电项目。核电站投产运营至今，安全指标和运行业绩良好，得到国际原子能机构好评，被中国和巴基斯坦双方誉为"南南合作"的典范，也为中巴两国在和平利用核能领域的进一步合作奠定了扎实基础。"华龙一号"、CAP1400 等三代核电技术虽有完全的自主知识产权，但此前仍处于技术路线的整合或研发过程，依靠自主品牌推进"走出去"仍障碍重重。所幸的是，肩负竞逐海外市场使命的除了 CAP1400 之外还有"华龙一号"。所谓"华龙一号"核电技术，指的是中核 ACP1000 和中广核 ACPR1000 + 两种技术的融合，被称为"中国自主研发的三代核电技术路线"。国际上一些国家，如南非、土耳其等都对 CAP1400 表现出浓厚兴趣，而阿根廷则对"华龙一号"更感兴趣。此外，阿尔及利亚、英国、法国、罗马尼亚都与中国签订了核电合作的协议。

虽然在技术上中国与世界先进水平还有一定的差距，但中国从来没有放弃跻身全球核电输出强国俱乐部的梦想。2013 年以来，随着"一带一路"战略构想的推出和中国领导人将高铁、核电作为"走出去"的拳头产品重点推向全球市场，中国核电瞬间引起了全球市场的关注。2014 年以来，政府高层不断就核电"走出去"发表声明并提出明确要求，而《服务核电企业科学发展协调工作机制实施方案》在外界看来则是中国将战略意图落实成战略布局的进军号。2015 年 1 月，李克强总理主持召开国务院常务会议，部署加快铁路、核电、建材生产线等中国装备"走出去"，推进国际产能合作，提升合作层次。第一，推动铁路、核电"走出去"，大力开拓铁路、核电等重大装备的国际市场。第二，支持其他装备"走出去"。通过对外工程承包、对外投资等，推动通信、电力、工程机械、船舶等成套设备的出口，支持企业境外并购，建立海外研发中心等，提高跨国经营的能力。第三，开展产能的国际合作。以钢铁、有色金属、建材、轻纺等行业为重点，针对国际市场的需要，支持企业利用国内的装备在境外建设上下游配套的生产线，实现产品、技术和标准的"走出去"。目前中国是全世界核电在建规模最大的国家，这将为中国未来的核电出口提供可靠保障。

近年来，中国核电"走出去"虽然阻力比较大，但还是取得了优异的成绩，最成功的无疑是巴基斯坦恰希玛核电项目。该核电项目一期工程（简称 C1）是由中方以交钥匙形式向巴基斯坦提供的一座 30 万千瓦压水堆核电站，以中国秦山一期核电站为参考，是当时中国最大的成套设备出口带动工程和劳务出口的高技术对外合作项目，合同总金额达5.8亿美元。中方全面负责设计、设备采购、土建施工、设备安装、调试培训及电站试运行等工作。合同工期从合同生效到电站临时验收为83个月，其中从第一罐混凝土浇筑到临时验收是68个月。该项目采用中方总承包、交钥匙形式进行建设，在满足质量、进度和成本要求的前提下，尽可能利用当地资源，使巴方的参与程度最大化，高峰期中方建筑承包商雇佣的中巴工人比例达到1:2。C1项目自2000年投入商业运营以来已安全运行15年，其间经过数次换料大修，中方均提供了良好的技术支持服务，保证电站安全可靠运行。电站运行业绩持续良好，负荷因子平均在85%以上，在部分换料周期内甚至接近100%，进入国际原子能机构评定的最佳运行核电站之列。巴基斯坦政府和人民对此十分满意，两国领导人多次将该项目称为“南南合作”的典范、巴友谊的象征。2004年5月，中核集团与巴基斯坦原子能委员会签订了巴基斯坦恰希玛第二座30万千瓦压水堆核电站（C2）项目合同，该合同于2004年12月1日开始生效。C2项目2005年12月28日实现第一罐混凝土浇筑，2011年5月12日实现临时验收，比合同规定工期提前了111天。2014年6月18日，C2项目顺利通过巴方最终验收。2014年3月，习近平主席的欧洲行促成了中国在核能领域与相关国家的合作。在他的见证下，中国广核集团与法国电力公司在巴黎签署了合作协议。同年6月，李克强总理访英，中英双方就核电等领域签署《联合声明》，英方欢迎中国企业继续在英投资核电、高铁等项目。其间，中国三大核电公司与当地核电公司签署了相关合作的备忘录。2015年2月5日，中国核工业集团发布消息称，中国与阿根廷签署了《中华人民共和国政府和阿根廷共和国政府关于在阿根廷合作建设压水堆核电站的协议》，中国核工业集团与阿根廷核电公司作为双方授权企业将负责协议的具体实施，该协议的签署也标志着中国自主三代核电技术成功出口拉丁美洲。2015年，英国能源与气候变化部及法国EDF能源达成一致，将兴建预算高达250亿英镑（约合2415亿人民币）的欣克利角C核电站，项目2/3的先期投资将来自中国，这是中国与英国的首个核电项目。根据中广核、中核集团与EDF能源的协议，两家中资企业在欣克利角C站的股份合计30%—40%。2015年8月20日，巴基斯坦卡拉奇核电项目二号机组第一罐混凝土浇筑庆典活动在卡拉奇K2、K3核电项目现场举行。卡拉奇核电项目总金额为96亿美元，中方贷款额为65亿美元，发电能力为220万千瓦，采用国产“华龙一号”技术，项目由中国中原对外工程有限公司承建，计划2020年发电。

上述情况表明，中国的“核电外交”逐渐走出了一条成功之路，而这得益于：第一，成本低。中国建造核电站的成本只有日本的七成，这是中国制胜的砝码。第二，技术发展快。中国拥有自主知识产权的二代改进型百万千瓦级核电CP1000技术，这意味着中国百万千瓦级核电技术已经具备了出口的条件。CP1000的研发工作依靠的是中国自主的科研力量，拥有自主的研发平台，这就决定了CP1000核电技术能够在现有的基础上不断进行改进，从而进一步提高其安全性和经济性。第三，国家战略支持，核电“走出去”可以说已成为从国家层面到企业层面的一个共识。

第四节　“一带一路”建设与中国的“北斗外交”[①]

北斗卫星导航系统是中国独立发展、自主运行、与世界其他卫星导航系统兼容互用的全球卫星导航系统，也是中国航天史上迄今为止规模最大、系统性最强、涉及最广、技术最复杂和建设周期最长的航天基础工程。这个系统能提供高精度、高可靠的定位、导航、授时和短报文等服务，是中国国家安全、经济和社会发展不可缺少的重大空间信息基础设施。中国建设独立的北斗卫星导航系统展示了综合国力和技术实力，不仅可以从根本上摆脱受制于人的局面，而且对于提升中国的国际地位和国际影响力具有重大意义。

① 本节内容曾以单篇文章形式发表，参见胡键：《天缘政治与北斗外交》，《社会科学》2015年第7期，收录本书时有较大修改。

中国经济实力崛起迅速，但在诸多领域对外依赖性仍相当大，特别是卫星导航系统，在北斗系统之前，美国的GPS系统完全垄断中国市场，即便今天仍然占据中国95%的导航市场，这与中国的大国地位是严重不相符的。中国从20世纪70年代就开始研究利用卫星进行地面定位服务，但受制于当时国力不足等多方面因素，这项命名为“灯塔”的研究计划就被搁置了。进入20世纪80年代，卫星地面服务的设想再次被提出来并很快有了较大的突破。这项计划就是后来的“北斗”计划，但受制于中国当时的经济实力也没有太大进展。

20世纪90年代中国经济实力上升迅速，为“北斗”提供了物质保障，所以1993年“北斗”计划正式启动。2000—2003年，中国成功发射了3颗北斗导航试验卫星，建立起完善的北斗导航试验系统，成为继美国、俄罗斯之后世界上第三个拥有自主卫星导航系统的国家。目前，发射升空的3颗北斗卫星已成功应用于中国的测绘、电信、水利、渔业、交通运输、森林防火、减灾救灾和国家安全等诸多领域，产生了显著的经济效益和社会效益。到2020年，中国计划建成由5颗静止轨道卫星和30颗非静止轨道卫星组成的覆盖全球的北斗卫星导航系统、遥测系统和授时系统，使之具有快速定位、双向通信和精密授时三大基本功能，以便为国民生产和对外社会经济生活提供更优质的服务。

中国作为当今世界的一个重要大国，在技术方面也应当为世界各国提供重要的服务，因此北斗系统必须要进行对外推广，让世界各国都能搭乘中国经济发展和技术发展的顺风车。

“北斗外交”这一概念是2014年7月中国卫星导航系统管理办公室杨军副主任在接待外交部官员参观iGMAS运行控制管理中心交流时第一次提出来的，同时提出了结合“一带一路”的宏伟构想，北斗与亚非国家合作的总体考虑。但是，随着北斗导航系统在2012年底完成亚太地区组网，其不仅在中国国土范围内获得使用，周边国家也陆续采用，这就意味着北斗导航系统已经走出国门。因而，“北斗外交”实际上已经正式启动，成为中国科技外交的重要内容。

北斗系统对外推广的主要业绩如下：第一，自2006年以来，在卫星出口方面，中国已经向尼日利亚、委内瑞拉、巴基斯坦出口了通信卫星，与玻利维亚、白俄罗斯、印尼、老挝等国签署了通信卫星出口合同，与委内瑞拉签署了首个中国遥感卫星出口合同，这些合同目前都在执行当中。第二，2007 年 11 月在南非召开的国际对地观测组织会议上，中国政府代表宣布与非洲共享中巴（西）资源卫星数据，得到了来自非洲各国的热烈欢迎，中巴空间技术合作由此超越双边合作范畴。第三，2012 年 9 月委内瑞拉遥感卫星一号在酒泉发射中心发射成功，这标志着委内瑞拉遥感卫星一号开始投入使用，也实现了中国遥感卫星出口零的突破。第四，2013 年 5 月李克强总理访问巴基斯坦，中巴双方签署了卫星导航领域合作协议；9 月，在第 64 届国际宇航大会期间，中巴双方签署了《巴基斯坦国家位置服务网一期工程协议》，将在巴基斯坦第一大城市卡拉奇建设由 5 个连续运行参考站组成的 CORS 网络。这是中国北斗系统首个海外 CORS 网（组网）官方项目，加速了北斗卫星导航系统的国际化进程。第五，2013 年 8 月，武汉信息技术外包服务与研究中心与泰国科技部地理空间技术局签订共同制订总体规划的 MOU 备忘录，备忘录覆盖以下三个方面：（1）泰国地球空间灾害监测、评估与预测系统；（2）中国北斗系统在泰国的应用；（3）泰国北斗卫星应用东盟产业园。中泰项目是中国首个国家级地球空间信息产业化基地对外开展科技输出和科技合作的项目。第六，2014 年 6 月，习近平主席在中阿合作论坛第六届部长级会议开幕式上发表题为《弘扬丝路精神，深化中阿合作》的重要讲话，提出双方要构建"1 +2 +3"的合作格局，即以能源合作为主轴，以基础设施建设、贸易和投资便利化为两翼，以核能、航天卫星、新能源三大高新领域为新的突破口。双方共同研究中国北斗卫星导航系统落地阿拉伯项目。第七，2014 年 7 月习近平主席出席在巴西举行的金砖国家领导人第六次会晤，中巴卫星合作项目成为国际社会关注的焦点。总之，从既有的对外推广情况来看，北斗系统项目已经成为继高铁、核电项目之后又一张重要的外交名片。

2014 年 11 月 7 日，联合国的国际航海标准设立机构——国际海事组织海上安全委员会正式将中国的北斗卫星导航系统纳入全球无线电导航系统之中，这意味着"北斗"成为继美国的全球定位系统（GPS）、俄罗斯的"格洛纳斯"全球卫星导航系统（GLONASS）之后第三个被联合国机构认可可用于航海操作的定位数据。正如一些美国专家所说的那样，“北斗”被纳入是对其的一种认可，是认为它可以为其覆盖区域提供足够精确的定位数据。这同时意味着中国“北斗”的国际化步伐和推进“北斗外交”迈出了最重要的一大步。

北斗卫星导航系统是中国自行研制的全球卫星导航系统，是继美国全球定位系统、俄罗斯“格洛纳斯”卫星导航系统之后第三个成熟的卫星导航系统。那么相比之下，中国的北斗系统究竟有何优势、劣势，北斗项目对外推广有哪些机遇和挑战呢？

一、北斗系统对外推广的优势

在功能上，其一，北斗系统同时具备定位与通信功能，不需要其他通信系统支持。而美国的 GPS 只能定位，不具备通信功能。“北斗”的通信功能主要是短报文通信，一次可传送多达 120 个汉字的信息，这是其与国外的卫星导航系统相比最大的优势。如果“北斗”的通信功能与定位功能结合，就可以实现对无人区等特殊环境的设备控制等。该功能在实际生活中具有重要意义，例如，无通信信号的救灾终端可以通过短报文通信功能及时报告情况；野外或无人区的基站控制、油路仪表数据读取等应用也将成为可能。此外，“北斗”的通信功能将被广泛地应用于物联网之中。其二，北斗系统覆盖范围大，没有通信盲区。根据《北斗系统公开服务性能规范（1.0 版）》，目前北斗系统覆盖范围主要是亚太地区，大约是南纬 55 度到北纬 55 度、东经 55 度到东经 180 度之间的范围，但到 2020 年它将覆盖全球。在这一问题上，北斗系统与俄罗斯的“格洛纳斯”正好形成互补：“格洛纳斯”对高纬度定位较准，而北斗系统则偏中低纬度。其三，从定位来看，北斗系统定位精度与 GPS 相当，更具有快速定位的优势，可以为服务区域内的用户提供全天候、实时定位服务，这一点与欧洲伽利略系统相似。伽利略系统也可以发送实时的高精度定位信息，同时能够保证在许多特殊情况下提供服务，如果失败也能在几秒钟内通知客户。北斗系统的授时精度可达 20 纳秒。从定位精度来看，俄罗斯“格洛纳斯”系统的地面精度为 10—15 米；而北斗系统地面定位精度是10米，测速精度是每秒0.2米。此外，北斗系统融合北斗导航系统和卫星增强系统两大资源，因此也可利用GPS使之应用更加丰富。例如，GPS在山区和城市的隐蔽地区只有60%左右的可用性，但加上“北斗”联合定位以后就能达到80%以上；而伽利略系统和俄罗斯的“格洛纳斯”不具备与GPS兼容的功能。其四，从成本来看，北斗系统需要的卫星数量少，即使将来扩展到全球定位需要的卫星也较少，因而成本低；如果系统开通服务，则接收机之间可以通过导航卫星直接通信；可以有选择性地进行服务，随时决定为谁定位不为谁定位。而GPS需要的卫星数量很多，成本太高；接收机之间不能通信，要通信需另外使用无线通信装置，如果远距离通信需要另外的通信卫星；因为是无线服务，所以无法限制不希望的用户使用（除非关掉）。

在战略上，其一，北斗国际化是中国和平发展战略框架下和平科技外交的一部分，而不是像美国那样通过技术垄断来使他国产生技术依赖。众所周知，美国长期以来是靠垄断科学技术来进行独霸世界的。GPS也是一样，美国不仅靠GPS垄断卫星导航市场，而且把GPS应有在战略争夺上。与此相反，中国的北斗系统国际化是中国和平发展外交的一部分，也是中国“互联互通”战略的一部分，目的是要与国际社会分享中国的发展成果，而不是用科技的手段对世界各国进行战略渗透，因此在战略目标上与美国的GPS是有根本差别的。正因为如此，一些对中国和平发展战略和“互联互通”战略有比较清晰了解的国家很快就与中国进行卫星导航合作。其二，中国在战略上提出“互联互通”得到了亚洲、欧洲乃至非洲国家的认同；而“互联互通”不只是有形的，还包括无形的信息互联互通，因此北斗系统就成为“互联互通”战略中“信息通”的重要载体。

二、北斗系统对外推广的弱势

在功能上，其一，目前北斗系统尚未覆盖全球，还不能实现全球定位。其二，北斗系统是主动式定位，需要客户机向卫星发送信息，因此容易暴露。其三，北斗是有限服务，卫星要接收到客户机信息并响应后才能定位，如果用户太多可能造成阻塞。

在战略上，其一，中国是崛起中的大国，美国是守成大国。崛起大国的任何举措都会受到守成大国及其盟友的指责，认为中国是在挑战守成大国，甚至颠覆既有的国际体系。因此，中国的北斗系统也一样会被指责为是在挑战美国的 GPS 乃至是挑战美国的科技霸权。在此情形下，中国会处于一种崛起困境。其二，在产业上，北斗系统毕竟军事色彩较浓，在一些发展中国家被认为是对它们进行战略渗透和科技侵略。特别是国内民用尚未普及，更没有形成相关的产业链，因而很难在国际民用市场上获得认可。其三，在国际舆论上，中国所处的国际舆论环境不太好，“中国威胁论”甚嚣尘上，北斗系统的国际化在一些国家也成为“中国威胁论”的重要依据。

三、北斗系统对外推广的机遇

其一，全球卫星导航产业迎来了一个大转折、大发展的时期，卫星导航多系统并存和与其他信息系统间相互渗透、集成、融合成为大趋势，这种趋势为中国北斗的国际化进程提供了广阔的空间。其二，在国际认可上，2014 年 11 月 23 日国际海事组织海上安全委员会审议通过了对北斗卫星导航系统认可的航行安全通函，这标志着北斗卫星导航系统正式成为全球无线电导航系统的组成部分，取得面向海事应用的国际合法地位。中国的卫星导航系统已获得国际海事组织的认可，这为中国北斗系统国际化提供了国际合法性资格。其三，中国周边国家对北斗系统有兴趣。目前，北斗系统已走进 20 余个国家、地区，北斗国际合作工作已从宣传推广阶段步入示范应用阶段。因此，下一步要通过建立海外增强系统，建立北斗/GNSS 中心，借助亚太空间合作组织等亚太区域多边平台开展联合研究、监测评估、人才培训等方面合作，使系统建设成果惠及他国。其四，中国从事北斗项目的诸多企业在北斗系统国际化方面都有浓厚的兴趣，而且愿意加大力度进行投资。例如，2013 年 3 月，武汉信息技术外包服务与研究中心、武汉大学测绘遥感信息工程国家重点实验室、泰国科技部三方在泰国曼谷正式签订《泰国地球空间灾害监测、评估与预测系统合作协议书》，商务部“中泰地球空间灾害预测系统合作基地”成立。2013 年 8 月，武汉信息技术外包服务与研究中心与泰国科技部地理空间技术局签订共同制订总体规划的 MOU 备忘录。2013 年 11 月，北京合众思壮科技股份有限公司宣布，将投资 3 亿元建设基于北斗导航系统的高精度增强系统“ChinaCM 中国精度”，在获得政府批准的前提下，采用自研的接收机和天线在国内和海外同步建立全球参考站网络，2014 年开始全球参考站网络的建设，2015 年实现米级精度（1—2 米）免费服务，2016 年实现分米级精度授权服务，2017 年实现厘米级精度授权服务。

四、北斗系统对外推广的主要威胁

在技术上，一是北斗系统毕竟开发时间不长，系统不稳定，因而很容易因技术上的不成熟而受到影响，包括产业推广和外部其他信息通信的干扰。二是自 20 世纪 90 年代以来，中国鑫诺卫星受到法轮功技术攻击的情形发生了多次。北斗系统一旦应用于民用市场，类似攻击的可能性是存在的，因而如何在技术上提升自身的抗干扰、抗攻击能力就显得尤为重要。

在战略上，当前国际政治进入到“天缘政治”时代，大国之间的太空竞争日益激烈，美国、俄罗斯、欧洲等大国都加入到“天缘政治”的争夺之中。中国虽然已经迈入太空大国行列，也拥有类似于范围性武器之类的技术，但这些美国、俄罗斯等国也都拥有。北斗系统首先是用于军事目的的，当大国的太空竞争一旦失控，中国北斗系统同样也是竞争对手反卫星武器的重要目标。

在产业上，一是产业链的建立需要长时间的培育，收益期相对滞后，导致企业投资兴趣大打折扣。二是北斗产业发展空间很大，市场潜力也很大（北斗卫星导航系统到 2015 年相关产值就可达到 2000 亿元，2020 年有望达到 4000 亿元。随着北斗系统逐渐向民用方面转化，投资机会显现），但是对具体的企业而言其实并不一样，收益也会有较大差距，具体的企业收益可能会低于预期，这样企业会因投资风险的不确定性而产生退出的可能。既然内部推广遭遇尴尬（“不敢用”、“不愿用”依然制约着北斗的发展），那么在对外推广上也会遭遇类似的情况。

因此，在北斗系统对外推广的过程中，我们既要看到机遇，也要看到挑战。从机遇来看，要看到北斗对外推广具有广阔的市场和巨大的商机。其一，北斗导航系统逐步走出国门，行业迎来新的发展。随着北斗导航系统在2012年底完成亚太地区组网，不仅在中国国土范围内获得使用，同时周边国家也陆续采用北斗系统替代GPS，意味着北斗导航系统已经走出国门。由于北斗导航系统在精度和功能上均已接近GPS，同时还具备特有的通信功能，未来有望陆续在亚太地区获得推广。虽然此次东南亚四国以及巴基斯坦北斗导航产业市场规模较小，但对北斗导航产业来说已经为走出国门开了个好头。中国北斗导航系统建设按照“先区域、后全球”的总体思路分步实施，采取“三步走””的发展战略：第一步，2000年初步建成北斗导航试验系统；第二步，2012年底北斗导航（区域）系统将为中国及周边地区提供服务；第三步，2020年全面建成北斗导航系统为全球提供服务。未来北斗导航完成全球布局后，非洲、中东、南美等地区将会是主要开拓地区，这是潜在的巨大市场，孕育着巨大的商机。其二，交通部大力推进北斗导航示范工程。2013年初，交通部要求在9个示范省份加快“两客一危”车辆以及新进入运输市场的重型载货汽车和半挂牵引车加装北斗兼容车载终端实施工作，是中国北斗导航在2012年底正式商用后的第一个示范工程。此次9个省份参与示范应用，需要建设11个支撑平台、7个信息系统，安装8万台北斗双模终端，测算下来市场规模在10亿左右。交通部大力推进北斗示范工程意味着北斗导航在政府行业应用提速，也反映出国家对北斗导航产业的支持力度进一步具体落实，同时各地北斗导航产业园陆续建立，不断形成产业集群模式。其三，北斗导航产业市场空间巨大，预计未来10年年均复合增长将达到55%。卫星导航产业前景巨大，与互联网、移动通信网并称世界三大IT产业，按照中国全球定位系统技术应用协会的统计数据，2011年中国卫星导航产业市场规模在750亿左右，预计到2020年将达到4000亿，10年增长5倍，年均复合增长率到达20%。其中北斗导航产业市场规模2011年只有15亿左右，主要为北斗一代系统，随着北斗二代完成亚太地区组网，预计到2015年将达到200亿的市场规模，到2020年将占到卫星导航产业市场规模的20%—30%，即800亿—1200亿元，10年增长20倍，年均复合增长率到达55%，北斗导航产业未来增长空间巨大。其四，看好北斗导航产业的逻辑，即行业进入高速增长快车道。北斗导航作为战略新兴产业，将步入“黄金10年”高速增长期，具备持续高成长性，主要是基于以下三个逻辑：一是北斗二代亚太地区组网完成，意味着产业发展拐点已经到来；二是北斗导航产业逐渐成熟，逐渐替代GPS；三是北斗导航属于战略新兴产业，行业本身步入高速发展期。其五，推荐优先受益于国防安全领域、政府行业应用的上市公司。对于北斗导航产业发展的情形，2012年进入启动期，2013年以来是初步发展期。对于北斗导航产业的应用路径，参照美国、俄罗斯等卫星导航产业发展路径，国防安全领域和特定行业都将优先应用，然后扩张到大众市场，即国防安全领域先行，行业应用不断深入，大众消费未来看好。

从困境来看，其一，国内北斗产业链尚未形成，也就是还没有对外形成市场的示范效应。其二，面对国际竞争，国内企业在“北斗”应用方面一时还难以解决产品竞争力提升及价格下探的问题。其三，由于GPS长期以来垄断国际市场，加之其成熟的技术，国际消费者已经对GPS形成技术依赖，因而尚不稳定的北斗系统要在短期内从GPS的市场中切除一块是比较困难的。

第五节　高科技外交对推进“一带一路”建设的意义

“一带一路”战略构想的目标是和平、合作、共赢、发展，因此中国高科技对外推广也要遵循这种基本准则，从而为推进“一带一路”建设提供科技服务。高科技外交不仅对中国外交战略具有重要意义，而且对推进“一带一路”建设更具有现实意义。

众所周知，外交的重要功能之一就是塑造国家的国际形象。长期以来，中国的外交缺乏话语能力，使得中国的经济外交遭遇了“中国威胁论”的舆论压力，特别是中国对发展中国家的经济援助（经济外交）被指责为中国式的“新殖民主义”，而中国的高科技外交将对中国的外交战略产生重要的意义。

第一，高科技外交将进一步提升中国的国际地位。中国经济的迅速发展确实大大提升了中国的国际地位，但当今科技实力已经成为国家综合国力的核心，国际竞争更是以科技竞争为最重要的领域。中国从农业大国发展成为拥有诸如北斗系统之类的尖端科学技术国家，是进一步提升国际地位的最直接的体现。

第二，高科技外交将进一步提升“中国制造”的品位。“中国制造”曾经是“问题产品”的代名词，但是近年来随着中国产业技术升级，“中国制造”开始重新获得价廉物美的褒扬。在继高铁、核电对外输出之后，北斗系统的对外推广以及由此带来的产业链和产品技术升级使“中国制造”开始向“中国智造”转型，“中国制造”在世界市场的品位和质量大幅度提升，从而为中国产品赢得更多的美誉。

第三，高科技外交将进一步塑造中国的国际形象。在科技方面，一些西方国家一直指责中国窃取西方技术，美国的《考克斯报告》、“李文和案”、“陈霞芬案”、“郗小星案”等都涉及“中国窃取美国技术”的问题。在西方看来，中国所取得的任何科学技术成果都是从西方窃取来的，这样的“中国形象”在西方长期流行。然而，今天中国科学技术的成果用事实证明了中国拥有自主创新的能力。特别是在高铁、核电、探月工程以及北斗系统方面，更是充分展现了中国自主研发的尖端技术。北斗系统的对外推广更进一步改善了世界科技领域中的中国形象。

第四，高科技外交将进一步增强中国的国家安全体系。从对外战略安全来说，国家安全的基本保障是拥有“制空权”、“制海权”、“制陆权”和“制天权”。美国以航母为支点，在全世界建立了庞大的基地群，这是服务于其全球战略的“制海权”、“制空权”。今天的大国竞相发展宇宙航天，是为了掌权“制天权”。以高铁为支柱的欧亚大陆经济整合，将为中国带来一个陆权时代。中国铁路修到哪里，国家的意志就通达到哪里，国家的安全体系就建构在哪里。中国高铁“走出去”维系着中国在欧亚地缘政治和全球格局中的地位，维系着边疆民族团结、社会稳定、国防安全的重大使命。航母和中国未来的航母群将逐渐构筑起中国的海上安全体系。但是作为一个大国，中国还必须拥有“制天权”，那就是以卫星导航系统为中心的安全体系。为了国家安全，中国的航母（群）不能依赖于美国的GPS，必须用自己的导航系统才是最安全的。

第五，高科技外交将进一步丰富中国对外经济活动的内容。自20世纪90年代以来，中国对外经济活动频繁，经济外交也越来越丰富。不过，中国以往对外经济活动的主要内容是能源勘探与开发、对外投资和承接建筑工程的劳务输出。北斗系统对外推广之后，将丰富中国对外经济活动的内容，甚至在一定程度上改变中国对外经济活动的主要形式。未来在北斗系统的支持下，中国对外经济活动将在以能源勘探与开发、建筑工程建设为主要内容的基础上，增加以通信基础设施建设、各类信息服务为主要内容的对外信息服务产业、通信产业等。也就是说，围绕北斗系统所形成的相关产业链将成为中国对外经济活动的重要内容之一。

第六，高科技外交将进一步提升中国自然灾害对外救助的能力。中国作为一个大国，在对外救助自然灾害方面一直坚持积极的人道主义政策，这也是中国负责任大国形象的重要表现。地震、台风等是人类必须面对的自然灾害，当重大灾害来临的时候，卫星导航系统就是抢险救灾的生命线。特别是在遭受重大地震灾害后，所有的有线系统都可能失去功能，而卫星导航系统却不受影响，既可以及时地进行灾害位置报告，又可以进行通信，为抢险救灾提供保障。当台风、海啸等突发灾害袭来的时候，卫星导航系统可以及时地发送位置和与位置有关的信息，从而为抢先救援赢得时间，最大限度地减少损失，保证人民群众的生命安全。

高科技外交将进一步加快“一带一路”建设的步伐，使沿线国家的民众更快地获得物质上的实惠和其他方面的便利，因此对“一带一路”建设具有现实的意义。

第一，高科技外交将进一步丰富“一带一路”的内容。“一带一路”本质上是中国“互联互通”大战略框架下的资金流、技术流、人才流、信息流。传统意义上的资金流、技术流、人才流、信息流基本上缺乏基础设施的支持，完全是一个自然的过程。但在当今超大规模的资金流、技术流、人才流、信息流不可能在一个自然的过程中完成，必须借助于现代科学技术构建的技术平台。因此，如果说“一带一路”构想是中国“互联互通”战略的观念（软）平台，那么高铁构筑的对外交流网络则是“互联互通”战略的硬平台；同样，北斗系统对外推广而形成的信息平台和产业链也是中国“互联互通”战略的又一硬平台。这样，“一带一路”战略构想又增添了新的内容。如果说高铁是升级版的现代丝绸之路，那么北斗系统则是加强版的丝绸之路。

第二，高科技外交将为沿线国家提供全新的国际公共产品。国际制度、国际规则、国际议程、国际价值理念、安全等无疑是非常重要的公共品。当前，美国等西方国家相对衰落，传统国际公共产品的提供能力出现短缺，更难以为国际社会提供新的国际公共产品。中国在崛起的过程中，不仅经济实力增强，国际地位也相应地得到了提升。其中一个重要的表现就是中国通过科技的发展而为国际社会提供相应的科技服务，使中国的科技发展能够惠及国际社会。中国通过北斗系统对外提供国际公共产品和公共服务，正是中国大国国际责任的重要体现。

第三，高科技外交将提供经济发展的新动力。全球金融危机的阴影仍然笼罩在世界经济的发展道路上，而世界经济增长乏力，一个重要原因就是科技创新不足。世界各国都在倡导科技创新，建设创新型国家。很显然，尽管第三次工业革命的浪潮已经来临，一些发达国家试图借助于第三次工业革命的技术来打造“工业 4.0”，但这并没有形成具体的产业链。高铁、核电将带来相应的产业链；北斗系统正在加速向民用方面转化，未来其直接产值就可达千亿元，而这只是其对中国国内带来的直接收益，没有包括随之建立起来的产业链及其相关产值。另外，如果北斗系统对外推广而且也实现了民用化，将在其所覆盖的国家和地区形成巨大的产业链，从而对所覆盖国家和地区的经济发展形成巨大的动力。这正是创新驱动带来的巨大产业和产值效应。

第四，高科技外交将为沿线国家提供全新的合作方式。特别是北斗系统，一方面美国的 GPS、俄罗斯的“格洛纳斯”、欧洲的“伽利略”在开发设计时并没有考虑如何与其他国家和其他系统兼容合作的问题，美国的 GPS 更是排除合作强调垄断的技术系统；而中国的北斗系统从开发设计时就考虑规避同行竞争、兼容其他系统，实现优势互补、错位服务，在合作中向国际社会提供更优质的服务。例如，中国北斗的增进系统就能够通过与 GPS 的兼容而提高服务水平。又如，中国北斗系统主要覆盖在中低纬度，而“格洛纳斯”主要覆盖中高纬度，二者可以形成优势互补。另一方面，中国北斗系统对外合作和卫星出口当前主要在发展中国家（如尼日利亚、委内瑞拉、巴基斯坦、玻利维亚、白俄罗斯、印尼、老挝、泰国等），中国高科技的对外合作开启了“南南合作”的全新方式。

第五，高科技外交将提供全新的对外援助方式。传统的国际对外援助主要是经济援助，如政府贴息优惠贷款、传统援外项目、对外合资合作、债务减免等。但是，中国北斗系统对外推广将拓展对外援助的内容，开创全新的对外援助方式（即高科技援外）。科技援外以前主要是帮助发展中国家建设高新区和国家实验室、完善科研体系，以及举办国际培训班、开展联合研发项目、设立合作示范区等。但是，中国北斗系统对所覆盖的国家和地区进行个人位置服务。特别是当一个人进入不熟悉的地方时，可以使用装有北斗卫星导航接收芯片的手机或车载卫星导航装置找到要走的路线；可以向当地服务提供商发送文字信息告知需求，如查询最近的停车位、餐厅、旅馆或其他想去的任何地方，然后一张地图就会发送到你的手机上，甚至还会为你提供酒店房间、餐厅或停车位预定等增值服务。这些虽然是商业性服务，但是绝对超值、价廉物美。同时，在双方合作协议下，也可先期提供免费服务，包括交通运输、海洋渔业、水利建设、水文监测、气象测报、森林防火、电力调度、通信授时、减灾救灾等诸多领域。

第六节　加强高科技外交的政策建议

高科技展示的是一个国家的科技实力。拥有最新的高科技，主权国家不仅可以从根本上摆脱受制于人的局面，而且对于提升国家的国际地位和国际影响力具有重大意义。高铁、核电是全新的高科技产业，而卫星导航产业已经成为继移动通信和互联网之后新兴的电子信息产业，正在带来巨大的经济价值。特别是北斗卫星导航系统作为中国重要的空间信息基础设施，是国家的战略性新兴产业，对于转变经济发展方式、促进国家信息化建设、调整产业结构、提高社会生产效率、转变人民生活方式、提高大众生活质量都具有重要意义；对提升中国航天能力、推动航天强国建设、维护国家安全意义重大；同时，也是中国履行航天国家国际责任的需要，能够促进全球航天领域的竞争与合作，推动系统共同发展。因此，高科技对外推广不仅重要而且必须。

第一，要加强宣传推介。单有技术还不够，还需要对外宣传。对外宣传推介时要强调：高科技既是服务中国的，更是服务世界的。中国走的是和平发展的道路，中国的经济发展如此，中国的科技发展也是这样，既要有利于中国内部的发展，也要促进世界各国共同发展。中国所倡导的是全球利益共同体、责任共同体和命运共同体，因此中国的发展就是促进世界共同发展。

第二，要加强人文交流，构筑人文基础。虽然技术带来经济利益、产业发展，但这一切都需要人文的基础。因此，通过人文交流，在各国提升中国的软实力，包括文化影响力、人文亲和力等，有助于高科技在沿线国家的顺利推介。很显然，中国在巴基斯坦和东南亚地区有很好的人文基础，因而北斗系统在这些地区的推介相对容易一些。既然未来北斗系统是要覆盖全球，得到各国的接受，那么就首先需要各国在人文上接纳中国，否则中国的北斗系统不可能得到认可和接受。

第三，高铁、核电、“北斗”是中国的战略性产品，对外推广一定要纳入国家战略。纳入国家战略的一个重要标志，是国家领导人外出访问时将其作为一项重要内容对所访问的国家进行国家层面的推介。凡是国家领导人亲自推介的项目都比较容易成功，例如 2013 年 5 月李克强总理访问巴基斯坦，中巴双方签署了卫星导航领域合作协议。2013 年 9 月 25 日，在第 64 届国际宇航大会期间，中巴双方签署了《巴基斯坦国家位置服务网一期工程协议》，在巴基斯坦第一大城市卡拉奇建设由 5 个连续运行参考站组成的 CORS 网络，这实际上是对李克强总理开展中巴基础设施领域大项目合作指示的贯彻。又如 2014 年 6 月，习近平主席在中阿合作论坛第六届部长级会议开幕式上提出双方要构建“1 + 2 + 3”的合作格局，即以能源合作为主轴，以基础设施建设、贸易和投资便利化为两翼，以核能、航天卫星、新能源三大高新领域为新的突破口。随后，北斗系统在阿拉伯地区的推广很快就顺利推进。如果每一次国家领导人出访都把卫星项目的合作作为一项重要内容，那么一方面能够有力推介北斗系统，另一方面无论是双边还是多边关系都会因北斗系统的介入而得到提升。

第四，政府为企业的前期推广做担保，使企业的当前利益受损程度尽可能减少。企业主要是追求经济效益，但由于各国对北斗系统的知晓程度不一样，因而在不同国家的推广遭遇的风险也就不同。有的国家相对来说比较容易推广，而有的国家则很难，高铁、核电、北斗系统都是这样，但最终是要在世界各国尽可能得到推广。在此情形下，政府应对相关企业进行风险担保，以减少其损失，提高企业对外推广的积极性。

第五，政府、企业对外推广和高校、研究机构的项目研发同步推进，以研发带推动，促进企业加快对外推广的步伐。尤其是北斗系统，毕竟技术尚不成熟、不稳定，这是对外推广遭遇困境的重要原因之一。因此，凡是民用化的技术在对外推广的同时，可以借助于所在国的研究机构与国内研究机构共同研发，从而使一部分技术和相关产业实现本土化，这更有利于北斗系统的对外推广。

第六，对内加强产业链的培育使之能够对外产生示范效应。核电的产业链比较复杂，高铁基本上已经形成了比较成熟的产业链，但北斗的产业链还在培育过程中。鉴于此，2013 年 10 月 23 日国务院办公厅印发《国家卫星导航产业中长期发展规划》，将以企业为主体，通过多项政策支持推动导航产业快速发展，而北斗卫星导航将是重点支持发展对象。目前，北斗卫星导航系统在诸多行业和领域得到广泛应用并且开始发挥重要作用，显示了良好的发展潜力。根据《规划》，北斗卫星导航系统及其兼容产品除了在能源（电力）、金融、通信等重要行业和关键领域得到广泛应用之外，还将在大众消费市场逐步推广普及，实现规模化应用。即便如此，北斗系统在国内的产业化程度还非常低，这样不利于在国际上推广。因此，要加大力度促进北斗项目在国内的产业化，使之对国际市场产生示范效应。

第七，对内加快北斗技术的军转民，使之成为国内民用技术的一种自觉行为，从而对对外推广也能产生示范效应。这完全是针对北斗系统而言的。北斗系统是军民两用的系统，但在外界看来其军用功能更多，特别是民用化转化的产业尚未形成规模，这更让外界感到其主要是用于国防的。因此，在加快产业化转化的过程中，应当努力促进军转民功能转化，使国内消费者自觉地使用北斗系统。

第八，在高科技对外推广的具体实践中，企业要稳打稳扎，把项目做牢做实，使之在某个国家的成功成为该地区其他国家的样板。企业不能为了争夺市场而盲目拓展，而是要在一个国家的具体项目做成功以后再拓展新的领域；同样，要把某一个国家通过成功的项目进行推广，然后对其他国家和其他项目产生示范效应。

第五章
“一带一路”推进中战略核心国的选择

“一带一路”是一个经济发展的战略构想，涉及沿线65个国家，因此不是仅靠中国一国来推进的，需要沿线国家共同努力。同时，“一带一路”不可能整体性推进，无疑需有先有后、分步骤、分国家推进。在这种情形下，首先要选择核心区域，然后选择核心国家。从这个角度来看，核心区域和核心国家的选择至关重要。

第一节　核心区域与核心国的选择

首先，我们来评估一下哪些区域将成为推进“一带一路”的核心区域。“一带一路”涉及的地区和国家大致是：中亚5国（哈、吉、塔、乌、土）、南亚8国（印、巴、阿、斯、孟、尼、不丹、马尔代夫）、东南亚11国（东盟10国加东帝汶）、西亚北非16国、独联体其他6国（乌、白、格、亚、阿、摩，需要指出的是格鲁吉亚在2008年宣布退出）、中东欧16国，再加上中国、俄罗斯和蒙古国，共65个国家。

首先从地区来看，东中欧地区离中国比较远，与中国经贸关系相对比较弱，因此尽管匈牙利与中国签署了关于共同推进“一带一路”的协议，但东中欧地区绝非推进“一带一路”的优先地区，更不是核心地区。西亚北非地区与中国的经济关系比较密切，尤其是能源是中国现代化发展最重要的稀缺资源，而西亚北非地区是中国能源的重要来源地之一。但是，西亚北非地区只能说是一个优先考虑的地区，而不是核心地区。独联体地区实际上分为两个部分，一部分是中亚地区，另一部分是由乌克兰、白俄罗斯、格鲁吉亚、亚美尼亚、阿塞拜疆、摩尔多瓦组成的地区。后一部分离中国略远，而且是欧亚大陆最不稳定的地区，所以其不应该是推进“一带一路”的优先地区，也不可能是核心地区。剩下的地区还有中亚、南亚和东南亚，这三个地区紧邻中国，而且是古丝绸之路（包括海上丝绸之苦）最繁华的地区，同时又涉及两个国际组织（上海合作组织和东盟）。这两个组织都与中国有直接的关系，因此推进“一带一路”的核心区域应该是上海合作组织和东盟所覆盖的地区。

其次从国家来看，核心国肯定是在上述区域内。在“一带一路”推进过程中，有的学者称核心国为战略支点国，笔者认为这种称呼不妥，因为支点是被利用的，一旦利用完毕就被抛弃。哪个国家被中国视为战略支点国，那就成为被中国利用的国家，如果是这样，谁还愿意参与到“一带一路”进程中来呢？因此笔者认为核心国应该被称为战略契合国，是双方相互有所借重，或者说是双方战略利益上的契合，也意味着双方在利益、战略上都是相互依赖、相互依存的，是利益共同体、命运共同体。在这种情形下，相关各国才会愿意积极参与到“一带一路”的建设中来。

那么，如何来确定战略契合国呢？笔者认为，“一带一路”框架中中国的战略契合国至少要满足以下条件：国土面积、人口上是规模大国；有地区影响力；政治、社会相对稳定；经济上有一定的发展潜力；是中国的邻近国家；与中国保持相对友好关系。根据这些条件，在核心区域有以下 5 个国家可以成为中国在推进“一带一路”建设过程中的战略契合国：俄罗斯、哈萨克斯坦、巴基斯坦、印度、印度尼西亚。

第二节 核心国对推进“一带一路”的机遇与风险

前文指出，途径“一带一路”建设核心国一定是中国的战略契合国，只有这样的国家才能够积极参与到中国的战略构想之中。从上述关于战略契合国的标准来看，俄罗斯是首要选择。十八届三中全会提出，加快同周边国家和区域基础设施互联互通建设，推进丝绸之路经济带、海上丝绸之路建设，形成全方位开放新格局。随后，在2014年索契冬奥会期间，习近平主席和普京总统就俄罗斯跨欧亚铁路与丝绸之路经济带和海上丝绸之路的对接问题达成战略共识。“一带一路”首先是基础设施的互联互通，而俄罗斯跨欧亚大铁路是“一带一路”交通设施建设的基础，由此可见，俄罗斯在推进“一带一路”进程中具有基础性的作用。俄罗斯是上海合作组织内的重要成员国，无论是与组织内国家的关系还是中俄双边关系都非常好，特别是中俄战略协作伙伴关系历史上处于最好水平。俄罗斯是国际能源大国，境内能源非常丰富；是人口大国，人口超过1.4亿（当然，自独立以来，俄罗斯的人口出生率一直在下降，人口总数也在下降，这已经成为俄罗斯的一个战略性问题）；还是世界上面积最大的国家。从政局来看，普京领导的统俄党一直是俄罗斯政治和社会稳定的重要压舱石。这些情况表明，俄罗斯对欧亚地区乃至整个世界都有重要的影响力。

但是，“一带一路”推进过程中来自俄罗斯的风险也是存在的。一方面，俄罗斯提防中国、戒备中国的情况始终存在。俄罗斯曾经是一个超级大国，是中国的“老大哥”。20世纪90年代俄罗斯转型出现严重动荡，国力严重滑坡，几乎成为二流国家。与此相反，中国从改革开放以来一直在走上坡路，综合国力与日俱增。这两种趋势导致了俄罗斯的不平衡心态，不仅表现在政治、文化精英当中，也表现在民间。早些年俄罗斯同样出现了各种版本的“中国威胁论”，包括“人口扩张论”、“资源威胁论”等，像索尔仁尼琴这样的作家也经常说俄罗斯最大的威胁不是美国而是中国。这一切虽然不是俄罗斯的主流，但也影响中俄关系的正常发展。因此，当前要借助于中国战略协作伙伴关系的良好势头，加强中俄双方的人文交流，以此来消解俄罗斯对中国的误解、曲解。另外，长期以来，俄与西方在乌克兰等问题上的对立也会成为“一带一路”战略构想的重要变数。毕竟，无论是乌克兰还是整个欧亚地区都是“一带一路”建设首先需要考虑的地区，乌克兰问题久拖不决，就有可能蔓延成为整个欧亚地区的问题。乌克兰危机爆发不久，在国际学术界就有学者提出它是“新冷战”的开始，这虽然有点夸大其词，但也并非没有道理。事实上，乌克兰危机已成为俄罗斯与西方地缘争夺的一个主战场。一旦“新冷战”出现，那么新的“铁幕”就不是在欧洲内部，而是在亚洲内部。在这种情形下，和平、合作、共赢、发展的目标就难以通过“一带一路”战略构想来实现。

其次是哈萨克斯坦。哈萨克斯坦是中亚大国，对中亚有非常重要的影响力。其是一个多民族国家，有 131 个民族，其中哈萨克族占 53%、俄罗斯族占 30%，另外还有 20 多万维族人。因此，在外交上，哈萨克斯坦不得不与俄罗斯、中国保持友好关系。哈萨克斯坦经济以石油、采矿、煤炭和农牧业为主，独立后实施全面经济改革，分阶段推行市场经济和私有化。近年来，哈政府采取了加强宏观调控、稳定生产和财政、积极引进外资、大力发展本国中小企业、实行自由浮动汇率和进口替代等一系列措施，使宏观经济形势趋向好转，经济持续增长，目前人均国内生产总值已经超过 1 万美元。境内自然资源非常丰富，已探明的矿藏有 90 多种。钨的储量占世界第一位，铬和磷矿石占世界第二位，铜、铅、锌、钼和磷的储量占亚洲第一位。此外，铁、煤、石油、天然气的储量也较丰富，已探明石油储量达 100 亿吨，煤储量为 39.4 亿吨，天然气储量为 11700 万亿立方米，锰储量 4 亿吨。森林和营造林 2170 万公顷。哈萨克斯坦是资源出口国。亚信会议是在哈萨克斯坦总统纳扎尔巴耶夫的倡议下召开的，因此首届“丝绸之路和平奖”授予了纳扎尔巴耶夫。2013 年 9 月 7 日，习近平主席在哈萨克斯坦纳扎尔巴耶夫大学首先提出共同建设“丝绸之路经济带”。由此可见，哈萨克斯坦在“一带一路”建设中的地位和作用。

但是，哈萨克斯坦政体上实行总统集权制，总统年岁已高，未来政局有变数。

努尔苏丹·阿比舍维奇·纳扎尔巴耶夫 1940 年生于阿拉木图州卡斯克连区切莫尔干村，哈萨克族人，1979 年担任哈萨克共产党中央书记以来就一直是哈萨克斯坦党的领导人。苏联解体后，他以 98.76% 的选票当选哈萨克斯坦共和国首任总统，到今天已经七次连任总统。长期以来，他致力于中亚的稳定与发展以及中哈友好，但毕竟年岁已高，政治生命有限。而哈萨克斯坦新一代政治精英的政治取向如何尚不明了，不排除像格鲁吉亚以萨卡什维利为代表的新的政治精英那样完全向西方倾斜的可能性，甚至彻底背离纳扎尔巴耶夫的路线。由于长期的集权制，哈萨克斯法律制度不健全，权力腐败也十分严重。此外，哈萨克斯坦是中亚的重要国家，同时也是分裂主义、恐怖主义、极端主义三股势力活跃的地区。尤其是在费尔干纳谷地区，那里是恐怖主义的主要藏身之地，所以第二亚欧大陆桥的运输能力长期受制于那里的恐怖主义。

第三是巴基斯坦。巴基斯坦是南亚大国，是中国全天候的战略伙伴、最可靠的朋友。“一带一路”建设离不开巴基斯坦还有一个重要的地缘因素。在大陆上“走出去”的出口不多，中巴相邻处的红旗拉普山口无疑是最重要的一个。从喀什出发，经红旗拉普山口穿过巴基斯坦全境可以到达巴南部港口瓜达尔港，这是新丝绸之路经济带与海上丝绸之路相交的重要节点。因此，巴基斯坦是“一带一路”建设不可或缺的国家。但是很显然，巴基斯坦政治稳定度比较低，加之长期受恐怖主义的影响，社会经济发展缓慢。中国如今投下了不少合作项目，但经济回报率比较低，恐怖主义十分活跃，中国工人在巴基斯坦的安全令人忧虑。

第四是印度。印度是南亚面积大国、世界人口大国，在南亚和整个世界都有重要影响力。近年来，印度与中国淡化边界问题，双边关系走向了相对缓和的轨道。莫迪政府打起改革开放的旗号，给印度经济注入了新鲜活力。也正因为如此，印度的经济保持着较高的增长率。长期以来，印度始终有一个大国梦想，但要实现这个梦想，中国是绕不开的，印度领导人也清醒地看到这一点。所以，当中国提出“一带一路”的战略构想之后，莫迪政府表达出积极的态度。事实上，从历史上来看，古丝绸之路从来就没有离开过印度的参与，从佛教对中国、中亚、南亚地区的影响就可以看出印度在古丝绸之路上的重要作用。在这一点上，就不得不提及著名翻译家鸠摩罗斯。他的父亲鸠摩罗炎出身天竺望族，弃宰相之位周游列国学道，后来到龟兹，与龟兹王妹结合生下鸠摩罗斯。他在龟兹、莎车一带翻译、教授佛经，影响非常大。当时，整个中亚地区都成为佛教的地盘。直到后来伊斯兰教向东发展，佛教才被取代。

“一带一路”建设既是经济发展的构想，也是文化交融的倡议，需要把各种宗教、文化通过“一带一路”进行交流、交融，使之汇聚成为促进经济发展、和平共赢的文化长河。

但是，也应该看到印度内部社会贫富分化严重，社会秩序欠佳。根据世界银行资料，1970 年、1973 年、1988 年印度贫困人口比例依次为 52.4%、42.5%和 39.6%，虽然有所下降，但贫困人口数依次为 2.873 亿、3.117 亿和 3.223 亿，绝对数字反而有所上升。直到印度全面经济改革启动 9 年后的 2000 年，印度贫困人口比重仍高达 28.6%，是中国 1998 年同一指标（4.6%）的 6.2 倍，也明显高于泰国、印度尼西亚、菲律宾等东南亚主要国家及其邻国斯里兰卡，其中乡村贫困人口比重为 30.2%，城市贫困人口比重 24.7%。印度的问题不仅在于大面积贫困，更在于两极分化。21 世纪初以来，印度各邦中人均收入平均差距为 6 倍，最大者高达 60 倍，一小撮巨富和普遍贫困者之间的生活对比尤为强烈。根据印度住房和城市扶贫部专门负责调查全国城市贫民窟人口的专家委员会调查，2001 年印度全国城市贫民窟人口为 7526 万人，到 2011 年底达 9306 万人，10 年增加 1780 万人。其中，首都新德里贫民窟人口达 316 万人，比 2001 年增加 85 万人；全国金融中心孟买所在的马哈拉施特拉邦（Maharashtra）贫民窟人口达 1815 万人，居全国各邦之首，孟买拥有亚洲最大的贫民窟达拉维（Dharavi）。绝对贫困和收入分配失衡已经严重损害了印度大众的基本生存条件。此外，中印边界问题一直是历史的症结，而且印度对中国始终存在着一种莫名其妙的戒备之心。因此，在中印关系发展的进程中，需要加强对印度的人文交流，促进中印两国关系的健康发展。

第五是印度尼西亚。印度尼西亚是东盟大国、东南亚国家联盟创立国之一，也是东南亚最大经济体及 20 国集团成员国。印尼人口超过 2.48 亿（2013 年），仅次于中国、印度、美国，居世界第四位。印尼的经济发展有较大潜力，境内自然资源非常丰富，石油、天然气和锡的储量在世界上占有重要地位。根据印尼能源矿产部 2013 年的统计，印尼煤炭资源储量约为 580 亿吨，已探明储量 193 亿吨，其中 54 亿吨为商业可开采储量。由于还有很多地区尚未探明储量，印尼政府估计煤炭资源总储量将达900亿吨以上。印尼拥有巨大的天然气储量，约有123589兆亿立方米（相当于206亿桶石油），其中已探明的为24230兆亿立方米，主要产于苏门答腊的阿伦和东加里曼丹的巴达克等地。印尼镍储量约为560多万吨，居世界前列。金刚石储量约为150万克拉，居亚洲前列。此外，铀、镇、铜、铬、铝矾土等储量也很丰富。亚洲地区是印尼煤炭出口的主要目的地，占出口总量的70%以上，其次为欧洲和美洲。在亚洲地区的主要出口对象是印度、日本、中国等。印尼煤炭对中国的出口2010年达到4290万吨，已经成为中国南方部分地区的主要煤炭来源地。印尼是世界上生物资源最丰富的国家之一。据不完全统计，印尼约有4万多种植物，其中药用植物最为丰富。印尼的森林覆盖率为67.8%，盛产各种热带名贵的树种，如铁木、檀木、乌木等。印尼海域广阔，热带气候适合各种鱼类生长。印尼的渔资源极为丰富，苏门答腊岛东岸的巴干西亚比亚是世界著名的大渔场。上述优越条件决定了印度尼西亚海上丝绸之路上最重要国家的地位。近年来，印度尼西亚废除了对华的歧视性政策，主张加强对华关系，从而为海上丝绸之路建设打下了重要的人文基础。2013年10月3日，习近平主席在印度尼西亚国会演讲时首次强调中国愿同东盟国家共建21世纪“海上丝绸之路”。由此可以看出，印度尼西亚在“一带一路”建设中的战略地位和作用。

但是，印度尼西亚仍然戒备华人，尤其不允许其参政，限制其政治权利，包括以前经常出现的排华事件，这是影响中国与印尼最重要的因素。印尼政治上实现多党制，因而政治派别多。目前，有影响的政治力量包括民主党（苏西洛）、印尼斗争民主党（梅加瓦蒂）、专业集团党（阿克巴尔·丹绒）、建设团结党（哈姆扎·哈兹）、民族觉醒党（马托利·阿卜杜尔·贾利尔，前总统瓦希德任中央指导委员会主席）、国家使命党（阿敏·拉伊斯）、新月星党（尤斯利尔·伊扎·马亨德拉）、繁荣公正党（鲁特非·伊萨）等。政治派别多使得政治的不稳定性较高。

综上所述，俄罗斯、哈萨克斯坦、巴基斯坦、印度、印度尼西亚是中国最重要的邻国，相互在战略利益上具有共同的需求，是利益共同体、命运共同体中的重要成员。5个国家除印尼外有4个在上海合作组织内；

巴基斯坦、印度两国处在“一带一路”的结合点上，即既在新丝绸之路经济带上，也在海上丝绸之路上；印尼在海上丝绸之路建设中则发挥着领头羊的作用。

第三节 印巴加入上海合作组织对推进“一带一路”的战略意义

在战略契合国的问题上，不得不提及印度、巴基斯坦加入上海合作组织。2015 年上海合作组织乌法峰会正式启动了印度、巴基斯坦加入上海合作组织的程序。这意味着长期以来关于上海合作组织扩容的设想成为现实，也意味着上海合作组织内部建设基本完成。过去十多年来，有关上海合作组织增加成员国一直存在争议，也存在着巨大的压力，特别是西方媒体不断制造舆论，认为上海合作组织是对抗北约的机构等，这一切都使上海合作组织披上了神秘的外衣。实际上，上海合作组织主要还是一个非传统安全和经济合作的多边机构，而且扩容一直也是上海合作组织自身的需要。当然，上海合作组织在扩容之前必须要把内部建设好，尤其是相应的体制机制等尚未成熟的时候，决不能贸然谈扩容的事。乌法峰会正式启动扩容程序，而且首先考虑印巴两个南亚大国，确实是慎重考虑的最佳选择。那么，印巴加入上海合作组织对推进“一带一路”建设有何意义呢？

第一，最直接的是为上海合作组织增加了新的发展动力。在上海合作组织上海峰会的时候（那时正值上海合作组织成立五周年），笔者就撰文指出，上海合作组织最大的危险是陷入发展乏力的问题。因为，一方面经过了数年之后，上海合作组织的两大功能（或者说两大轮子）安全合作和经济合作出现了困境。打击三股邪恶势力的安全合作在三股势力的肆虐之下出现了力不从心的情形，尽管反恐军演、反恐信息交换等都合作顺利，但恐怖主义确实是防不胜防，而且活跃在中亚地区，又是跨国性、跨民族性的，所以在当时上海合作组织的反恐合作一度受到外界的质疑。另一方面，2001 年 9 月就正式提出以贸易便利化、投资便利化为目标的区域经济合作2003年正式启动，但迄今为止多边经济合作项目并不太多，双边合作项目虽然有，但合作的情形也不太理想。因此，社会普遍担心上海合作组织"独联体化"，即只是见面会晤和发表一些空头文件。对此，笔者当时就提出通过机制扩容、功能外溢等来促进上海合作组织的发展，增加其发展动力。从上海合作组织建立后的十多年来看，它的功能不断在外溢，从原来两大领域的合作发展到如今金融、教育、交通、能源、文化等各个方面的深度合作。因此，上海合作组织已经通过功能外溢获得了发展的新动力。而在成员国的问题上，正式接纳印度、巴基斯坦成为成员国也为上海合作组织增加了新的发展动力。这是因为上海合作组织是一个平等合作和对话的平台，印巴两国加入之后肯定会增加新的合作议题和对话的话题。这些议题和话题将会转化为上海合作组织合作的新领域，从而使上海合作组织的功能实现新的外溢。更重要的是，印巴是南亚两个最重要的国家，两国的加入意味着上海合作组织在其正式覆盖的范围上实现了外溢。因此，从这些方面来看，上海合作组织将因印巴两国的加入而获得新的发展动力。由于上海合作组织覆盖的区域正是"一带一路"建设的核心区域，上海合作组织的发展获得新的动力以后，就能为推进"一带一路"提供新的保障。

第二，对印巴两国来说，其加入上海合作组织将有利于促进彼此间的合作。众所周知，印巴两国长期以来龃龉不断，兵戎相见的情形也是时有发生，两国谁也不服谁。两国在南亚大陆上的博弈演绎了冷战时期军备扩张的逻辑。20世纪90年代中后期，两国几乎同时进行了核爆炸，又几乎同时宣布自己为有核国家。尽管国际社会对两国进行了制裁，但双方为了在博弈中获得优势，都置国际社会的制裁于不顾。双方在克什米尔地区的军事对抗和直接冲突成为南亚地区不稳定和军事冲入的重要根源。实际上印巴双方人民并不希望看到这一切，都希望能够有一个和平、稳定、安宁的环境。正因为如此，双方虽然没有提出第三方的介入，但也暗含着通过来自外界的特殊管道来协调双方的关系，而上海合作组织恰恰能够为印巴提供这样的平台和管道。近些年来，印巴双方都提出加入上海合作组织的请求，可能也是看到了上海合作组织这个对话与合作平台的作用。巴基斯坦总理谢里夫在接受媒体采访时就表示，印度与巴基斯坦加入上海合作组织能够促进两国彼此间的合作；在合作的基础上改善印巴双边关系并带来互利；将为印巴两国提供合作的平台，促使两国在达成上海合作组织目标的同时加深互信。印度总理莫迪在与俄罗斯总统普京会晤时也表示，印度加入上海合作组织将有助于其巩固与地区各国的联系，当然也包括巴基斯坦。印巴两个南亚大国能够消除隔阂走向和睦共处，这当然不只是上海合作组织的期望，也是欧亚大陆构建和平与稳定的新的希望。因而，它毫无疑问也有利于推进“一带一路”建设的进程。

第三，对中国来说也具有重要意义。众所周知，巴基斯坦与中国保持着传统的友好关系，习近平主席 2015 年 4 月访问巴基斯坦，更是把中巴关系提升为全天候战略伙伴关系。同时，巴基斯坦是中国推进“一带一路”战略构想的重要国家之一；而且在推进“一带一路”的过程中，中国还要打造中巴经济走廊，这表明巴基斯坦在中国提出的“一带一路”战略构想中的地位是非常高的。中国深受恐怖主义之害，巴基斯坦也是一样，二者不仅要合作打击恐怖主义，还要合作根治恐怖主义。打造中巴经济走廊既是中巴两国经济发展的需要，也是根治恐怖主义的需要。但是，在中巴关系中始终存在着印度的因素。中国始终把周边外交视为中国外交的重要一环，因而中国不只是需要良好的中巴关系，也需要良好的中印关系。无论是印度还是巴基斯坦都是中国的重要邻国，中国的睦邻外交不是有选择的，而是希望跟所有邻国建立睦邻友好关系。如今，印巴同时加入上海合作组织并且通过上海合作组织能够弥合双方的隔阂，建立对话与合作的正常管道，那么中国、巴基斯坦、印度同样也可以在上海合作组织内部以及三方内部之间达成战略合作，在推进“一带一路”战略构想中也容易达成相关的共识。

另外，中国推进“一带一路”战略构想，并不能独自行事，必须要靠沿线国家共同参与。印巴加入上海合作组织以后，可以在上海合作组织内部和推进“一带一路”战略构想的进程中，为重塑欧亚地区秩序发挥积极的作用。冷战结束以来，欧亚大陆的秩序仍然呈现出碎片化的趋势，不仅体现在欧亚结合部地带，而且体现在南亚大陆上。印巴若能通过上海合作组织最终弥合分歧，则将成为重塑欧亚大陆秩序的重要政治力量；由于印巴都是推进“一带一路”的关键性力量，特别是“一带一路”又是以经济发展为目标的，因此印巴也就同时成为“一带一路”用经济手段重塑欧亚秩序的重要推手。

第六章
“一带一路”建设与文化交流

在前面的论述中，笔者反复强调“一带一路”是一个经济发展的战略构想，但这并不意味着其仅限于此。众所周知，经济发展绝非一个单一的行为，而应该是一个综合性的战略设计。换言之，经济发展需要综合合力，而其中最重要的就是文化因素。

文化究竟在“一带一路”中发挥什么样的作用呢？在回答这个问题之前，我们不妨简要回顾一下中国经济发展的历史。中国的经济改革客观地说是在文化不成熟的条件下启动的。十年“文革”不仅摧毁了中国的正式制度（如政治生活制度、法律制度），也摧毁了中国的非正式制度（如传统文化）。没有文化支撑的民族是十分危险的，古人云“欲先灭其国，必先灭其史”，说的就是摧毁其文化，而“文革”恰恰是我们自己在摧毁自己的文化。按照常理，“文革”结束以后，中国文化重建的任务非常繁重而且十分紧迫，但比这更紧迫的是老百姓的吃饭问题。民以食为天，温饱是最基本的需要，在最基本的需求都得不到满足的情况下，如何来谈文化建设？所以，在文化缺失的情况下，中国先启动了经济改革，即一心一意发展经济。从这个意义上来讲，中国的改革有其天然的缺陷。在20世纪80年代中期，“文化热”确实是热了一阵，但很快又被经济建设压了下去。到了90年代，随着市场经济的启动，“经济热”已经很难人为地控制住，结果整个民族都成为市场经济的弄潮儿，一边是市场的热度，另一边是人们对挣钱致富的焦虑，但就是没有对文化的需求。进入21世纪以后，中国切身地感到文化缺失对经济发展的困扰。虽然中国的经济规模已经进入世界前列，但经济发展却明显陷入瓶颈之中，而问题的关键就在于文化素质不够。在这种情形下，国家提出要增加文化软实力的政治口号，并且在行动上把文化软实力建设与经济建设放在同样重要的位置上，由此文化软实力建设才成为国家发展战略中的重要组成部分。

中国内部的发展为推进“一带一路”建设提供了经验教训。从这个角度看，“一带一路”的内涵不仅包括经济建设，而且包括文化建设。对内的文化建设相对比较容易，但在对外交往的过程中，千万不能等经贸关系发展之后再来进行文化交往和文化发展，而是应该同步进行，甚至让其开道，以文化交往和文化建设为先导，为经贸关系的发展铺好道，打好人文基础，这样经贸关系的发展就会更加顺畅。从国际交往的历史来看，凡是人文基础好的双方和多方，经贸关系的发展往往顺利，而人文基础不好的相关各方，经贸关系很难大踏步推进。

第一节　“一带一路”建设为什么要强调文化交流

文化交流在两种情况下是最需要的：一是在经济建设之前，各方互不了解的情况下，需要从彼此的文化交往中进行了解；二是在经济交往取得一定成就且经济合作发展陷入瓶颈时，需要用文化来提升经济合作的质量。

“一带一路”构想提出时间尚短，相关国家对此并不十分了解，是中国的战略、新“马歇尔计划”，还是重构世界秩序的举措？这时候就需要中国用文化来说话。

中国提出“一带一路”之后，不仅美国产生误解，“一带一路”沿线国家也对此产生疑虑，主要表现为：其一，“一带一路”是中国崛起的大战略。这种观点认为，“一带一路”不只是一个经济发展战略，更是一个长期的政治战略；同时，其也是改造国际秩序的战略，是中国向世界提供公共产品的战略。其二，“一带一路”是中国的新国际主义外交战略。这种观点认为，“一带一路”是中国共产党十八大之后提出来的，是中国从坚持不干涉原则向“创造性介入”转型的开始。其三，“一带一路”是中国的新“马歇尔计划”，即中国对外经济援助的经济外交战略。这种观点认为，金融危机以来，世界经济处于低迷状态，发展动力严重不足，而中国经济却一枝独秀，所以“一带一路”是中国恢复“中央之国”的庞大的经济援助计划。其四，“一带一路”是中国过剩产能对外转移的计划。为此，中国要借助于基础设施建设来实施其资本输出。

所有这些误解都源于缺乏真正的交流。通过文化交流可以化解相互之间的误解，让外界更清楚地了解中国的和平发展战略。更为重要的是，文化交流可以起到政治、经济交流无法起到的作用。尤其是欧亚大陆是多种文化、多种宗教的荟萃之地，世界上所有的宗教在这里都可以找到，如佛教、道教、伊斯兰教、东正教、天主教、印度教、犹太教等。那么，这些不同的宗教及其文化究竟是在这里融合还是冲突呢？自冷战结束以来，这里一直是恐怖主义、分裂主义、极端主义十分活跃的地区，三股势力实际上扮演着该地区文化冲突的主角。最典型的就是塔利班炸毁巴米扬大佛，这一案例告诉我们，文化宗教的冲突不仅是地区稳定的最大障碍，也是经济发展的最大阻力。如果我们再回溯历史，中亚历史上是佛教活跃的地区，但随着后来伊斯兰教向东发展，这里曾经发生了无数次宗教冲突，佛教式微，伊斯兰教在后来的几百年里几乎把佛教“斩草除根”。试想，中亚地区被称为世界的“心脏地带”，为什么长期以来处于现代化的边缘呢？除了大国在这里的地缘竞争外，一个非常重要的原因就是宗教冲突和文化冲突。这里始终没有消除这两种冲突，而随着苏联的解体和冷战的结束，这两种冲突愈演愈烈，在被各种亚政治力量所利用并且被教旨主义化以后，成为各种亚政治力量进行暴力动员的重要工具。可见，文化交流至关重要。

虽然“一带一路”是着眼于经济发展的战略构想，但同样也要考虑宗教、文化的因素，在推进过程中要优先进行文化、宗教调查。宗教、文化之中有许多是不能用经济发展的方式触及的禁忌，一旦触及可能会导致新的文化、宗教冲突。文化调查本身就是一个文化交流的过程，而政治、经济交流是无法发挥这种功能的。

第二节 “一带一路”核心区的主要文化交流项目

评估既有文化交流方式和交流项目，是为了更好地拓展未来的文化交流。上海合作组织所覆盖的区域是“一带一路”的核心区域之一，另一个核心区域是东盟地区。上海合作组织内的文化交流项目比较多，而且发展也比较快。上海合作组织是2001年6月成立的，其功能从非传统安全合作、经济合作，很快就外溢到交通设施、信息、水资源以及以文化交流为主要内容的人文交流。截至目前，上海合作组织框架内的文化交流项目主要有：

上海合作组织大学：上海合作组织大学项目院校由来自上海合作组织5个成员国的74所院校组成，其中哈萨克斯坦14所、中国20所，吉尔吉斯斯坦9所、俄罗斯21所、塔吉克斯坦10所。中方20所项目院校包括：北京大学、清华大学、华中科技大学、首都师范大学、北京外国语大学、黑龙江大学、新疆大学、大连外国语大学、琼州学院、兰州大学、山东大学、东北师范大学、华北电力大学、中国石油大学、哈尔滨工业大学、兰州理工大学、吉林大学、长春理工大学、大连理工大学、新疆师范大学。

2007年，俄罗斯总统普京提议组建上海合作组织大学。2008年10月，《上海合作组织成员国教育部关于为成立上海合作组织大学采取进一步一致行动的意向书》在阿斯塔纳签订。2010年4月，“上海合作组织成员国第三届‘教育无国界’教育周”在莫斯科举行，签署了“上海合作组织大学多边教育合作创新机构”备忘录和纪要，协商了双边合作协议草案，确定了硕士研究生的培养方案、教学计划和相关课程设置，一致同意于2010年下半年率先启动“区域学”专业硕士研究生的招生程序，后来又增加了本科大学生的招生工作。从2015年起，上海合作组织大学项目开始实施项目院校博士层面人才培养计划，并启动青年教师培训项目。目前，已经有7个专业方向，分别是区域学、能源学、生态学、纳米技术、信息技术、教育学和经济学。

上海合作组织大学的原则是：所有项目院校享有平等权利，在相互理解、相互尊重各方意见的基础上开展合作；在各方均感兴趣的领域分阶段采取共同行动；认真负责地完成本章程及在上海合作组织框架内签署的其他相关文件规定的责任和义务。

中国—上海合作组织司法培训基地：2013 年 9 月 13 日，在上海合作组织成员国元首理事会第 13 次会议上，中国国家主席习近平在题为《弘扬“上海精神”，促进共同发展》的发言中表示，中方将在上海政法学院设立“中国—上海合作组织国际司法交流合作培训基地”，愿意利用这一平台为其他成员国培养司法人才。在未来 10 年，中国将向成员国提供 3 万个政府奖学金名额。2014 年 5 月，“国际司法交流合作培训基地”在上海政法学院揭牌，两年后该基地将全面建成。

中俄互办国家年：2005 年 7 月胡锦涛主席访俄期间与俄时任总统普京共同宣布，根据《〈中俄睦邻友好合作条约〉实施纲要》，中俄两国于 2006 年在中国举办“俄罗斯年”，2007 年在俄罗斯举办“中国年”。中俄双方确定了“俄罗斯年”徽标，图案为代表中国和俄罗斯的大熊猫和棕熊，身着中、俄两国国旗，背景为中国天坛和俄罗斯瓦西里升天大教堂。图案上用中俄文书写“俄罗斯年”的口号——“携手共进”。

中俄互办语言年：继 2006 年和 2007 年中俄两国成功互办“国家年”后，2009 年和 2010 年中俄再次互办“语言年”，主题是“唤起记忆，传承友谊”。在这个主题下，双方传唱中俄经典老歌曲，重温两国人民的友好记忆。中俄两国都拥有灿烂的文明，两国语言文字交流源远流长，最早可以追溯到 17 世纪中叶。目前，中国开设俄语专业的高校有 100 余所，俄语专业学生 1 万余人；在俄罗斯，有 130 多所高校开设了汉语课程，1 万余人学习汉语，而以汉语为主要外语的中小学共有 20 多所，学生人数过万。在“汉语年”期间，俄境内又新建了 5 所孔子学院。语言是文化的重要载体，也是人类心灵沟通和不同文明对话的桥梁。中俄“语言年”活动涉及的绝不仅仅是语言教学领域，而是涵盖教育、文化、媒体、电影、戏剧、科技等两国人文交流的各个领域。中俄“语言年”是两国人文交流史上的盛事。

丝绸之路和平奖：丝绸之路和平奖委员会于 2014 年 3 月 4 日在北京

成立。这是中国第一个由民间发起、社会各界参与的专业评审机构，负责对丝绸之路和平奖进行评选和颁奖。丝绸之路和平奖得名于2000多年前中国汉代外交家张骞开辟的古丝绸之路。它秉承千百年来丝绸之路上不同国度、不同民族、不同宗教、不同文化之间相互尊重、相互包容、互通有无、相互学习、共创和平、共享繁荣合作的精神，致力于促进世界的和平与发展。丝绸之路和平奖由北京和平之旅文化交流中心会同中国公共外交协会、中国对外文化交流协会和当代世界研究中心共同发起。丝绸之路和平奖下设3个奖项，分别是“丝绸之路和平奖”、“丝绸之路人文合作奖”和“丝绸之路杰出外交官奖”。其中“丝绸之路人文合作奖”分别于2012年、2013年向7位获奖者颁发。“‘丝绸之路和平奖’是我国第一个和平奖，对我国树立和平形象有重要意义。该奖项的设立宣传了中国和平发展理念，彰显中国坚持正义、平等相待、相互包容的主张，是对中华民族热爱和平优良传统的继承，有利于弘扬丝绸之路精神，吸引各界人士关注和推动‘丝绸之路经济带’的建设。”

孔子学院：到2013年，中亚地区正式挂牌成立的孔子学院一共有6所，分别为兰州大学承办并于2005年成立的乌兹别克斯坦塔什干孔子学院、兰州大学承办并于2007年成立的哈萨克斯坦国立民族大学孔子学院、西安外国语大学承办并于2007年成立的哈萨克斯坦欧亚大学孔子学院、新疆大学承办并于2007年成立的吉尔吉斯斯坦比什凯克人文大学孔子学院、新疆师范大学承办并于2007年成立的吉尔吉斯斯坦国立民族大学孔子学院、新疆师范大学承办并于2008年成立的塔吉克斯坦国立大学孔子学院。此外，汉语国际推广中亚基地正积极筹备在吉尔吉斯斯坦奥什、乌兹别克斯坦撒马尔罕、塔吉克斯坦胡占德等中亚费尔干纳地区中心城市各建一所孔子学院，届时中亚地区的孔子学院将达到9所。中亚的孔子学院的主要工作包括汉语教学活动、文化推广活动等。

中国—东盟的文化交流民间方面较为频繁，而官方启动较晚。但是，随着官方的启动，中国—东盟的文化交流更加活跃，主要形式如下：

2004年起每年在中国南宁举办中国—东盟博览会，展示内容涵盖中国—东盟文化精粹、文化创意、动漫游戏、传媒出版、文化园区、养生休闲旅游等。

2005年，中国与东盟签署《文化合作谅解备忘录》，确立了双方文化合作框架。2012年，首届中国—东盟文化部长会议在新加坡举行，规划了文化合作方向。第二届中国—东盟文化部长会议签署《中国—东盟文化合作行动计划（2014—2018)》，将合作拓展至文化产业、文化遗迹保护、公共文化服务等更广领域，标志着双方文化交流合作进入全方位发展阶段。

2006年以来，成功举办多次中国—东盟文化产业论坛，促进了双方文化人力资源、公共文化服务合作。

2014年是中国—东盟文化交流年，中国与东盟各成员国举办了丰富多彩、形式多样的系列文化交流活动。交流项目达到150项，包括会议、演出、展览、人员培训与交流、新闻、影视、出版、体育、旅游、宗教、青年交流等各类活动，以及“海上丝绸之路”、中国海外文化中心活动与建设、“欢乐春节”和庆祝中马建交40周年等专题活动。中国和东盟的文化交流愈发密切，正成为中国与东盟合作的“新引擎”。

总之，从两个核心地区来看，上海合作组织地区文化交流起步晚，但内容丰富；东盟地区属于儒家文化圈，文化交流一直比较频繁，进入21世纪以后，中国—东盟文化交流更加是全面展开。然而，两个地区文化交流的成效还不尽人意。因此，文化交流不仅要讲内容，还要根据不同的文化传统安排具体的文化交流方式。

第三节 “一带一路”建设需要什么样的文化支撑

第一，“一带一路”需要包容性的文化。“上海精神”的内容之一就是“尊重多样文明”，这就体现了文化的包容性。欧亚大陆是多种文明、多种文化的荟萃之处，不仅文化的多样性是该地区的客观事实，而且不同民族、不同国家的经济发展水平不同，也会在文化上体现出来。所以，文化没有高下之分，只是发展阶段不同会导致文化发展水平有异。我们既不能用一种文化去同化其他的文化，也不能用一种文化的标准去衡量其他文化的发展水平，而是要用一种包容的心态去对待其他的文化。

第二，“一带一路”需要平等的文化。“平等”也是“上海精神”的重要内容。文化的平等主要是讲一种文化态度。前面讲的文化没有高下之分，固然也是一种平等的文化态度。这里笔者强调的是文化没有强弱之分，都是平等的。历史上曾经爆发过十分惨烈的文化冲突，强势文化把弱势文化几乎斩草除根。文化的冲突实际上就是民族的冲突、军事的冲突。因此，我们要从历史中汲取教训，推进“一带一路”决不能用强势文化去取代弱势文化。

第三，“一带一路”需要民族性的文化。每一个民族的经济发展方式都是与该民族的文化紧紧联系在一起的，或者说经济发展本身就是文化发展的表现形式之一。法国著名社会学家杜尔凯姆曾经说过，越是民族的就越是世界的。因此，尊重民族性的文化就是尊重文化的多样性，也就充分体现了文化的包容性。

第四，“一带一路”需要合作、交融的文化。“一带一路”的推进不能搞文化孤立主义，也不能搞文化同化主义，而是要在互动中合作，在合作中交融。切忌大国的文化自负感，一旦有了文化自负感，一方面会贬低其他民族的文化，从而产生文化沙文主义；另一方面，也会使自身陷入无知之中。因此，“一带一路”建设需要各种文化在平等中交流与合作，为“一带一路”的经济建设夯实文化基础，使之具有持久性的发展动力。

第五，“一带一路”的文化交流需要有正确的价值取向。首先，要树立正确的义利观。既要注重利，更要注重义。只有义利兼顾才能义利兼得，只有义利平衡才能义利共赢。为了践行正确的利益观，一是要继续坚持互信、互利、平等、协商，尊重多样文明，谋求共同发展的“上海精神”。这不仅是上海合作组织的价值观念，也是当今新型国家间关系的基本价值取向。二是要坚持与邻为善、以邻为伴的睦邻政策，信守“真、实、亲、诚”的价值准则。三是要增强命运共同体意识。其次，要坚守国际道义，包括遵守国际规范，维护国际和平，倡导国际平等，伸张国际正义，增进沿线国家的共同利益，促进沿线国家的民众福祉等。再次，要用全新的理念构筑全新的国际公共产品，尤其是通过中国科技的发展为沿线国家提供相应的科技服务，使中国的科技发展能够惠及沿线国家。最后，要用合作发展的方式为沿线国家提供全新的对外援助内容。长期以来，经济援助被视为是无偿的，而西方发达国家在对外经济援助时往往附加政治条件。中国作为一个崛起的大国，需要创新经济援助方式，打开经济援助的新思路。

第七章
“一带一路”战略构想与国际经济走廊

“一带一路”战略构想的推进需要相应的战略通道。无论是从陆路还是从海路来说，中国自身的战略通道并不太多。海上通道不仅有岛链的困锁，而且面临“马六甲困局”。中国70%以上的海上运输要经过马六甲海峡，但这里十分繁忙，而且海上恐怖主义十分活跃。从陆路来看，中国的战略通道一方面要借助于既有的第二亚欧大陆桥，但这里受制于诸多因素，如轨道宽度的问题、国家之间的海关法律问题、恐怖主义问题等，因此运营能力有待提升。另一方面，中国能够依托邻国而开辟的通道也十分有限。正因为如此，就更加需要经营好已经开辟的经济发展战略通道。从现实来看，中国的既有战略通道主要是中印缅孟经济走廊、中巴经济走廊和中蒙俄经济走廊。

第一节　中印缅孟经济走廊

“一带一路”战略构想中原本就包含了“新南方丝绸之路”的内容。中印缅孟经济合作一直有较好的历史和人文基础。自古以来，这里就有“茶马古道”和“驼峰航线”，是古代中印缅孟边境贸易的主要通道。同时，这里的民族构成大多是跨境民族，地缘和血缘关系都比较近，人员往来频繁。

一、中印缅孟经济走廊的缘起

1918 年，孙中山在其《建国方略》中对中国铁路规划出一条线路：广州—广西—云南—缅甸。今天学界提出的中缅孟印经济合作构想基本上沿袭了孙中山先生的规划思路。中印缅孟地区经济合作是 20 世纪 90 年代末期由中国云南学术界提出并得到印缅孟响应的合作构想。1997 年，云南省社科院的一些学者在印度参加一个地区发展研讨会时，双方商定要经常进行交流。1998 年印度核试验之后中印关系一下降到冰点，但云南学术界和印度学者的交往并没有因此中断。

1999 年，中印缅孟四方在昆明举办第一届中印孟缅地区经济合作大会，与会的四国学者就地区合作达成一致并签署《昆明倡议》，规定每年召开一次会议。此后，四国轮流举行了多届会议，签署了数份联合声明。论坛的目的是通过加强四国毗邻地区的经济合作，改变中印缅孟这一次区域贫穷落后的面貌。第九届论坛的联合声明提出了建设昆明—曼德勒—达卡—加尔各答经济走廊的构想。四国经过 14 年的研讨，议题已经从交通的连通性、经贸关系的发展、旅游合作等，扩展到科技教育合作、学术及文化交流、社会发展及安全等问题，实际上已经涉及了经济走廊建设的全部内容。① 2013 年 5 月，李克强访印期间发表了中印联合声明。声明表示：“双方对孟中印缅地区合作论坛框架下的次区域合作进展表示赞赏。鉴于 2013 年 2 月孟中印缅汽车拉力赛的成功举行，双方同意与其他各方协商，成立联合工作组，研究加强该地区互联互通，促进经贸合作和人文交流，并倡议建设孟中印缅经济走廊。”中印缅孟经济走廊在这里被正式以官方的名义提出来，也就是说，四国地方之间的合作被提升到国家的层面。

① 参见任佳：《孟中印缅地区经济合作与经济走廊建设构想》，《东南亚南亚研究》2014 年第 1 期。

二、中印缅孟经济走廊的内容

云南省处于古代南方丝绸之路要道，与越南、老挝、缅甸三国接壤，拥有面向“三亚”（南亚、东南亚、东亚）、肩挑“两洋”（太平洋、印度洋）的独特区位优势。也就是说，云南天然地就具有经济走廊的功能。不过，不同的地方，其经济走廊的功能是不同的。那么，以云南昆明为起点的中印缅孟经济走廊的内容是什么呢？

第一是交通走廊。昆明是西南城市群中的重要城市，而西南城市群的功能就是向中南半岛、印度半岛辐射。在内部，城市群的重要连接线是交通，包括公路、铁路、航空线；对外部，城市也是以公路、铁路、航空线为连接线对外进行辐射的。中印缅孟经济走廊从名称上似乎只涉及中国、印度、缅甸、孟加拉国四国，但实际上，其以昆明为辐射点，向外有两条射线：一条是昆曼公路（泛亚铁路的中线），其与泛亚铁路东线一样都是指向太平洋的，辐射的区域大致是东盟国家。这条线从昆明经万象至新加坡总长度为3900公里。另一条是从昆明出发经瑞丽、缅甸的曼德勒最后达到缅甸印度洋的实兑港，总长度大约1700公里，直接连接印度洋。这条线实际上能源管道早已贯通，但公路、铁路尚在争议之中。如果这条线的铁路能够贯通，那么正如一些学者所说的那样，中国传统的“一洋战略”将发生改变，通过打通大西南铁板一块的陆上通道面向印度洋开放，更加安全稳妥的“两洋战略”将得以实现。中印缅孟经济走廊的辐射范围实际上覆盖南亚的印度、孟加拉国以及东南亚的中南半岛国家，从而带动南亚、东南亚、东亚三大经济板块联合发展，并通过四国延伸带动亚洲经济最重要三块区域的联动发展。因此，无论是对外还是对内，中印缅孟经济走廊就是要发展多方式联运，形成横贯东中西、联结南北的对外经济走廊，在亚洲公路网线、铁路网线的基础上，加快互联互通的交通网线建设，打造一条畅通无阻的交通走廊。

第二是能源走廊。中国是最大的能源进口国，能源进口主要来自西亚北非地区，长期以来依赖于马六甲海峡。中国进口石油量的80%以及进出口物资的50%要经过该海峡。可以说，马六甲海峡是中国经济的生命线。马六甲海峡一直是马来西亚、印度尼西亚和新加坡三国实施共管，但问题是，这三国海上力量不足，巡防海峡的人力、物力有限，特别是印度尼西亚和马来西亚财政拮据，管理低效，执法能力较弱。同时，三国对海上恐怖主义的看法是有所区别的。正如有学者所指出的那样，海盗和海事安全被新加坡视为安全问题，被马来西亚视为政治问题，但是在印度尼西亚却什么也不是。这样的分歧自然会影响到三国联合打击海上恐怖主义的合作。由于马六甲海峡的重要地位，近年来大国军事介入该海峡的战略意图明显，早在 1986 年美军就把其列为必须控制的世界 16 大咽喉水道之一。为此，美国一方面利用海峡附近的军事基地来加强控制，如近年来美军取得了海峡的桥头堡——新加坡樟宜海军基地使用权，部署在新加坡的战舰 24 小时内即可控制整个海峡；另一方面以打击海上恐怖活动为借口试图直接在海峡驻军。日本近年来也借口打击海盗多次试图派舰艇赴海峡协助武装巡逻；同时还把海峡列为其“周边事态”行动范围，与新加坡达成了必要时使用其港口基地的协议，与海峡沿岸国不断举行联合军演，并引进大型喷气式侦察机以提高对海峡的远程侦察和打击能力。印度则把马六甲海峡作为其实施“东进”战略的必经之路，近年来加快了安达曼—尼科巴群岛基地的建设，该基地扼守从海峡进入印度洋的北纬 10°航道。另外，印度还与美国达成协议，两国海军轮流派舰艇担负海峡护航任务，这样使中国在利用这一通道时可能会受制于人，陷入被动局面。鉴于此，中国一直谋求从缅甸印度洋海港铺设一条能源管道直达昆明，2015 年 1 月，中缅能源管道正式开通。该管线长达 2400 公里，日输送原油能力为 44 万桶，这样中国从根本上可以走出“马六甲困局”。这也从另一方面体现了能源走廊在中印缅孟经济走廊中的战略地位。

第三是商贸物流走廊。“一带一路”就是要实行货物流、资金流、技术流、人才流、信息流的互联互通。中国毗邻越南、老挝、缅甸三国，边境线长达 4060 公里。在如此漫长的边境线和广袤的边疆域土上，分布着 16 个国家一类口岸和 7 个二类口岸，在总共 23 个口岸中，有 3 个航空口岸、2 个水路口岸、1 个铁路口岸和 17 个陆路口岸，这些以瑞丽、河口、腾冲猴桥、磨憨和昆明机场为核心的口岸形成了陆、水、空全方位开放的格局，有力地促进了中国同东南亚、南亚的客货运输和经济大循环的发展。以磨憨口岸为例，磨憨属于中国勐腊（磨憨）对外开放试验区的核心区域，对面是老挝磨丁口岸，是老挝的特区。磨憨边界线长约1000公里，试验区的面积是16平方公里，昆曼公路和已经开始修建的泛亚铁路中线都穿过这里，因此磨憨口岸的主要功能就是仓储、物流、边贸以及旅游观光。特别是这里是东南亚的木材以及热带水果向中国大陆输出的必经之地，因此中印缅孟经济走廊应该是一个商贸物流走廊。

第四是产业合作的走廊。当前全球产业正在加紧重新布局，中国东部沿海地区的产业受稀缺资源的影响也正在逐渐向中西部和东南亚地区转移。这里地处热带雨林，在产业布局上要保护生物多样性和热带雨林，因此可以借助于已有的国际产业园进行产业合作布局；与印度西孟邦、孟加拉国吉大港、缅甸曼德勒工业园区进行合作，实行产业互补性的布局，构建一个兼有农产品加工区、农用机械化肥农药产业园区、软件、纺织、畜牧、特色农业，以及沿边金融、电子商务、医疗保健等产业在内的国际产业园。

第五是人文交流的走廊。这一带基本上是跨境民族，相邻各国的民族相同性程度较大，人文交流的基础比较好，因此可以在昆明、瑞丽、磨憨、腾冲、河口等国家一类口岸建设人员便利化通道，以促进边境旅游、入境旅游项目和边境省邦节庆活动；也可以在中心城市开展教育、人力资源培训、语言文化交流、学术交流活动；鼓励民间自驾车旅游、汽车拉力赛、边境文化旅游、民族体育赛事等民间文化项目，使之成为跨境旅游集散地、跨境体育赛事基地等。这样，人文走廊也会促进经济走廊的发展。

三、中印缅孟经济走廊的机遇与挑战

建设中印缅孟经济走廊既有机遇也有挑战。从机遇来看，首先，相关各国都在加快对外开放的步伐，尤其是中国、印度两个大国都在以经济发展为目标，全面实行经济改革的政策。中国通过“一带一路”建设来提高对外开放的水平，而印度目前也在推进国内经济的改革和提升对外开放的程度。从两个大国的情况来看，这可以说是政策对接的绝好机遇。在两个大国的带动下，缅甸、老挝乃至整个东南亚的国家都积极参与到地区经济现代化的进程之中。所以，推进经济走廊恰逢最佳时机。

其次，相关各国边境贸易一直非常活跃，双边贸易关系实际上非常紧密。中印缅孟四国经贸合作不断上升，仅从贸易方面来看，中国与印孟缅贸易额从2000年的44.53亿美元上升到2012年的818.95亿美元。更重要的是，中国和印度不仅是金砖国家内部经济增长最快的国家，也是整个世界增长最快的经济体。除此之外，孟加拉国近年来经济也出现了持续增长的势头，正在成为承接全球传统制造业转移之地，传统制造业成为孟加拉国经济增长的重要引擎。因此，中国作为传统制造业的转出地也就顺理成章地成为孟加拉国的投资大国之一。中国与缅甸的经济合作也在稳步上升。

再次，这里已经形成较为畅通的航线、公路。航空港是互联互通最重要的连接点，以昆明为中心的西南航空线近年来相继开通：2003年开通昆明—曼德勒航线；2005年开通昆明—达卡航线；2007年开通昆明—加尔各答航线；2009年开通昆明—加德满都航线；2010年开通昆明—科伦坡航线和昆明—马累航线；2010年开通德宏—曼德勒航线。同样以昆明为中心的国际公路网络也连接成网：2001年连通印度莫里—德木口岸的印缅友谊路开通；2007年连通中国云南腾冲和缅甸密支那的腾密路开通；2008年史迪威公路印度段提升等级；昆曼公路更是连接东盟国家的主干道，现在正在实施提升工程，拓宽车道，从而提升其运营能力。

此外，云南各州、县从中国东部地区引进汽车、电子等产业，这些与原有的旅游、特色农业、木材加工、医药等产业结合起来形成了本地区的特殊产业链。另外，这里还可以引进生物制药等产业，以保护热带雨林的生物多样性。

从中印缅孟经济走廊面对的挑战来看，首先是毒品走私的问题。云南地处中国西南，是中国对东盟国家开放的前沿。但是，种植罂粟是东南亚金三角地区的特殊产业，毒品走私是该地区最大的危害。东南亚毒品走私的传统路线是经云南进入中国内地。近年来，中国云南警方加大了打击力度，毒品走私在云南得到了很好的遏制。但是，这是一场持久战，建设中印缅孟经济走廊也需要全力以赴地合作打击毒品走私。

其次是恐怖主义的威胁。冷战结束以后，恐怖主义一直是世界的头号公敌。"9 · 11"事件以后，恐怖主义沿着三条线向世界各地蔓延，其中一条就是中亚—阿富汗—巴基斯坦—印度—东南亚。这一带不仅有"基地"组织、塔利班，还有活跃在菲律宾的阿布萨耶夫组织。当然，更严重的问题是，中国新疆的"东突"分子也开始向全国渗透，2014 年 3 月 1 日爆发的昆明火车站暴力恐怖案正是以阿不都热依木 · 库尔班为首的新疆分裂势力一手策划组织的严重暴力恐怖事件，共造成 31 人死亡、141 人受伤。2015 年 8 月 17 日晚，泰国曼谷市中心著名旅游景点四面佛附近发生爆炸，造成 20 人遇难。因此，恐怖主义是经济走廊建设的最大威胁。

再次，中印两国的政治关系也是推进经济走廊建设的重要变数。"一带一路"和中印缅孟经济走廊都是中国首先提出的倡议，印度总体上还是对此持积极态度的，但毕竟中印两国存在着边界问题；而且，印度在追逐"大国梦"的道路上总会对中国持有戒心，对中国倡议的落实也无疑会打一些折扣。因此，政治对经济走廊建设的影响始终是存在的。

最后就是缅甸局势。缅甸的局势一直不太稳定，尤其是缅北不时爆发政府军与少数民族地方武装组织（民地武）之间的武装冲突，近来紧张局势升级更引发周边国家关注。中国与缅北相邻，民族相近，所以缅甸的局势涉及中国的西部安全和战略布局，并直接影响中印缅孟经济走廊的建设。

第二节　中巴经济走廊

2013 年 5 月，李克强总理访问巴基斯坦时，提出要打造一条北起喀什、南至巴基斯坦瓜达尔港的经济大动脉，推进互联互通。同年底，习近平主席提出"一带一路"战略构想，中巴经济走廊作为"一带一路"的有益补充，战略重要性进一步提升。2015 年 3 月发布的《推动共建丝绸之路经济带和 21 世纪海上丝绸之路的愿景与行动》则明确提出，"中巴、孟中印缅两个经济走廊与推进‘一带一路’建设关联紧密，要进一步推动合作，取得更大进展”。中巴经济走廊对中国以及“一带一路”战略的意义不言而喻。如果将瓜达尔港作为中东至中国石油输送管道的起点，将把经由阿拉伯海及马六甲海峡长达1.2万公里的传统路线缩短为2395公里，这将大大提高中国能源运输的保障能力。更为重要的是，中巴经济走廊是“一带一路”西部的重要交会点，对“一带一路”战略构想的实施将起到举足轻重的作用。正因如此，中巴经济走廊建设又被誉为“一带一路”的旗舰项目和样板工程。中巴经济走廊旨在加强中巴之间交通、能源、海洋等领域的交流与合作，加强两国互联互通，促进两国共同发展。中巴经济走廊起点在喀什，终点在巴基斯坦瓜达尔港，全长3000公里，北接“丝绸之路经济带”，南连“21世纪海上丝绸之路”，是贯通南北丝路的关键枢纽，是一条包括公路、铁路、油气和光缆通道在内的贸易走廊，也是“一带一路”的重要组成部分。

一、中巴经济走廊的主要内容

习近平主席2015年4月出访巴基斯坦，明确强调双方合作的具体重点方向将以中巴经济走廊建设为中心，以瓜达尔港、交通基础设施、能源、产业合作为重点，形成“1+4”合作布局，即一个港口（瓜达尔港）和三大领域（基础设施、能源、产业）的合作格局。这也就是中巴经济走廊的主要内容。

首先是基础设施，也就是中巴经济走廊的线路。中巴经济走廊在中国境内始于新疆南部地区的喀什，至红其拉甫口岸约450公里，由国道314线连接，后经红其拉甫口岸出国沿N35喀喇昆仑国际公路进入巴基斯坦境内，首都伊斯兰堡全线约520公里。巴基斯坦境内沿线有多座海拔在5000—8000米的雪峰，特别是红其拉甫达坂—苏斯特公路口岸段，沿线河谷幽深，且多冻土地带。中巴经济走廊建设中的中巴铁路将经过赫维利亚、阿巴塔巴德、吉尔吉特，预计建设费用102.37亿美元，预计工期15年。后续工程将实现中巴铁路和油气管道的全线贯通，而作为更为基础性的工程——由中国路桥工程有限责任公司负责实施的喀喇昆仑公路改扩建项目已经正式竣工。扩建后的喀喇昆仑公路由 10 米宽扩为 30 米宽，车辆时速可达 80 公里，运输能力提高 3 倍，同时适合大型载重车辆通行。中巴喀喇昆仑公路的扩建在很大程度上改善了进一步建设中巴铁路和油气管道的基础条件。中巴经济走廊建成以后北段可与中国新疆的铁路公路油气管线连接，油气和原材料均可通过“西气东输”和兰新线陇海线运达中国东部及沿海各港口。巴基斯坦瓜达尔港到中国东部城市连云港约 6700 公里，而沿海路经马六甲和台湾海峡运输距离将近 1.5 万公里。更为重要的是，中巴经济走廊往西北可连接丝绸之路经济带。因此，喀什就成为中巴经济走廊和丝绸之路经济带的双桥头堡，成为贯穿中亚南亚的交点。中巴经济走廊还是一条直接辐射吉尔吉斯斯坦、阿富汗、伊朗、印度、波斯湾地区的经济通道。

其次是港口。瓜达尔港位于巴基斯坦西南部俾路支省，是一座天然深水良港。2001 年，应巴时任总统穆沙拉夫的请求，中国政府同意参与援建瓜达尔港，并以无偿援助、优惠贷款和低息贷款等形式向巴方提供 1.98 亿美元融资，同时提供技术支持。2002 年 3 月 22 日，瓜达尔港正式开工兴建，项目总承包商为中国港湾工程有限责任公司。目前，瓜达尔港工程已正式竣工。作为中巴经贸合作的标志性工程，瓜达尔港成为新世纪中巴友谊的重要见证。中国海外港口控股有限公司 2013 年 2 月开始接管瓜达尔港的运营，瓜达尔港距全球石油运输主要通道霍尔木兹海峡只有约 400 公里，利用中亚与该港口相连的公路与铁路，中国有望开辟一条向新疆等西部地区输送能源的通道，从根本上摆脱“马六甲困局”。

再次是项目。中巴经济走廊体现其“经济”意义的是项目。根据中巴两国政府的规划，中巴经济走廊已经确定的项目共有 31 个，其中能源建设项目 16 个、涉及民生基础设施 11 个、其他综合项目 4 个。主要包括：从雷科特经曼塞赫拉到伊斯兰堡的喀喇昆仑公路二期、卡拉奇—拉合尔高速公路木尔坦苏库尔路段、赫韦利扬无水港、拉合尔轨道交通线项目、光缆建设、地面数字电视传输系统（DTMB）在巴基斯坦落地、瓜达尔港东岸高速公路、新瓜达尔国际机场、瓜达尔水净化和供应输送工程、瓜达尔中巴技术和职业研究所、瓜达尔医院、瓜达尔港疏浚工程、瓜达尔防波堤建设、俾路支省加达尼的码头和基础设施建设、从加达尼到拉合尔和费萨尔巴德的电力输送、塔尔煤田采矿项目、塔尔火电站项目、加西姆港火电站、加达尼火电站、旁遮普省沙西瓦尔火电站、科哈拉水电站项目、卡洛特水电站项目、苏基—克纳里水电站项目、谢胡布尔火电站项目等。在中巴提出建设经济走廊之前，巴方就提出了建设“能源走廊”和“贸易走廊”的构想。2006 年 2 月，时任巴基斯坦总统穆沙拉夫访华时，双方不仅发表了《联合声明》，签署了《中巴能源领域合作框架协议》，而且再次提出建设中巴“能源走廊”的构想。此前，中巴已在水电、核电等领域进行了能源合作。如在巴旁遮普省恰希玛建立了两座民用核反应堆，每座发电能力为 300 兆瓦。两国还计划再建造两座具有同样发电能力的反应堆。另外，2015 年 4 月 20 日，中国国家主席习近平在巴基斯坦伊斯兰堡同巴总理纳瓦兹·谢里夫举行了中巴经济走廊五大项目破土动工仪式，并签订了中巴 51 项合作协议和备忘录，其中超过 30 项涉及中巴经济走廊。正式动工的 5 个项目是：720 兆瓦卡洛特（Karot）水电项目；50 兆瓦的达乌德风电项目；50 兆瓦萨察尔（Sachal）风电项目；900 兆瓦电力工业园区；吉姆普尔（Jhimpir）100 兆瓦的 UEP 公司风力发电项目。此外，中国与巴基斯坦在卫星导航的合作也将是中巴经济走廊的重要内容。2013 年 9 月，在第 64 届国际宇航大会期间，中巴双方签署了《巴基斯坦国家位置服务网一期工程协议》，将在巴基斯坦第一大城市卡拉奇建设由 5 个连续运行参考站组成的 CORS 网络。这是中国北斗系统首个海外 CORS 网（组网）官方项目，这一方面加速了中国北斗卫星导航系统的国际化进程，另一方面北斗导航在巴基斯坦的落地以及由此将带来的产业链的发展，将与前述其他项目一起共同推进中巴经济走廊的发展。

最后是外交走廊。中国一直致力于周边外交，中亚、南亚主要国家都与中国相邻，西亚虽然没有与中国相邻，但也属于中国的大周边外交框架之中。而巴基斯坦位于南亚次大陆西北部，地处南亚、西亚、中亚和中国四大地缘政治板块的中心位置，是中国通往中亚、西亚、南亚的重要桥梁。因此，中国必须建设好中巴经济走廊，通过经济发展对中亚、西亚、南亚产生经济示范效应，从而构筑以经济合作为核心的欧亚大陆外交走廊。

二、建设中巴经济走廊的战略意义

鉴于中巴关系发展历程和近年来取得的积极进展以及中巴关系具有的更加重要的战略意义，在习近平主席 2015 年 4 月 20 日访问巴基斯坦时双方一致同意将中巴关系提升为全天候的战略合作伙伴关系，不断深化中巴命运共同体内涵，致力于中巴世代友好。为此双方签署和发表了《中华人民共和国和巴基斯坦伊斯兰共和国关于建立全天候战略合作伙伴关系的联合声明》。不过，与双边政治关系相比，双边的经济关系相对滞后，双边贸易额才刚刚突破 150 亿美元，双方表示力争在 3 年内将双边贸易额提升至 200 亿美元，并采取适当方式缓解贸易不平衡状况。在这样的背景之下，建设中巴经济走廊无疑具有重要的战略意义。

第一，有利于打击恐怖主义、分裂主义和极端主义三股势力。三股势力长期活跃在中亚、南亚一带，尤其是巴基斯坦深受恐怖主义之害，巴基斯坦的政局一直不稳定，很大程度上与三股势力有关。诚然，巴基斯坦一直在努力打击宗教极端势力、恐怖主义活动，但从现实来看，巴基斯坦的恐怖主义问题并未得到实质性的好转。从 2003—2013 年的情况来看，平民伤亡的情况越来越严重。2003 年时，仅有 140 个平民在恐怖袭击活动中丧生，到了 2013 年却增加到了近 3000 人。恐怖主义不仅扰乱了巴基斯坦的政局，而且建设中巴经济走廊也就意味着相应的项目、工程、人员均有可能会成为巴基斯坦恐怖主义袭击的目标。早在 2004 年，就有 3 名中国工程人员在巴基斯坦恐怖袭击中遇难；2007 年 7 月，3 名中国工人遭巴基斯坦恐怖分子袭击身亡；2006 年 2 月，3 名在巴中国技术人员遭到杀害；2008 年 7 月，一辆搭载 7 名中国工程人员的汽车途径俾路支省时遭遇炸弹袭击，所幸车内无人伤亡，但炸弹袭击的目标显然是中国工程师；2013 年 6 月，2 名中国公民在巴基斯坦遇袭身亡。从以上情况来看，除了西方以外，中国人正日益被当作恐怖主义袭击的理想目标。在这样的背景下，经济走廊建设的安全环境难以得到应有的保障。但是，正义不能被邪恶所吓退。恐怖主义的经济根源就是贫困，因此阻碍恐怖主义的经济手段就是发展经济。中巴经济走廊的目标就是谋求中国与巴基斯坦的共同发展。在经济发展、民众富裕的情况下，恐怖主义就没有可乘之机了。

第二，有利于夯实中巴全天候战略合作伙伴关系的基础。中巴双方虽然签署了《中华人民共和国和巴基斯坦伊斯兰共和国关于建立全天候战略合作伙伴关系的联合声明》，而且根据《联合声明》，双方将以中巴经济走廊为引领，以瓜达尔港、能源、交通基础设施和产业合作为重点，形成“1+4”经济合作布局；并且双方同意尽快完成《中巴经济走廊远景规划》和积极推进喀喇昆仑公路升级改造二期（塔科特至哈维连段）、瓜达尔港东湾快速路、新国际机场、卡拉奇至拉合尔高速公路（木尔坦至苏库尔段）、拉合尔轨道交通橙线、海尔—鲁巴经济区、中巴跨境光缆、在巴实行地面数字电视传输标准等重点合作项目及一批基础设施和能源电力项目，但是中巴全天候战略合作伙伴关系的经济基础并不牢靠。目前，中巴已签署了多个经贸合作协议和五年规划。2005 年 12 月中巴签署了《中巴自由贸易协定早期收获协议》，3000 多种产品先期实施降税。2006 年 11 月签署了《中巴经贸合作五年发展规划》和《中巴自由贸易区协定》，分两个阶段对全部货物产品实施降税，同时对巴方来华企业给予优惠。2009 年 2 月两国签署了《中巴自由贸易区服务贸易协定》，成为迄今两国各自对外国开放程度最高、内容最全面的自贸区服务贸易协定。目前，巴基斯坦是南亚第一个与中国签署自贸协定、服务贸易协定和货币互换协议的国家，也是中国在南亚地区重要的投资目的地和海外工程承包市场。中国是巴基斯坦的第二大贸易伙伴和第四大出口目的地。两国在能源、基础设施、水利、农业、电信、金融等领域进行了广泛合作。巴基斯坦还计划在靠近中国新疆的吉尔吉特—巴尔蒂斯坦地区设立一个边贸经济区，以促进中巴经贸关系发展。然而，中巴之间的经贸关系是严重不平衡的，这不利于推进中巴全天候战略合作伙伴关系。在明确建设中巴经济走廊后，2013 年中国政府正式批准《喀什经济开发区总体发展规划》和《霍尔果斯经济开发区总体发展规划》，进一步明确了这两个经济开发区的战略定位与产业布局。在产业方面，喀什经济开发区重点发展商贸物流、出口机电产品配套组装加工、农副产品深加工、纺织、建材、冶金、进口资源加工、机械制造、旅游、文化、民族特色产品加工、生物技术、可再生能源、新能源、新材料等产业。喀什经济特区正发挥着中国东联西进的出口商品加工基地、西进东销的商品集散地和国际商贸购物中心的作用。另外，喀什还举办了多届“中国新疆喀什·南亚中亚商品交易会”，这使喀什成为中国西出贸易和进军南亚、中亚、西亚国家的前沿阵地。总之，建设中巴经济走廊将极大地推进中巴经贸关系，从而夯实两国全天候战略合作伙伴关系。

第三，有利于突破战略上的困锁。中国过去一直强调自己作为一个陆权国家而存在，但随着现代化建设的资源日益紧张，而海洋却能够提供相应的资源，所以近些年来中国越来越重视海洋，实施海洋强国战略，从而推行陆权海权并重的战略。然而，中国不仅陆上“走出去”的通道非常少，海上“走出去”的通道也受到岛链的困锁。尤其是美国在宣布其外交政策向亚太地区进行战略转变之后，在澳大利亚的达尔文部署了海军陆战队，在新加坡也部署了军舰，也就是说，美国可以轻而易举地封锁马六甲海峡以及通过巽他海峡的替代路线。从这方面来看，中巴经济走廊的建设可以在战略上对美国重返亚洲的战略进行一定程度上的缓冲，为中国应对美国的战略压力获得缓冲地带。因此，建设中巴经济走廊，推进中巴能源合作，将有利于中巴能源供应渠道多元化，缓解两国石油紧张状况，维护石油安全，促进经济共同发展。同时，从巴基斯坦瓜达尔港铺设到中国的能源通道可以将来自中东、非洲的石油和天然气通过巴基斯坦输往中国，这不仅意味着中国继中缅输油管道之后又开通了一条不经马六甲海峡而从阿拉伯海直接输入能源的通道，而且可大大缩短中国进口油气的距离，节约时间成本，还可使中国利益更好地与主要石油出口国的利益保持一致，减少与其他大国的利益冲突。

三、中巴经济走廊的主要风险

相比中印缅孟经济走廊和中蒙俄经济走廊，中巴经济走廊建设中面临的潜在风险是最大的，主要表现在：

第一，巴基斯坦政局不稳的风险。巴基斯坦是一个多民族国家，其中旁遮普族占63%，信德族占18%，帕坦族占11%，俾路支族占4%；95%以上的居民信奉伊斯兰教（国教），少数信奉基督教、印度教和锡克教等。巴基斯坦也是一个多种教派的国家，主要是逊尼派和什叶派及其各自的支派。在巴穆斯林中，逊尼派穆斯林约占90%，什叶派穆斯林约占10%。逊尼派中，一部分信徒属于阿赫默迪亚派。2013年，阿赫默迪亚派成员达1000多万，其中400万在巴基斯坦，主要聚居在旁遮普省，其余600万人散居世界各地。什叶派中多为十二伊玛目派，巴基斯坦各省均有；伊斯玛仪派（亦称“阿加汗派”）居少数，主要居住在卡拉奇和北部地区。巴基斯坦还是一个多政治派别的国家，境内主要政治派别包括：巴基斯坦穆斯林联盟（谢里夫派）、巴基斯坦人民党、正义运动党，以及巴基斯坦穆斯林联盟（领袖派）、统一民族运动党、人民民族党等。巴基斯坦各教派、各政治派别之间存在着较大的政治分歧，所以巴政局长期不稳定。虽然巴基斯坦各派政治力量跟中国的关系都保持较好，但不同教派、不同政治力量对政权的争夺以及由此导致的政局动荡势必影响中巴经济走廊的推进。

第二，恐怖主义的风险。正如前文所说，巴基斯坦一直深受恐怖主义之害，甚至连政局的动荡也在一定程度上受恐怖主义的影响。尤其是藏匿在巴基斯坦的塔利班，已经成为巴基斯坦最头痛的事。也正因为如此，巴基斯坦在美国的反恐战略中占据着十分重要的位置。中巴经济走廊的推进完全靠项目，大量的工程建设无疑需要一个和平稳定的环境。另外，巴基斯坦的恐怖分子与中国新疆的“东伊运”等恐怖组织有着千丝万缕的联系。因此，无论是合作打击恐怖主义，还是共同谋求发展，中巴经济走廊都非常重要。

第三，外部势力的干扰所带来的风险。中亚、南亚的动荡固然主要是内部因素所致，但外部力量的干扰在不少情况下也成为加剧动荡的重要因素。美国一直在推行“重返亚洲”的战略，显然主要是针对中国的，目的就是要遏制中国崛起的势头并掌控中国崛起的进程。但问题是，如果美国没有掌控好作为中国全天候战略合作伙伴的巴基斯坦，无论它怎样重返亚太和推行再平衡战略，都难以遏制中国。正因为这样，美国一直借“反恐”试图将巴基斯坦纳入其战略框架之中，以对中国实施两头挤压，这样对中巴经济走廊来说就是一个潜在的战略风险。

第三节　中蒙俄经济走廊

2014 年 9 月习近平主席在出席中俄蒙三国元首会晤时说，中方提出共建丝绸之路经济带倡议，获得俄方和蒙方积极响应；可以把丝绸之路经济带同俄罗斯跨欧亚大铁路、蒙古国“草原之路”倡议进行对接，打造中蒙俄经济走廊。他指出，中俄蒙三国是好邻居、好伙伴，需要增进三方互信，促进互利共赢合作，实现优势互补，共同发展，推动东北亚区域合作进程。2015 年 4 月，中蒙俄已就启动三国经济走廊建设达成共识。因此，连通欧洲和中国的欧亚之路将会有两条，一条经俄罗斯，一条经中亚。中蒙俄经济走廊将横跨亚欧大陆，把中方倡议的“一带一路”同蒙方的“草原之路”倡议以及俄方正在推进的跨欧亚大通道建设有机结合起来。

一、推进中蒙俄经济走廊建设的契机

中国、蒙古国、俄罗斯都面临着经济发展和现代化的任务，作为毗邻的三国，其发展战略高度契合。中国提出振兴东北战略，蒙古国提出国家综合发展战略与“草原之路”倡议，俄罗斯提出以“跨欧亚发展带”为抓手实施东西伯利亚和远东开发战略。中国东北是传统老工业基地，在 21 世纪其体制性和结构性矛盾日趋显现，成为东北进一步发展的重要障碍。所以，早在 2003 年中共中央和国务院就联合发布了《关于实施东北地区老工业基地振兴战略的若干意见》，标志着东北振兴战略的启动，并专门成立了以总理挂帅的国务院老工业基地调整改造领导小组。2007 年国务院又发布了《东北地区振兴规划》，目标是经过 10—15 年的努力实现东北地区的全面振兴。2009 年国务院发布《关于进一步实施东北地区等老工业基地振兴战略的若干意见》，2012 年批准《东北振兴“十二五”规划》。2014 年国务院再次发布《关于近期支持东北振兴若

干重大政策举措的意见》，要求进一步深化国企改革，全面提升产业竞争力，加快推进重大基础设施建设，全方位扩大开放合作。2015 年 4 月，李克强总理对东北地区经济形势进行考察，明确了东北“再振兴”基本战略。2015 年 7 月，中共中央总书记、国家主席习近平就振兴东北等地区老工业基地、谋划好“十三五”时期经济社会发展对东北进行调研考察。习近平主席提出四个要求，即着力完善体制机制、着力推进结构调整、着力鼓励创新创业、着力保障和改善民生的要求。他指出，坚决破除体制机制障碍，形成一个同市场完全对接、充满内在活力的体制机制，是推动东北老工业基地振兴的治本之策。

为了对接中国的振兴东北计划，2008 年蒙古国国家大呼拉尔批准实施了《基于千年发展目标的国家综合发展战略》。根据这个发展战略，蒙古国计划到 2021 年保持 12% 的经济增长率，人均 GDP 达到 1.2 万美元，具备中等收入国家的经济实力；通过不断提高劳动生产率和投资效率实现经济高速增长，发展矿产采掘业和加工业，最终摆脱对矿产资源的严重依赖。该战略确定在第一阶段建设满足矿产品出口运输需求的道路基础设施，建成同中俄两个邻国相连的欧亚跨境运输线路，租用其他国家港口开展海上运输；在第二阶段，继续拓展国内公路、铁路运输网，积极发展航运和海上运输。2014 年 10 月，蒙古国国家大呼拉尔通过决议，将在与中国邻近的两段铁路采用与中国相同的标准轨，以提高其第二大出口商品煤炭运输至其最大消费国的便利性。2014 年 9 月，蒙古国政府提出了“草原之路”构想，以对接俄罗斯的西伯利亚大铁路和中国提出的“丝绸之路经济带”。

实际上在 21 世纪初俄罗斯就开始把开发西伯利亚和远东地区提上了议程。2007 年成立了总理亲自挂帅的远东和外贝加尔地区发展委员会，并启动了《远东和外贝加尔地区 2013 年前经济社会发展联邦专项纲要》。2009 年，俄罗斯政府发布了《远东和贝加尔地区 2025 年前经济社会发展战略》，设立远东和贝加尔地区发展基金。2013 年俄罗斯科学院专家撰写的《作为国家优先发展方向的互联互通的欧亚基础设施体系》，第一次提出了“跨欧亚发展带”构想，试图以大中城市、石油和天然气生成和加工基地、新西伯利亚科学城等为依托，西伯利亚大铁路、石油和天然气运输管道为主干，吸引欧洲和亚洲国家参与，形成一系列高新技术产业集群，建成从大西洋经欧洲、西伯利亚到太平洋，进而穿越白令海峡进入阿拉斯加，连接北美的交通、能源、电信一体化的发展带。目标是在俄罗斯的亚洲部分形成现代科学工业区和欧亚、欧美货物运输通道，并建议“跨欧亚发展带”对接“丝绸之路经济带”。2014 年俄罗斯政府颁布了《关于远东和贝加尔地区社会经济发展（2014—2025 年）》国家纲要，同时俄罗斯国家杜马通过了在远东设立跨越式开发区的一揽子法案，以致力于为投资者创造最大限度的优惠条件。

二、建设中蒙俄经济走廊的意义

第一，经济走廊将带来基础设施的互联互通。正如前文所说，“一带一路”战略构想首先是基础设施的互联互通。鉴于上述战略契合，中蒙俄三国确定了关于中蒙俄经济走廊基础设施的互联互通构想：一是中国华北京津冀—内蒙古二连浩特—蒙古国乌兰巴托—俄罗斯乌兰乌德。蒙古国境内段已经规划为“草原之路”并与中、俄两国进行合作，进行铁路电气化改造，修建高速公路，铺设石油和天然气管道，架设高压输电线路。俄罗斯境内也在对西伯利亚大铁路和贝阿大铁路进行现代化改造。2014 年中国境内的二连浩特—集宁段也已开工 330 公里的扩能改造项目。二是俄罗斯赤塔—中国满洲里—哈尔滨—绥芬河—俄罗斯符拉迪沃斯托克。这一通道将黑龙江省与欧洲联系起来，同时黑龙江省也在太平洋确立了出海口。三是蒙古国乌兰巴托—乔巴山—霍特—中国阿尔山—白城—长春—珲春—俄罗斯扎鲁比诺港。2009 年国务院批复了《中国图们江区域合作开发规划纲要——以长吉图为开发开放先导区》，对中、蒙、俄、朝国际合作及这条中俄蒙国际大通道作出了详细规划。根据吉林省政府发布的《〈关于国务院近期支持东北振兴若干重大政策举措〉的落实意见》，吉林省将积极开辟珲春—俄罗斯扎鲁比诺港—日本新泻、珲春—扎鲁比诺港—韩国釜山陆海联运航线，加快推进中蒙“两山”铁路前期工作。2013 年 8 月中国珲春—俄罗斯马哈林诺国际联运铁路列车重启。2015 年 5 月，中国吉林珲春—俄罗斯马哈林诺—扎鲁比诺—韩国釜山国际陆海联运航线开通。除了铁路运输，中蒙俄经济走廊还包括能源管道建设：一条是俄罗斯的天然气东线天然气管道从东北到北京；另一条是俄罗斯东线东向的石油管道，基本上沿着西伯利亚大铁路走，再从中国的黑龙江、大庆到北京。①

第二，经济走廊将促进东北亚城市群更趋成熟。从中国内部来看，东北城市群没有真正形成，尽管都是中国的老工业基地，基础好，城市化发育也比较早，但东北的城市群并没有连成一片。从东北亚来看，国际城市发展不仅受制于政治（如朝鲜半岛南北政治问题），也受制于相关国家的战略重心（如长期以来中国的战略重心在东南沿海，俄罗斯的战略重心在欧洲部分），所以难以形成国际城市群。中蒙俄经济走廊建设，从内部来看，将会促进东北城市群与京津冀（环渤海湾）城市群逐渐形成，也会使这两个城市群进一步向内蒙古地区拓展。从国际来看，经济走廊的建设也会通过基础设施的互联互通使中国东北城市群、环渤海湾城市区与蒙古国、俄罗斯的相关城市形成更加紧密的关系。

第三，经济走廊将推进东北亚地区的经济一体化进程。《推进共建丝绸之路经济带和21世纪海上丝绸之路的愿景与行动》在中蒙俄经济走廊建设方面指出，“发挥内蒙古联通俄蒙的区位优势，完善黑龙江对俄铁路通道和区域铁路网，以及黑龙江、吉林、辽宁与俄远东地区陆海联运合作，推进构建北京—莫斯科欧亚高速运输走廊，建设向北开放的重要窗口”。东北地区交通基础设施的互联互通将促进整个东北亚地区的区域经济合作。虽然朝鲜半岛南北问题一直是东北亚地区合作的最大困惑，但中韩自贸区谈判已经取得重大进展。中俄经贸关系也日益加深，尤其是双方在东北的边贸关系十分活跃。蒙古国更是要寻求“第三邻国”作为其外交政策的核心，将自己的矿产资源出口到俄罗斯和中国以外的第三国，如日本、韩国和东南亚其他国家。日本和韩国也迫切需要俄罗斯和蒙古国的能源和矿产原料。因此，尽管韩国、日本并非“一带一路”的沿线国家，但在建设中蒙俄经济走廊和东北亚经济合作的问题上，完

① 参见李新：《中俄蒙经济走廊助推东北亚区域经济合作》，《俄罗斯东欧中亚研究》2015年第4期。

全可以吸引日本和韩国等国的加入，共同推进东北亚区域经济合作。

三、建设中蒙俄经济走廊的制约因素

第一，由于不少中国人在俄罗斯远东地区从事商贸、劳务等工作，因此在俄罗斯各种刊物上刊登的关于警告“黄种人危险”的文章仍然存在，“中国威胁论”、“人口扩张论”并没有销声匿迹。这个问题从俄罗斯独立初期就存在，但迄今为止仍然是制约中俄战略协作伙伴关系的重要因素。同时，随着中国孔子学院在俄罗斯设立，汉语一度在俄罗斯热了起来，结果在俄罗斯内部出现了所谓的“汉语殖民”之说。这些无疑是建设经济走廊的负面因素。

第二，由于俄罗斯、蒙古国使用的是宽轨标准 1520 毫米，而中国采用的是 1435 毫米，因此在中蒙和中俄以及俄罗斯与欧洲的边境口岸过境列车都要经过换装过程。蒙古国自 2008 年开始制订铁路建设规划，但关于究竟采用何种轨距的讨论一直拖延，直到 2014 才明确在蒙古国境内主要用宽轨，靠近中国边境地区使用标轨。然而，这仍然难以进行普遍性对接。

第三，俄罗斯、蒙古国在东北亚地区主张东亚多元化合作，而中国更希望其优先选择中国，因此在这个问题上三方的认知还是有距离的。俄罗斯与东北亚地区经济合作方面最重要的项目是能源合作。在该地区，俄罗斯的政策目标是试图与东亚各国建立多元的新型合作关系，积极谋求加入东亚的政治经济一体化进程。蒙古国主要是矿产品出口，同样是谋求多元的出口渠道。在此情形下，中蒙俄经济走廊就会淡化甚至被边缘化。

第八章
“一带一路”建设与中亚非传统安全治理

中亚地区是上海合作组织覆盖的核心区域，也是“一带一路”建设的核心区域之一。19 世纪英国著名地理政治学家麦金德（Halford John Mackinder）有句名言：“谁统治了东欧，谁就统治了世界的心脏地带；谁统治了世界的心脏地带，谁就统治了世界岛；谁统治了世界岛，谁就统治了世界。”麦金德所谓的“心脏地带”就是指从东欧到中亚的广大地区。且不说麦金德的这个判断是否正确，但中亚的确处于欧亚大陆的“心脏地带”，而令人不解的是，这个“心脏地带”为什么长期处于现代化的边缘？

第一节　中亚：“心脏地带”为何长期处于现代化边缘

中亚地区是多种文明、多种宗教的交汇处，处于中国文明、印度文明、两河文明和希腊、罗马文明的中间地带。由于受多种文明的影响，一方面，中亚在文明对话与交流中起到了非常重要的桥梁纽带作用；另一方面，这也意味着中亚是一个极易受到周边大国势力冲击的地区。在文明交流与对话的过程中，中亚自身也被蒙上了神秘的面纱，充满了富于变化的文明形态。每当一种强势文化进入这一地区时，随着作为这种文化的载体和后盾的政治、军事实力的消长，其势力范围也随时发生着波动。也正因为如此，欧亚大陆这个“心脏地带”的地缘形势长期以来缺乏稳定。

纵观历史，不同类型的文明之间并非总是在对话与交流中发展，文明的发展也充满了血与火的争夺。当然，这不能作为亨廷顿“文明冲突论”的依据。人类的发展在一定程度上就是通过不同类型文明之间较量而发展到今天的。然而，文明的较量有时是非常残酷的。众所周知，中亚地区包括中国新疆地区在11世纪以前大多是信仰佛教的，但伊斯兰势力随后迅速发展并向东、向北扩展到整个欧亚大陆腹地。不同文明之间的较量有时比直接的战争更为惨烈，经过几个世纪的“伊斯兰化”，今天在中亚各国，你只能看见一些佛教寺庙的断壁残垣。

这些断壁残垣告诉人们，中亚地区既是文明交流与对话的桥梁，也是文明的“断裂带”。面对这些断壁残垣以及那些早已在宗教文化战中被毁灭的文化，人们不免油然而生惋惜之情并为此扼腕长叹。美国地缘战略家布热津斯基在其《大棋局》一书中也指出：“长期以来，中亚地区处于波斯帝国、土耳其帝国以及沙皇俄国的轮番影响之下。但这种经历并没有在这些民族之中培育起一种关于共同地区利益的意识。相反，它们不同的种族构成却使他们很容易受内外冲突的打击。”文明之间的较量背后实际上就是大国势力的争夺，这些较量与争夺为后人理解中亚长期处于落后状态提供了一个重要证据。

中亚是繁荣的古丝绸之路必经之地，是当今的恐怖高危地带。古代“丝绸之路”是一条横贯东西的商旅之路，通过这条贯穿亚欧的大道，中国的丝、绸、绫、缎、绢等丝制品源源不断地运向中亚和欧洲，中亚地区正好处于古代“丝绸之路”的“十字路口”，从而直接分享到古代中国的繁荣成果。尽管当时运输工具落后，但驼铃与马鞍却穿越中亚地区把一个个东方古老的传奇传到了遥远的西方。与此同时，古丝绸之路也因东西方之间的茶叶、丝绸、瓷器等商品贸易而成为东西方商业往来不可或缺的大动脉，中亚各族人民见证了古丝绸之路上的繁荣景象。

但是，历史的发展总会展现出它的另一面，即不同阶段性的特质。丝绸之路随着时代的变迁而逐渐退出欧亚大陆的历史舞台以后，中亚陷入被争夺、被践踏的侮辱之中，直到被纳入苏联之后，中亚地区在苏联社会主义大家庭内获得了前所未有的大发展。虽然苏联在一些具体政策上也伤害了中亚各族人民的感情，但不得不承认苏联社会主义国家把落后的中亚带进了现代化的门槛。然而，随着全球化负面作用的不断蔓延，分裂主义、极端主义、恐怖主义在20世纪80年代末90年代初不断解构苏联。苏联解体之后，三股势力合流不仅危害中亚地区的安全与稳定，而且成为国际社会的公害。

苏联解体的直接后果是中亚地缘政治地图的“碎片化”，同时由于中亚各国政权脆弱、经济贫困，因此以费尔干纳谷地为中心的地区就成为恐怖主义的老巢。恐怖势力向东、向南发展到整个新疆地区、阿富汗、巴基斯坦；向西、向南则扩展到高加索以及中东、北非等地。这样，中亚—高加索就成为一个恐怖高危地带。

中亚地区的恐怖主义虽然是随着分裂主义而活跃起来的，但它与当地经济落后有着密切的关系，甚至可以说，贫困是恐怖主义产生的经济根源。中亚各国在苏联解体之后的经济转型中都陷入严重的经济困境，民众生活水平急剧下降，这给恐怖分子提供了可乘之机，他们用收买的方式使一些人成为恐怖分子的“人体炸弹”，并通过他们来对中亚的主流社会制造恐怖事件。恐怖主义跟毒品走私联系在一起，为了获得经费来源，他们把中亚变成了毒品走私的“贸易走廊”，把阿富汗的毒品通过中亚走廊走私到中东、北非、欧洲和世界其他地方。2011年联合国“奥什中枢”计划的官员就指出，中亚的毒贩与恐怖分子串联勾结，形成了一个恐怖的网络，威胁着中亚各国的安全。20年来，中亚地区一直处于恐怖高危期。

第二节 中亚地区面临的主要非传统安全问题

一、“三股势力”问题

当前，对中亚地区的安全和稳定构成最大威胁的仍然是恐怖主义、分裂主义和极端主义。这三股邪恶势力联成一体，以宗教极端面目出现，以“民族独立”为幌子，以暴力恐怖手段煽动宗教狂热、制造民族分裂，并与毒品贩卖、武器走私、非法移民等罪恶勾当紧密联系在一起，以求在混乱中推翻中亚各国的世俗政权，建立政教合一的伊斯兰神权国家。

“三股恶势力”在中亚兴起成为气候是在20世纪90年代初。1991年12月乌兹别克斯坦的极端势力在纳曼干市发动暴乱，要求建立政教合一的伊斯兰国家政权，还针对俄罗斯等少数民族采取暴力行动，这是中亚极端主义、分裂主义和恐怖主义的第一次结合。不过在20世纪90年代中前期，除了塔吉克斯坦内战外，伊斯兰教在中亚其他国家的发展总体上还表现为相对平和的伊斯兰复兴浪潮。1992年3月塔吉克斯坦爆发内战，以不同地方势力为支撑的政府派与反对派围绕世俗政体还是政教合一体制的截然不同的选择产生冲突。政府派以原塔共成员为主，以列宁纳巴德等工业发达的北部地区为力量所在地，主张将伊斯兰的复兴限制在宗教领域，反对政教合一，得到俄罗斯和中亚国家的支持；反对派以伊斯兰复兴党为主，基本上在以农牧业为主的落后的南部加尔姆和东部巴达赫尚等地区活动，崇尚伊斯兰原教旨主义，要求政教合一，以阿富汗、伊朗、巴基斯坦和沙特阿拉伯等外部力量为靠山。双方经历了连续6年的武力冲突和拉锯战的军事较量。伊斯兰极端势力在塔吉克斯坦制造的动荡不仅一度发展为较大规模的全国性内战，而且成为中亚五国独立伊始地区内部面临的主要动乱因素。以伊斯兰复兴党为主的塔反对派在阿富汗拉巴尼政府和马苏德军队的援助下，在阿富汗北部的塔卢坎成立流亡政府，并得到伊朗、沙特阿拉伯、巴基斯坦和美国的支持。他们不断扩大武装，经常越境在塔国内制造恐怖事件，挑起武装冲突，其制造的社会动乱时常波及与塔交邻的其他中亚国家，成为20世纪90年代前中期举世瞩目的中亚地区热点问题。

20世纪90年代后期到21世纪初是中亚“三股势力”的恶性膨胀期。大致从1997年开始，穷凶极恶的伊斯兰极端势力越出塔吉克斯坦一国范围，向其他中亚国家的世俗政权发起严峻挑战。

1997年4月塔吉克斯坦总统拉赫莫诺夫（现已改名为拉赫蒙）遇刺受伤，1998年又相继发生联合国驻塔吉克斯坦观察团成员被杀、时任第一副总理拉蒂菲被刺身亡以及苦盏市暴乱、与政府军激烈武装冲突等恶性事件。塔吉克斯坦伊斯兰极端势力的猖狂也刺激了中亚其他国家的宗教极端势力的活动。1997 年 12 月在乌兹别克斯坦纳曼干州，伊斯兰极端主义者制造了杀害 4 名警察的暴力事件。1997 年末到 1998 年初在吉尔吉斯斯坦，伊斯兰极端组织也制造了多起针对该国国家安全官员的凶杀案。引人注目的是，这些宗教极端主义势力为实现建立政教合一伊斯兰政权之目标，往往采取爆炸、绑架、凶杀等恐怖主义的方式，而鉴于苏联解体后伊斯兰复兴浪潮在中亚的迅速发展，一些民族分裂主义势力为扩大社会影响，又通常打着宗教的旗号与宗教极端分子合伙兴起各种恐怖暴力事端。

中亚“三股势力”联合发难的猖獗始于 1999 年。1999 年 2 月 16 日，乌兹别克斯坦首都塔什干市接连发生 6 起爆炸事件，造成 15 人死亡，128 人受伤，这是“乌兹别克斯坦伊斯兰运动”以暗杀乌总统卡里莫夫为目标的连环恐怖行动。同年 8—10 月，该组织约 1000 名武装分子由阿富汗经塔吉克斯坦进入费尔干纳盆地，在与乌兹别克斯坦边界毗邻的吉尔吉斯斯坦南部奥什州的巴特肯山区进行大规模恐怖骚扰活动，并挟持 13 名人质，其中包括吉内卫部队司令和 4 名日本地质学家。2000 年 8 月，这伙匪徒又在乌、吉、塔三国交界的费尔干纳盆地展开多点小股的武装骚乱活动，与三个国家的政府军和驻扎在塔边境的俄罗斯边防军交火。同时，既有宗教极端势力在哈萨克斯坦南部和乌兹别克斯坦的花剌子模等地进行绑架、暗杀等恐怖暴力行动，还有哥萨克人的极端主义组织在哈萨克斯坦的一些地区从事反政府分裂活动。2001 年 5 月，哈萨克斯坦 5 名从事民族分裂活动的恐怖分子公然抢劫银行，杀死银行职员；6 月，一伙恐怖分子劫持 7 名警察作为人质。可见，中亚“三股势力”的为非作歹已到了肆无忌惮的程度，对当地社会秩序形成严重危害。

“9 · 11”事件以前，阿富汗塔利班政权和“基地”组织向中亚国家输出极端思想、恐怖主义、毒品、武器、难民和潜在的军事威胁等，构成中亚地区外部的主要安全威胁源。[①]“9 · 11”事件发生后，2001 年 10

① 孙壮志：《中亚安全与阿富汗问题》，世界知识出版社 2003 年版，第 56—60 页。

月以美国为主的多国部队开展了阿富汗"反恐"战争，迅速推翻塔利班政权，重创"基地"组织，建立了以卡尔扎伊为首的阿富汗新政权，"乌伊运"等中亚"三股势力"也受到沉重打击。但是，伊拉克战争以后，在美国单边主义强行"倒萨"行动干扰国际反恐联盟、引起伊斯兰世界激进势力反弹以及阿富汗塔利班残余势力又蠢蠢欲动的国际背景下，一度"蛰伏"的中亚"三股势力"又死灰复燃。

不难预料，中亚各国坚持民主、世俗、法制的社会目标与极端伊斯兰反对派旨在建立政教合一的伊斯兰神权国家的较量还会长期继续。只要相应的社会土壤和国际条件还存在，有关国家和国际组织彻底铲除中亚及周边"三股恶势力"的任务必然任重而道远。

二、毒品问题

毒品的生产、吸食和贩卖问题与"三股势力"、武器走私、人口贩卖等有组织跨国犯罪一起构成中亚地区相当严重的非传统安全威胁。这些年来，中亚地区成为世界毒品问题最严重的地区之一，首先与阿富汗毒品问题密切关联。

与中亚国家紧邻的阿富汗现在已成为世界头号毒品生产和输出大国。1990年以来阿富汗毒品产量呈稳步上升趋势，仅2001年有大幅下降，随后很快恢复原先水平。这在很大程度上与国家的政局发展相关，是阿富汗战乱连年、民不聊生的恶果之一。1996年塔利班控制阿富汗政权后，更是把发展鸦片生产和贸易作为其一大经济支柱，毒品生产在这个国家迅速繁荣。1998年阿富汗鸦片耕种面积从原先的6.4万公顷增加到9.1万公顷，鸦片产量也达到了4600吨，到1999年该国已成为世界上最大的鸦片生产国。"9·11"事件后，美国在阿富汗的"反恐"战争打垮了塔利班政权，阿富汗毒品曾销声匿迹了很短一段时间，2001年产量只有185吨，但很快又再次泛滥，2002年高达3400吨。2003年阿富汗鸦片产量为3600吨，2004年增加到4200吨，占全球鸦片产量的87%，毒品经济竟占阿国民经济总产值的60%。2005年阿富汗的鸦片产量进一步上升达4519吨，世界鸦片和海洛因总量的87%源于该国。近年来，阿富汗的毒品生产和输出仍然在上升。联合国毒品和犯罪问题办公室（UNODC）2013年11月发表通报指出：“2013年阿富汗的罂粟种植面积扩大了1/3以上，达到29.9万公顷，而罂粟是生产鸦片和海洛因等毒品的原料。2013年阿富汗的鸦片产量已经达到5500吨，比上一年增加50%。”数据还显示，阿富汗地区的毒品产量已占全球毒品交易的90%，而中亚与俄罗斯则是阿富汗毒品的主要输出地。

阿富汗地处欧亚大陆腹地，自然需要通过一个庞大的国际毒品走私网络来完成向国外贩卖毒品。从大方向上来看，阿富汗毒品走私方向主要有两个：南经巴基斯坦、伊朗到达土耳其，再进入欧洲；北出中亚国家，尤其是从塔吉克斯坦经过其他国家中转进入欧洲。就北方路线而言，主要有以下六条具体路线：①

（1）阿富汗的坎大哈—塔吉克斯坦的杜尚别—哈萨克斯坦的阿斯塔纳—俄罗斯—欧洲。

（2）阿富汗的坎大哈—塔吉克斯坦的杜尚别—土库曼斯坦的阿什哈巴德—阿塞拜疆的巴库—土耳其的伊斯坦布尔—欧洲。

（3）阿富汗的巴达赫尚—塔吉克斯坦—吉尔吉斯斯坦—独联体其他国家—欧洲。

（4）阿富汗的昆都士—塔吉克斯坦—俄罗斯—欧洲。

（5）阿富汗的坎大哈—乌兹根—乌兹别克斯坦—独联体其他国家—欧洲。

（6）阿富汗的坎大哈—土库曼斯坦—独联体其他国家—欧洲。

可见，中亚国家已成为阿富汗这个当今世界最大毒品产地输出的主要通道。特别是与阿富汗有漫长边境线的塔吉克斯坦，这里动荡不宁的政局、萧条的经济状况以及崎岖复杂的地形，使其成为阿富汗鸦片和海洛因进入中亚乃至欧洲的主要大门。

三、水资源与生态环境问题

水是人类赖以生存的特殊资源，2002年秋季在南非约翰内斯堡召开

---

① 潘志平主编：《中亚政局走势微妙》，新疆人民出版社2005年版，第141页。

的可持续发展世界首脑会议更将水危机列为未来10年人类面临的最严峻挑战之一。目前，水资源的开发利用问题业已成为影响国家安全、地区安全乃至全球安全及经济发展的重要因素之一。而中亚地区的水资源利用问题，尤其是共同利用过境河流资源问题，已经成为威胁中亚区域稳定及安全的主要因素之一。水的争端已经并将继续成为中亚国家发生矛盾和冲突的一根导火线。

首先，水资源危机制约当地经济、社会全面发展。自古以来，由于水源的关系，中亚的社会发展一直受到影响。苏联时期，虽然中亚水利灌溉系统由联盟中央有关部门统一管理，然而由于历史的局限性，中亚水资源利用分配问题一直都没有处理好，在是将其用来发电、灌溉还是用作战略储备的问题上始终未能协调合理。"在苏联时期，各成员国都属于一个国家，那时的水资源分配由水利部《议定书》调整，其原则是优先保障产棉地。塔、吉只分得相当于本土径流1/4的水量。哈、乌和土则分别分得了相当于本土径流3.5、5和12倍的水量。"这种水分配机制限制了塔和吉扩大灌溉面积，制约了其农业的发展。自独立以来，中亚各国在水资源利用上一直争端不断，甚至愈演愈烈。

其次，国家间加紧水资源争夺与缺乏合作恶化了中亚地区国际关系。资源的共同利用总是与合理地分配资源及不断补充可能造成的损失相关。1991年前执行的损失补偿机制是基于中亚的绝大部分居民是从事农业生产这一事实的，这就决定了水资源应优先用于农业灌溉。河流上游地区秋冬季对电力的需求是通过给其提供载热体和载能体来解决的。随着苏联解体，提供补偿的问题和水利、电力资源的利用问题日益尖锐化。1991年后水利设施利用制度中的行业间矛盾已升级为国家间的矛盾。

再次，为大国插手、干预中亚事务提供借口，带来安全隐患。"任何环境威胁都是一种安全威胁，必定存在着与一些极其重要的国家利益的明显联系。"① 日益严重的环境危机和水资源危机迫使中亚国家寻求外部力量在政治、经济、安全方面的支持和援助，它们既寻求美国、俄罗斯

---

① M. Levy, "Is the Environment a National Security Issue?", *International Security*, Vol. 20, No. 2, 1995, p. 45.

等大国的支持，希望其在解决地区水争端中发挥重要作用，又争取与美国、以色列等国在环保工程、节水技术方面进行合作；既参加了美国主导的北约“和平伙伴关系计划”，又积极引进以西方国家为主体的世界银行、欧盟和欧安会等国际组织的经济援助。[①] 由此，世界多种力量进驻中亚，在某种程度上不利于中亚地区的安全和稳定。

不能否认，中亚水资源的紧缺在一定程度上是由于中亚地区自身自然条件的限制，但在相当程度上，“中亚水危机不是量的危机，而是一种分配危机；问题不是水短缺，而是水管理。中亚有充足的水量，但是得不到合理利用”。[②]

第三节 中亚非传统安全威胁产生的根源

中亚非传统安全威胁产生的原因是多种多样的，当前对此的解释主要有以下几种说法：

一是“文明冲突论”。这种观点来自于亨廷顿（Samuel Huntington）。他认为，文明间的冲突有两种形式：在区域或微观层面上，断层线冲突发生在不同文明的邻近国家之间，一个国家中属于不同文明的集团之间，或者想在残骸之上建立新国家的集团之间；在全球或宏观层面上，核心国家的冲突发生在不同文明的主要国家之间。[③] 在亨廷顿看来，中亚是基督教、佛教、东正教、犹太教、儒家等多种文明的交汇处，往往会出现一个个文明的断层带，恐怖主义等非传统安全威胁便是这种“断层带”现象的具体表现。

二是“帝国后遗症”说。[④] 所谓“帝国后遗症”，一方面是指苏联时

---

① 冯怀信：《水资源与中亚地区安全》，《俄罗斯中亚东欧研究》2004 年第 4 期。

② Gregory Gleason, *The Central Asian States: Discovering Independence*, Westview Press A Division of Harper Collins Publishers, 1997, p. 161.

③ ［美］塞缪尔·亨廷顿著，周琪等译：《文明的冲突与世界秩序的重建》，新华出版社 2002 年版，第 229 页。

④ 参见胡键：《中亚帝国后遗症及其治理新机制》，《世界经济研究》2004 年第 2 期。

期在中亚地区推行的民族政策所产生的消极影响仍然存在；另一方面也指苏联解体虽已20多年，但帝国崩溃的余波尚存，仿佛一个幽灵缠绕在中亚各国，挥之不去。这是因为，首先，苏联在民族国家设置上具有很大的随意性，而且建立何种建制也缺乏明确的标准。为了推行形式上的联邦制、实际上的单一制，斯大林主张按民族特征组建新的民族国家和民族自治体。特别是在中亚地区，按照这种方式在1924—1936年先后完成了现在的中亚五国的组建工作。但是，苏联民族区域划界和改变建制工作完全是通过行政命令手段来完成的，特别是划界没有考虑客观情况，这在很大程度上成为苏联解体后民族冲突的巨大隐患。

其次，苏联强制一些民族整体迁移，粗暴践踏人权。最初主要是远东的朝鲜人，苏联认为日本可能进犯苏联，并制造舆论说日本帝国主义及其代理人在远东大肆从事特务活动，而朝鲜族则被认为是“代理人”之一，所以根据斯大林的指示，从1937年8月开始，在短短的几个月里约18万朝鲜人被迫从远东迁到中亚的哈萨克斯坦和乌兹别克斯坦。在卫国战争期间，苏联政府又以一些非俄罗斯民族中的少数人“背叛祖国并且与德国法西斯合作”为由，借口维护“国家安全”，对有关的整个民族实行严厉的惩罚，将整个民族（如车臣）强制迁移到遥远的中亚和西伯利亚地区，这就为紧张的民族关系埋下了祸根。

此外，苏联在宗教问题上也推行了一些过激的政策，尤其是在赫鲁晓夫后期，苏联公然宣布宗教是“旧势力的残余”，并把无神论与宗教信仰之间的矛盾不恰当地提升到阶级斗争的高度。结果，在苏联走向崩溃之时，包括中亚在内的不少地区的反苏共行为多少带有宗教民族主义的色彩。而在独立后的中亚国家，伊斯兰教由于在苏联时期受到过度的压抑，苏联解体后其复兴不仅成为一种政治现象，而且不少伊斯兰教派迅速演变为干预政治、危害社会稳定的伊斯兰极端势力。

三是“转型困境陷阱”说。这主要是指转型导致的经济危机。中亚国家的独立既是无奈中的选择，又缺乏相应的准备，所以独立后各国的经济都在危机中艰难跋涉。它表现为综合经济指标严重下降，国内生产总值均有大幅度下降，特别是1998年俄罗斯金融危机对中亚五国的经济影响较大。以1991年为基数，1998年哈、吉、塔三国国内生产总值分别是 1991 年的 69.2%、66.1% 和 36%。虽然从 1999 年起，三国经济开始连续稳定回升，但仍然没有恢复到 1991 年的水平，2001 年三国的这一指标分别相当于 1991 年的 88.3%、73.1% 和 45%。独立后，中亚国家的工业生产严重下降。迄今为止，除乌兹别克斯坦是唯一一个工业总产值超过原苏联时期的中亚国家，哈、吉、塔三国工业生产在 1995 年和 1998 年两次骤然下降，其他年份虽缓慢回升，但到 2001 年时三国工业总产值分别只相当于 1991 年的 66%、44%、48%。独立后，中亚国家的农业生产也有较大的滑坡。同样以 1991 年为基数，哈、乌、吉、塔四国 1995 年农业总产值分别是 1991 年的 72%、90%、68%、64%，这一指标一直到 2000 年才开始回升。经济下滑的过程中，伴随着的是财政状况恶化，通货膨胀居高不下，货币大幅度贬值，物价飞涨，1995 年通胀率甚至超过了三位数。因此，绝大多数居民生活水平下降，特别是在 1991—1995 年间，这些国家大部分居民收入急剧下降，按当年汇率计算，哈萨克斯坦人均收入为 322.8 美元，而其他中亚国家这一指标都低于该水平，均处于低收入的发展中国家行列。当然，中亚国家中的哈萨克斯坦基本上跳出了转型陷阱，经济发展在资源出口的拉动下走上了正轨。根据哈萨克斯坦国家统计署的估算，到 2015 底年，哈人均国内生产总值将超过 1.6 万美元，如果按照购买力平价计算，将超过 2 万美元。不过，中亚其他几个国家就不容易跳出转型陷阱。

四是“治理失败”论。中亚内部对苏联解体后的情况也缺乏足够充分的准备。这不仅表现在经济上，更集中表现在中亚各国内部的政治控制力上。尽管中亚国家在苏联解体后都纷纷建立了总统集权制，但由于这些国家都是多宗教、多民族的国家（多的有 130 个民族，少的也有 80 多个民族），民族纷争、宗教冲突常常反映到国内政治生活中来。同时，中亚国家在政治上不仅延续了苏联时期的官僚体制，也继承了苏共时期的政治精英，因而苏联国家体制和苏共体制内部的种种弊端也基本上保留在新的国家政治生活中，这也导致了这些国家政治控制力弱小。政治控制力弱化、民族纷争、宗教冲突等为恐怖主义的肆虐提供了必需的社会环境。

五是“国际结构失衡”说。国际力量结构性失衡的结果是超强国家在全球推行强权政治，相比之下，弱小国家和民族却无力维护自身的安全和主权的完整。弱小国家和民族的一小部分成员走向极端，采取背后袭击的手段，提醒强权国家不能小看这些弱小国家和民族。此外，国际结构的不平衡性还会导致超强国家对全球资源的肆意掠夺，包括能源、水资源等。这同样也会激发弱小国家的不满，并以少数人的非正常发泄表现出来。

总之，中亚的非传统安全威胁产生的原因是多方面的，任何一种理论都不能作出全面的解释。

第四节　构筑维护中国西部安全的多边合作机制

中亚与中国西部山水相连，中亚的稳定对中国有着特殊的意义，同样，中亚的动荡也会直接殃及中国西部的安全。苏联解体和中亚各国的独立在传统军事安全层面使得中国的外部安全环境得到较大改善，特别是过去苏联对中国西部的军事压力得以消除。但在非传统安全领域，苏联解体后中亚地区严重的"帝国后遗症"现象却使中国面临更严重的威胁。

中国新疆历史上就有回教分裂主义和所谓的"东突厥斯坦"问题，不过，随着新中国的建立和中国政府推行正确的民族政策，分裂势力得到了一定程度的抑制。然而，苏联解体后，民族分裂主义由过去的潜流、暗流迅速变成了一股洪流，席卷了原苏联地区，并扩散到周边地区，以阿富汗为中心，向西到车臣、高加索，向东则一直到中国新疆地区，构成了民族分裂主义、宗教极端主义和国际恐怖主义以及贩卖毒品、武器走私等其他跨国犯罪活动的"月牙"地带。在东端，中国新疆无疑成为国际反恐怖主义、反极端主义的前线。由此可见，中国的周边环境总体上比较稳定，但中亚地区"三股恶势力"和其他跨国犯罪活动的肆虐不仅严重威胁着该地区各国的安全与稳定，也危及到中国的安全利益。从中国方面来看，中国需要一个维护西部安全的合作机制；从本地区来看，俄罗斯也是"帝国后遗症"的直接受害者，车臣问题如梦魇一般折磨着俄罗斯，而车臣问题不过是阿富汗—中亚—高加索“危机地带”上的一个点，俄罗斯要彻底解决车臣问题，一定程度上首先必须根治整个中亚—高加索地区的“帝国后遗症”，因此构建一个维护地区安全的多边合作机制势在必然。

地区内部的需要正是上海合作组织成立的原动力。最初，“上海五国”的主要目的是为了解决原苏联留下的边界问题，后来随着主要的边界问题相继解决，这一多边合作机制的功能逐渐“外溢”[①]（spill-over），即从以军事安全为中心转到以军事安全和反恐合作为中心。实际上，从1998年7月五国领导人发表《阿拉木图宣言》起，“上海五国”的功能就已经开始“外溢”。该宣言表示：“任何形式的民族分裂主义、民族排斥和宗教极端主义都是不能接受的”，五国“将采取措施，打击国际恐怖主义、有组织犯罪、偷运武器、贩卖毒品和麻醉品以及其他跨国犯罪活动”。1999年的《比什凯克联合声明》则首次正式指出五国执法安全部门通力合作，打击和遏制“三股恶势力”以及毒品、武器走私等犯罪活动。这一主张在2000年7月的杜尚别会议上再次得到重申。在这些前提下，上海合作组织于2001年6月在上海正式成立，并签署了《打击恐怖主义、分裂主义和极端主义上海公约》。上海合作组织的成立标志着原来的“上海五国”已顺利地实现了功能转换。而作为一个新的地区安全治理机制，上海合作组织具有与时代相适应的新特点。

首先，上海合作组织是新地区主义理论的具体体现。新地区主义理论的本质是强调在全球化的背景下构建地区安全共同体。[②] 全球化对整个世界的效应实际上是一个硬币的两面，在给世界带来利益的同时，也扩大了世界性的不平等和两极分化，增加了世界各国发展的脆弱性，以及引发一些国家内部的危机和动乱，促使一些犯罪活动的国际化与恐怖

---

① “外溢”是以恩斯特·哈斯（Ernst B. Haas）等为代表的新功能主义在20世纪60年代对欧洲煤钢联营的考察后提出的概念，这一概念最初是指一体化从一个功能部门向另一个功能部门的扩散；后来，哈斯又把外溢的意义从部门间的扩散拓展到一体化在地理范围上的扩大，称为地理上的外溢（geographic spill-over）。参见 Ernst B. Haas，*Beyond the Nation-State：Functionalism and International Organization*，Stanford：Stanford University Press，1964，p. 111；Ernst B. Haas，*The Uniting of Europe：Political，Social，and Economic Forces 1950 – 1957*，pp. 313 – 314.

② 赫特、索德伯姆：《地区主义崛起的理论阐释》，《世界经济与政治》2000年第1期。

主义的全球网络化等。全球问题需要全球治理，而地区组织也是全球治理的一个非常重要的层次。上海合作组织以打击恐怖主义、分裂主义和极端主义为主要任务，兼及打击毒品买卖、武器走私和其他跨国犯罪活动，在治理包括国际恐怖主义在内的全球性问题方面发挥了积极的作用。

其次，上海合作组织倡导"互信、互利、平等、协商、尊重多样文明、谋求共同发展"的精神，在组织内部没有一个或几个主导国，其中既有中国、俄罗斯这样的大国，也有其他四个小国，但在组织原则和机制中，内部不存在任何大小国家区别对待的不平等关系，而是成员国一律平等的多边协商合作机制，这与传统国际组织通行的"大国原则"完全不一样。从这些原则精神来看，上海合作组织可以说是在建立公正合理的国际新秩序方面在本地区的一种尝试。

第三，上海合作组织主张一种摒弃"冷战思维"的新安全观。1997年4月中俄两国签署《关于世界多极化和建立国际新秩序的联合声明》，正式提出了这种新的安全观。后来，这种新安全观逐渐得到"上海五国"各成员国的认同，其精神最后被渗透到上海合作组织的各项机制中。所以，以共同安全、合作安全和综合安全等概念为基本架构与基础的安全理念，构成了《上海合作组织成立宣言》、《上海合作组织元首宣言》、《上海合作组织宪章》和《打击恐怖主义、分裂主义和极端主义上海公约》等文件的核心思想。正是这种安全理念使上海合作组织无论是处理传统安全还是非传统安全威胁方面的机制都得到了逐步完善。

第四，上海合作组织逐渐淡化军事色彩而强化反恐力度，这表明该组织完全不同于传统国际政府组织的功能。结盟性的组织毫无疑问是针对第三方的，即使非结盟性的军事组织也往往给该组织外的某些国家产生忧虑，从而对该组织增加几分戒备之心。而上海合作组织不仅不会使组织外的国家产生戒备，相反，组织外的一些国家觉得在反恐等问题上与该组织有共同利益，所以要么以非成员国的身份加强与该组织进行合作，要么加入该组织以更好地应对全球问题。这表明上海合作组织是一个非对抗性的、非排他性的区域合作组织，它时刻准备同所有国家和国际组织密切配合以根除恐怖主义给全世界带来的威胁。

第五，要加强综合治理。既然恐怖主义产生的根源是多方面的，那么对其进行治理也应该是多管齐下、综合治理。其一是要加强经济治理。经济贫困是恐怖主义产生的经济根源，特别是在中亚地区，经济转型曾经陷入困境。自转型以来，中亚各国经济都出现了比较严重的衰退。民众获得主权时的喜悦很快被经济贫困所导致的失望所替代，还有一小部分更是陷入绝望。那么，如何进行经济治理呢？最为重要的是，中亚国家必须融入世界经济一体化的进程。众所周知，在当今，任何一个国家要摆脱经济困境实现社会现代化，都毫无例外地要实行对外开放，逐渐融入经济全球化进程。中亚国家在独立前都处于封闭状态，它们对世界了解甚少，经济发展根本没有跟上世界经济发展的轨道，所以经济都相对落后。当今的全球化进程尽管在相当大程度上仍然是由西方大国主导的，但是从客观方面来看，当今的全球化实际上包含了现代化的内容，任何国家在全球化面前都无法选择，甚至可以说是顺之者昌、逆之者亡。因此，中亚地区的经济治理要通过外部的经济力量来使中亚内部摆脱经济贫困，从根本上消除恐怖主义产生的经济根源，而中国提出的“一带一路”经济发展构想完全符合中亚国家经济发展的需要。

其二是要加强政治治理，特别是要巩固执政合法性资源。中亚各国独立初期，百废待兴。由于这些国家是以和平方式获得独立的，苏联时期的国家机构、管理机构等基本保留下来，这对确保国家的稳定是有利的，但也给国家体制的转换背上了沉重的历史包袱。一方面，苏联过去高度集权的政治体制和整个国家体制的保留意味着体制的弊端也保留了下来。因此，中亚国家迄今为止也没有真正消除原苏联遗留下来的官僚机构中的严重腐败现象，包括独立后的总统制也只是改变了一个称呼而已，实际上跟过去总书记集权制没有什么两样，甚至有过之而无不及。这一问题在后面有专门论述，这里暂不展开。另一方面，戈尔巴乔夫执政后期，弥漫全苏的无政府主义思潮、党派和群众组织林立、民族关系紧张等也成为中亚各国政治发展的不利因素。以上情况表明，当获得独立主权的自豪感冷却之后，中亚各国开始意识到独立建国道路的艰难。建立什么样的国家政体，如何调整苏联时期遗留下来的民族关系，在旧有的国家系统基本失去效力的情况下，以什么替代方式维护各国的社会稳定、抵御外部势力的渗透、在国际社会中确立国家威望等一系列重大而严峻的课题摆在各国领导集团面前。为了巩固国家独立的基础，中亚各国在政治上对国家体制和发展模式等战略性问题进行了探索。当然，政治治理仍然离不开经济发展，正是这样，中亚国家的领导人都非常积极地欢迎中国提出的“一带一路”的战略构想。

其三是要加强文化治理，也就是要加强文明对话和文化交流。既然中亚地区是多种文明的交汇处，那么文明的交流与对话就显得最为重要。中亚地区是古丝绸之路的连接地带，这条古代商路有着深厚的文化内容，是一根人类文明交往的历史“红线”，从东到西连接着众多国家的历史。今天，我们有责任来复兴古丝绸之路，使之在今天为构建和谐地区、和谐世界作出贡献。“一带一路”的战略构想不只是经济发展的构想，也是文化交流与融合的构想。

第九章
“一带一路”战略构想与中国海洋战略

中国究竟是发展陆权还是海权，随着中国的崛起成为一个争论的热点。关于中国发展战略着重在陆权还是海权的问题，可以上溯到晚清时期的“塞防”与“海防”之争。当时的争论源于中国财力不足而导致的军饷分配问题，但也反映出当时的政治精英对中国地缘政治安全形势的不同认知。不过，自秦国统一六国以来，威胁中国安全的主要是西部、北部少数民族的侵扰，所以历朝历代的中原统治者都把巩固西部边防作为维护政权稳定的关键。横亘在中国北部的万里长城就是中国“陆权政治”的“见证者”。即便是中国共产党建政以后直至今天，中国仍然坚守着“陆权政治”的传统安全理念。这种理念无可厚非，因为中国拥有长达2.2万公里的陆地边界，与所有邻国建立长期稳定的睦邻友好关系，是中国和平崛起的重要前提条件。基于这种认识，中国外交致力于周边关系的经营，尤其是自20世纪90年代以来，与周边国家的关系被置于中国外交的首要地位。经过多年的培育，中国与周边各大国都建立了相应的战略伙伴关系，特别是与最大的邻国俄罗斯，两国关系处于历史上最好的时期。与印度的关系尽管有些波动，但也保持良好的对话关系。与中亚各国的关系则通过上海合作组织这一多边合作机制而保持着良性互动，甚至可以说，上海合作组织已经成为中国和平崛起的重要多边舞台。从这些情况来看，中国一直就是一个陆权大国。

但是，仅仅做一个陆权大国是不足以实现中国大国成长目标的，中国毕竟在地理上还拥有1.8万公里长的海岸线，海洋资源非常丰富，对未来的发展非常重要。世界形势的发展促使中国不仅要保持陆权大国，而且要成为海权大国，中国的大国成长需要一个非常清晰的海洋大战略，而“一带一路”的推进也需要中国坚持和平发展的海洋战略。

第一节　中国为什么需要海洋战略

海洋文化与中华民族的兴衰荣辱密切相关。中国是一个大陆文化的国家，用台湾学者凌纯声的话来说，秦统一六国实际上就是以秦为代表的大陆文化对以齐、楚等为代表的海洋文化的征服。凌纯声还认为，秦始皇内外对调移民，隔绝海外交通，是大陆文化对海洋文化所实行的消极海禁政策。而秦的政策在明清时代的海禁政策中，也得到了再度的认同和延续。

但是，随着时代的变迁，大陆文化也代表了农耕文化的封闭性、落后性，特别是在欧洲工业革命之后，随着新航路的开辟和地理上的发现，西方各大国借助于工业革命的技术成果相继登上世界舞台。在西方大国崛起的过程中，海权是一个很重要的因素。真正意义上的世界史正是从航海大发现开始的，靠着一艘艘载满金银香料的帆船，西班牙和葡萄牙曾一度称霸世界。继之而起的商业王国荷兰，其金融体系和商业霸权也都是建立在其庞大的商船队和发达的造船业的基础上的。荷兰的世界霸权是以海上贸易为依托的，而随后取而代之的大英帝国不仅注重海上贸易，而且有强大的海军作为其海上贸易的保护伞。正是凭借着强大的海军，英国称霸世界长达数百年。

中国近代的落后乃至沦落为半殖民地，都与长期以来对海洋的忽视有关，确切地说是与中国对海洋文化的漠视有关。冯友兰先生曾经说过，属于海洋性文明的希腊文明，亦即西方文明，如同灵动的水，如同灵动的智者，追求变革；而属于大陆性文明的中国文明，却是一位长寿的“仁者”，是一座沉稳的大山，尊重传统，对“变”有天生的审慎。农耕文明的稳定性让人因循守旧，不思进取；海洋文明的流动性和多变性则让它显得生机勃勃，锐意进取，富有活力和创新精神。英国是一个岛国，当今海洋霸主美国则是坐拥两洋，地理环境使得美国人更加热衷于海洋活动，在人员素质和经验方面有着大陆国家无法比拟的优势。

这里绝不是贬低中国文化和中国人，而是强调海洋文化与中华民族的荣辱兴衰有直接的关系。21 世纪是海洋的世纪，从清朝末期的挨打、近代的海防危机到现代海洋权益之争，无一不折射出海洋对中国历史进程的重大影响以及对中国发展的重要性。

海洋国土对中国未来发展的意义毋庸讳言，中国过去 30 多年的改革发展和现代化建设主要是一种粗放型的方式，这种方式最大的特点是高消耗带来的经济产出；同时又由于资源的有限性，中国经济进入了一个发展的瓶颈。这种瓶颈表现为：

一是经济发展与资源短缺的矛盾日益突出。一方面中国的人均资源占有率很低；另一方面中国在经济发展中由于技术相对落后，对资源的利用率相对较低。据有关专家统计，中国矿产和水资源综合利用率只有发达国家的 25% 左右，是发展中国家平均水平的 55% 左右。也就是说我们每单位 GDP 耗费的资源是发达国家的 4 倍以上，也是发展中国家的资源耗费的 2 倍。按照国家“十二五”规划，在未来 5 年中，经济总量实现 50% 的增长，那就意味着中国仍然是资源、能源的消费大国。而相比之下，中国资源、能源的自给率将大大下降。从 1993 年开始，中国从石油出口国变为进口国。据有关部门预测，国内原油的自给率将从 2000 年的 82% 降到 2020 年的 60%。中国铁矿大型、超大型矿床少，资源保有量严重不足，矿石品位低，开发成本高。近年来，国内矿石产量已不能满足钢铁生产增长的需要。按照现在的开采速度，剩余铁矿资源的服务年限仅能维持 40 年。而海洋中不仅有丰富的石油资源，还有煤、锰、铁、镍、钴、铜、可燃冰等，向海洋索取资源、能源将是中国未来发展的必然选择。

二是人多地少的现象日益凸显。中国是一个人口大国，但实际可用的土地非常少。根据有关统计显示，世界人均国土面积约为 3 万平方米，中国人均只有约 8300 平方米；世界人均耕地面积约为 3200 平方米，中国人均只有约 870 平方米；世界人均草地面积约为 7000 平方米，中国人均只有约3500平方米；世界人均林地面积约为9100平方米，中国人均只有约1100平方米。人多地少的矛盾不仅制约中国经济的发展，而且影响中国社会的稳定。海洋虽然不能直接给我们提供实际的土地，但它可以给我们提供特殊的生活空间，是一种特殊的土地资源。

三是开放型经济与航道困阻的矛盾。中国是一个开放型经济体，对外联系非常紧密，这就需要畅通的海上航道以确保对外经济联系不被中断。而从海运来看，中国80%的海运要通过马六甲海峡—南海航道，因而南海航道是中国的“生命线”。首先，其是中国重要的能源运输线。中国能源对外依存度不断提高，而在中缅管道开通之前70%的石油进口要经过马六甲海峡—南海航道。其次，其也是中国对外贸易的重要通道。中国对外贸易绝大部分是通过海运来实现的，中国远洋运输船队往来于世界150多个国家和地区的600多个港口，而绝大部分要经过南海航道，所以其也是中国的贸易“生命线”。

但是，马六甲海峡—南海航道海盗活动猖獗。据国际海事局称，马六甲海峡发生的海盗袭击事件占全球总数的56%，这些还仅是已知的案例。据估计，至少有一半袭击事件没有报告。日益猖獗的海盗袭击活动将使这条世界上最繁忙的航道变成最危险的海峡。而且，马六甲海峡一直是大国博弈的地方。美国在南海一直保持有强大的军事力量，且与多国签有同盟条约。美国向来关注南海航道的安全，但焦点不在海盗问题，而是恐怖分子和大规模杀伤性武器的装运，以及监视中国等新兴大国的有关活动。因此，美国对其也相当“关注”。

中国是一个陆地大国，也是一个海洋大国。中国拥有约300万平方公里的海洋国土面积；海岸线长1.8万公里，居世界第四；200海里专属经济区，居世界第十。然而，相当一部分海洋国土没有掌握在中国手中，其中有大约120万平方公里的海洋国土与周边国家存在争议。

在东海海域，中国与日本之间存在着钓鱼岛的争议。钓鱼岛位于中国东海大陆架的东部边缘，实为台湾大屯山之延伸，故依据20世纪60年代生效的大陆架公约观点，钓鱼岛理应为台湾岛的一部分。它离台湾基隆港东偏北约186公里（100海里），离浙江温州港东南约356公里（192海里），离福建福州长乐国际机场东偏南约385公里（208海里），离日本冲绳那霸空港西偏南约417公里（225海里）。钓鱼列岛总面积约6.344平方公里，但周围海域面积约为17万平方公里，相当于5个台湾本岛面积。

另外，在东海海域，中国与日本还有油气之争。东海大陆架位于中、日、韩三国之间，是中国大陆领土的自然延伸。东海大陆架蕴藏着非常丰富的水产、石油、天然气以及稀有矿产资源。近年来，中国东海油气勘探人员先后在东海大陆架上发现了平湖、春晓、残雪、断桥、天外天等7个油气田和一批含油气构造。但是日本却认为，蕴藏天然气的气田不仅属于中国，而且延伸到日本领土，因此诬称中国单方面开采天然气，还多次拿东海油气田对中国进行所谓的“抗议”。

在黄海海域，中国与韩国在苏岩礁问题上存在着纠纷。苏岩礁位于东海北部，在江苏南通和上海崇明岛以东约150海里，距离舟山群岛最东侧的童岛132海里（247公里），是江苏外海大陆架延伸的一部分，是一块水下暗礁，因此苏岩礁是“礁”而非“岛”。韩国公认的最南端是马罗岛（126E、33N），立有“大韩民国最南端”石碑，这也是韩国官方认可的说法。而苏岩礁位置（东经125°10′56.81″、北纬32°07′22.63″）较马罗岛更南，这也被国际社会认为是证明苏岩礁归属中国的有力证据之一。

在南海海域，中国与周边一些国家也存在争议。所谓中国的海洋权益，一是指300多万平方公里的海洋领土，二是中国作为世界经济大国在海上能源运输和进出口贸易的海上运输线的绝对安全。然而，海上诸多争议点的存在已经成为美国等西方大国遏制中国的重要砝码。这些争议点同由日本列岛、琉球群岛、台湾岛、菲律宾群岛等构成的岛链一道，将中国大陆近海封闭在以黄海、台湾海峡、东海、南海组成的狭长海区内，也构成了困锁中国崛起的岛链，使中国海上力量无法进入西太平洋、日本海、印度洋等，这对中国的安全和海洋权益构成严重挑战。

因此，保护中国的海洋权益、防止海上冲突，客观上要求中国不仅需要有自己的海洋新战略，而且在制定海洋新战略的时候还要有海洋战略新思维。

首先是要大力发展中国海权，加强远洋力量的建设。这是经济实力强盛后保护国家利益的必要举措。罗伯特·基欧汉和约瑟夫·奈将海洋问题与货币问题并列为影响世界大局的两大要害因素。我们不得不承认两位美国学者的确有先见之明，他们早就预见了这两大因素的重要性。当前，全球“货币战争”特别是针对中国人民币的“货币战争”已经全面打响，而海洋问题也在中国海域愈演愈烈，稍有不慎，就可能葬送中国的和平发展战略。

美国遏制中国崛起，东盟国家乃至日本、韩国却在经济上搭乘中国崛起的顺风车，获得了不少经济利益，但在政治上，这些国家却始终对中国抱有成见，对中国的和平崛起缺乏足够的信心。所以，这些国家常常以南海岛屿等问题为由挑起一些事端，以此来对中国进行试探。这些国家敢于对中国进行试探，一方面借助了美国的力量，另一方面也是因为中国缺乏足够强大的海上力量，尤其是没有强大的远洋力量。这是经济强大后中国的最大软肋。

其次，“搁置争议、共同开发”，其前提是“主权归我”。中国倡导的“搁置争议、共同开发”长期以来被有关国家滥用为“搁置主权、共同开发”，甚至演变为有关国家抢夺中国主权、独自开发的实际行动。中国所倡导的“搁置争议”，前提是“主权在我”，如果主权不属于中国，中国决不会跟任何国家发生此类争端。这既显示了中国的宽容，也表明中国始终是内敛型的国防和外交。所谓宽容就是，虽然属于中国的东西，但其他国家认为它有份，中国可以暂时不谈归属问题，只承认客观事实（即“主权在我”），但如果还有没有开发出来的利益，那么中国可以跟有关国家共享，也即“共同开发”。因此，“搁置争议”绝不是“搁置主权”，而是在“主权在我”的前提下进行“共同开发”。所谓内敛，就是中国无论军事上的行动还是外交上的行动都不是要扩张，而是保护好自己的一亩三分地，绝不是要推行“排他性”的霸权主义。

再次，中国坚持和平发展，但绝不是和平理想主义。和平发展作为中国的战略是坚定不移的，但和平发展战略并不意味着中国可以一味退让，从而陷入“和平理想主义”。当前，对中国和平发展战略构成直接挑战的就是南海诸岛问题。如果中国作为一个泱泱大国不能维护南海主权，且因西方的“中国威胁论”而不敢在维护主权问题上有所作为，那么“和平理想主义”就会葬送中国的和平发展战略。因此，在南海主权问题上，一定程度上的强硬对和平发展战略是有利的。

最后，要增强海权观念，树立全新的海权意识。海权观念最重要的是不要仅专注于960万平方公里的陆地面积而忽略300万平方公里的海洋国土。全新的海权意识就是中国要有走出第一岛链、进入太平洋的信心和勇气。进入太平洋的关键是台湾，所以海洋战略新思维要把台湾问题放在第一重要的位置。也就是说，要把两岸统一与海洋战略新思维联系在一起来考量。从这一层意义上来看，两岸问题解决之日，就是中国海洋新战略落实之时。

第二节 南海为什么成为问题

在中国推进海洋战略新思维和“一带一路”的过程中，南海越来越成为一个问题。一个重要的表现是，近年来，中国周边局势日益趋于紧张，2010年3月发生的“天安”号事件以及由此引发的朝韩军事对峙几乎一触即发，而美国在韩国的邀请下直接参加了黄海的军事演习，从而直接威胁到中国的安全。2010年8月8日为纪念美越关系正常化15周年，美国“乔治·华盛顿”号航母开进越南岘港与越南军方举行军事演习，这前所未有地提升了美越关系，鉴于越南在南海上采取的针对中国的一些举动，美越此举不能不让人对其有“醉翁之意”的猜疑。而进入2011年以后，中越两国关系由于越南的种种挑衅更是剑拔弩张。在越南在南海进行实弹军事演习之际，菲律宾也宣布同美国一起进行联合海上军演，南海局势变得更为复杂。南海是中国的南大门，中国对南沙群岛、西沙群岛拥有主权，因此如何加强南海危机管理关系到中国总体战略的实施。

为什么南海会成为问题呢？从历史来看，中国对南沙、西沙群岛拥有主权，这是不争的事实。第二次世界大战结束以后，根据《开罗宣言》、《波茨坦公告》及其他国际文件的规定，日本窃取的中国领土归还中国自然包括了南沙群岛。1946年12月，当时的中国政府指派高级官员赴南沙群岛接收，在岛上举行接收仪式，并立碑纪念，派兵驻守。日本政府于1952年正式表示“放弃对台湾、澎湖列岛以及南沙群岛、西沙群岛之一切权利、权利名义与要求”，从而将南沙群岛正式交还给中国。[①] 事实上，在此后的国际事务中，法国、美国、日本、英国等也一直承认中国对南海诸岛的主权。然而进入20世纪70年代以后，越南、菲律宾纷纷出兵占领南沙一些岛屿并声称对所占的岛礁“拥有主权”。从那时以后，南海争端有愈演愈烈之势。南海局势骤然逆转，背后的原因既有本地区经济的因素，也有大国力量的角逐以及相关国际规制的缺陷。

一、对南海海底资源的觊觎

20世纪70年代以前，南海周边国家都承认或默认中国划定的断续线，但随着科学技术的进步，南海海底丰富的资源被发现以后，南海问题一步步加剧。可见，从经济因素来看，南海成为问题乃源于现代地质学的进步。20世纪60年代末，地质考古发现南海区域储藏着丰富的石油、天然气资源。1968年10月，在联合国远东经济委员会（United Nations Economic Commission for Asia and the Far East，简称ECAFE）成立的“联合国勘探亚洲海底矿产资源协调委员会”（Committee for Co-ordination of Joint Prospecting for Mineral Resources in Asian Offshore Areas，官方简称CCOP）的赞助支持之下，由以美国海洋地质学家埃默里（K. O. Emery）为首的中、美、日、韩四国的12位地质学家，在东海与黄海进行了6周的地球物理勘测。之后，他们共同完成了名为《东海和黄海的地质构造和水文特征》的研究报告，并于第二年5月发表，这就是著名的“埃默里报告”（Emery Report）。该报告指出：“东海、黄海海域和中国大陆礁层下的沉积岩中，蕴藏着储量丰富的大油田；尤其是台湾东北方钓鱼岛列屿周边，约有20万平方公里的海底油田，将来有望成为世界重要的产

① 参见http：//www. fmprc. gov. cn/chn/pds/ziliao/tytj/t10647. htm。

油区之一。”[1] 随后，南海周边的印度尼西亚、马来西亚、菲律宾、文莱、越南等国家置中国传统海疆线于不顾，先后抢占了南沙海域进行掠夺性的油气勘查开发活动。目前，印度尼西亚、菲律宾、马来西亚和越南等周边国家在南海地区已钻井1000多口，查明油气资源268亿吨，占有28个油田和25个气田，每年开采5000万吨以上石油和400亿立方米以上天然气，为中国近海油气年产量的2.5倍和7倍，基本相当于中国大庆油田的石油年产量和中国从土库曼斯坦进口的天然气年进口量。从1986年“革新开放”以来，越南一直重视发展海洋经济。2007年1月，越共中央通过了《2020年越南海洋发展战略》，提出越南要成为因海而富的海洋强国。因此，越南越来越重视南海的地缘经济地位，并积极拉拢美国、俄罗斯等国合作开发南海油气，企图将南海问题国际化。目前，越南已经和20多个国家签署了油气开采合同。周边其他国家马来西亚、菲律宾、文莱都在自己所占的岛礁附近进行了油气资源的勘探和开采。从这一角度来看，南海危机实际上是自1973年世界石油危机之后世界范围内能源之争的一种表现。[2]

二、大国的挑衅与挑动

在冷战时期，南海问题主要表现为大国特别是美国的挑衅。第二次世界大战结束以后，特别是中国共产党领导的中国革命胜利之后，由于美国认识到东南亚地区“面临着许多人类遭受与自由世界为敌的专制统治的可能性”，[3] 同时也为了防止共产主义在东南亚产生“多米诺骨牌”效应，因此一方面在东南亚和南海地区构筑一道“反共防波提”，另一方面则为了确保南海航道畅通而公然占领南沙群岛中的一些岛屿，以及寻找一切可能的借口挑衅中国。例如，1954年一架英国客机在海南岛附

---

① ECAFE, Committee or Co-ordination of Joint Prospecting for Mineral Resources in Asian Off-shore Areas (CCOP), *Technical Bulletin*, Vol. 2, May, 1969.

② 吴士存著：《南沙争端的起源与发展》，中国经济出版社2010年版，第7页。

③ ［美］斯蒂芬·安布罗斯著，徐向铨译：《艾森豪威尔传》（下卷），中国社会科学出版社1989年版，第180页。

近被中国战斗机击落，美国竟然派出两艘航空母舰开赴海南岛近岸水域，随时准备"追踪"中国飞机。同年7月，美国舰载机群入侵中国海南岛上空和附近水域，攻击驶往中国港口的波兰商船和中国护航舰。[①] 类似的武力挑衅，在20世纪70年代中美缓和之前，可以说是司空见惯的。

在冷战时期，南海问题与美苏争霸有关。进入20世纪70年代以后，在美苏争霸中，美国已经把冷战的主动权让给了苏联。苏联乘此机会进入南海海域，并与越南签署了同盟条约，越南金兰湾就成为苏联在东南亚和南海地区的桥头堡，与美国在菲律宾苏比克和克拉克的军事基地遥相对峙，从而使南海海域成为两大超级大国争霸的舞台。与此同时，两个超级大国都存在遏制中国的战略目的。虽然苏联承认南海诸岛主权归属中国，但其通过保持在南海地区的存在，力图把"中国的战略后院变成苏联的战略范围"。[②] 而美国一方面直接支持菲律宾、南越政府占领南海岛礁的行为，另一方面则在南海地区进行针对中国的间谍活动，此类活动实际上一直延续到今天。[③]

冷战后特别是当前的南海危机则与大国特别是美国对南海周边一些国家的挑动有直接的关系。早在1990年10月，布什政府负责远东事务的助理国务卿理查德·所罗门就把南沙争端与朝鲜半岛问题、柬埔寨问题和苏日之间的北方四岛问题相提并论，这是在冷战结束前夕美国战略东移的一个重要迹象。到克林顿政府以后，美国更加重视南海问题，并认为有可能演化成较大规模的军事冲突，"有可能对美国和世界其他国家的海上交通线构成威胁"。[④] 为了应对这所谓的"威胁"，美国克林顿政府提出了对东亚政策的三大支柱：坚持美国同日本、韩国一向存在的双边安全保障关系；维持美军的存在；在亚洲地区举行多边安全磋商。特别是第三大支柱，实际上就是将东亚和南海问题纳入其亚洲战略的一

---

① 《中美关系资料汇编》第2辑（下），世界知识出版社1960年版，第1927—1930页。

② ［美］安德鲁·内森、罗伯特·罗斯著，柯雄、贾宗谊、张胜平译：《长城与空城计——中国对安全的寻求》，新华出版社1997年版，第110页。

③ 例如，2001年4月1日，美国一架EP－3侦察机在中国南海上空搜集情报时，与中国执行巡逻任务的战斗机相撞，中国战斗机坠毁，驾驶员失踪，结果导致中美两国关系历经了相当严峻的时刻。

④ US Department of State Dispatch，October 31，1994.

部分，而且美国的三大政策支柱在相当大程度上是在纵容南海周边国家对中国的不负责任的行为。例如，1995 年中菲美济礁事件爆发，菲律宾多次炸毁中国在南海岛礁上的主权标志。但是，美国不仅不谴责菲律宾，反而以维护航道安全为由而支持菲律宾。① 与此同时，美国加快了战略东移的步伐。为此，美国与东南亚一些国家签署了一系列双边军事协定，包括 1998 年与菲律宾签署了《部队访问协议》；2001 年与新加坡达成协议，“小鹰”号航空母舰进驻新加坡樟宜军事基地，这是美军自 1992 年撤出菲律宾苏比克湾以来第一次在军事上重返东南亚；2002 年又与菲律宾签署了《后勤互助保障协定》，美军飞机和船舰获得了菲律宾领空、领海自由出入的权利。不仅如此，美国还与东南亚有关国家在南海地区进行频繁的军事演习，仅 1999 年就举行了 14 次，以后的军演次数越来越多，规模也越来越大，而 2004 年的数次演习竟然放在有主权争议的南海海域进行，公然为菲律宾等国在与中国的争端中壮胆和刺激中国。而在最近的南海危机中，美国更是公然支持东南亚一些国家对中国主权的挑衅。2010 年 7 月，美国国务卿希拉里在东盟会议上明确宣示南海地区有美国的“国家利益”；② 自 2011 年 6 月 28 日开始，美国又与菲律宾在离南海海域不远的苏禄海域举行为期 11 天的“海上联合战备训练演习”，而就在演习开始的前一天，美国参议员一致通过一项议案，谴责中国在南海使用武力对付越南和菲律宾的船只。美国的这些举动显然是在挑动菲律宾并有意把南海地区推向高危地带。③

三、海洋问题国际规制的缺陷

从有关海洋问题的国际规制来看，1982 年的《联合国海洋法公约》

① 当时美国政府就“美济礁事件”发表声明：“在南海地区的单方面行动和反应加剧了本地区的紧张，美国强烈反对使用武力威胁解决领土争议，并要求各方克制，避免采取导致动荡的行为，并认为维护航道自由是美国的基本利益，所有船只和飞机在南海不受阻碍的航行，对于包括美国在内的整个亚太地区的和平与繁荣是必不可少的。”参见 US Department of State of Daily Briefing, May 10, 1995。

② 参见 http://www.state.gov/secretary/rm/2010/07/145095.htm。

③ 参见 http://www.sinovision.net/index.php?module=news&act=details&news_id=176138。

（以下简称《公约》）① 第一次在普遍性的国际公约中确立了专属经济区制度。这一制度的建立，使沿海国有权主张从领海基线量起不超过200海里的专属经济区。但是，《公约》作为海洋领域最重要的一项国际规制，本身至少存在两大缺陷：

其一，《公约》第57条规定，专属经济区的宽度“从测算领海宽度的基线量起，不应超过二百海里”。虽然《公约》第74条对“海岸相向或相邻国家间专属经济区界限的划定”作了相关规定，但究竟如何来划定200海里的宽度仍然是有争议的。第74条由四款条文组成，其中第一款包含三方面的要求：第一，专属经济区划界应在国际法院规约第38条所指国际法的基础上进行，也就是以“过境通行不应受阻碍”为基础；第二，各国之间的专属经济区界限，应由有关各方通过谈判协商达成协议确立；第三，划界应当“得到公平解决”。而“公平解决”正是当年各方谈判过程中为达成协议折中的结果，但在后来的有关实践中因《公约》没有作出强制性规定而成了一个争议的焦点。由此可见，《公约》第74条对专属经济区划界的规定是十分笼统、含糊不清的。

其二，在专属经济区划界中，究竟如何实现“公平解决”，《公约》并没有明确规定。划界中有几个要素是不得不考虑的，一是划界是以什么为依据：中间线还是等距离线？二是相关的两个国家究竟是海岸相向还是海岸相邻？《公约》第55条规定，“专属经济区是领海以外并邻接领海的一个区域”；第57条规定：“专属经济区从测算领海宽度的基线量起，不应超过二百海里”。这两条规定成为沿海国主张专属经济区权利等距离原则的法律根据。从操作来看，等距离方法简单、明确，容易操作，但它本身并不构成一项强制性的国际规则，因为海岸线上最细小的不规则现象都会被等距离线自动地扩大，这也是在相关的实践中引发争端的最重要的原因之一。1958年的《大陆架公约》第6条区别了同一大陆架上海岸相向和海岸相邻这两种情况，前者划界适用中间线，后者适用侧面等距离线。然而，在1982年的《联合国海洋公约》中提出了一个新的概念“专属经济区”，但并没有就“专属经济区”的划界原则

① 参见《联合国海洋法公约》，http：//www.un.org/zh/law/sea/los/。

作出具体规定。因而，自《公约》签署以来，争议就一直没有停止过。

另外，专属经济区是非洲国家在反对海洋霸权主义斗争中提出来的新概念，是广大中小国家捍卫200海里海洋权的斗争的继续和发展；而且，在20世纪六七十年代，中国面临的威胁几乎是全方位的：东南先是美国、后是苏越，西南是印度，西北是苏联。[①] 在这种国际背景之下，中国的外交也“朝着更加‘左’的方向演化”。[②] 所以，在《联合国海洋公约法》谈判时，中国的方针：第一是反霸，第二是支持第三世界，第三才是维护国家利益。1970年中国还发表了一个支持发展中国家200海里海洋权斗争的公告。而事实上，中国对于自己在海上的利益是什么并不清楚，没有认识到《公约》对中国海洋权益会造成什么样的影响。《公约》是发达国家与广大发展中国家妥协的产物，但其所带来的矛盾与冲突不会仅限于发达国家与发展中国家之间，也存在于发展中国家之间。发展中国家在反对海洋霸权主义方面有共同利益，但在利用海洋资源等方面也不可避免地存在着矛盾和冲突。[③]

第三节　南海危机管理要有新模式

如何进行南海危机管理，已经是迫在眉睫的事情。南海危机一旦演变为南海周边有关国家之间的双边或多边冲突，对中国来说，可能会丧失发展的战略机遇期，但若任由越南、菲律宾等国挑衅，又有损中国的大国形象、伤害中国的主权。以下就南海危机管理的几种模式进行分析。

一、冲突管理模式

关于国际危机管理有不同的看法，一种观点认为，国际危机管理就

① 张文木著：《论中国海权》，海洋出版社2009年版，第112页。

② 王逸舟、谭秀英主编：《中国外交六十年（1949—2009）》，中国社会科学出版社2009年版，第5页。

③ 吴士存著：《南沙争端的起源与发展》，中国经济出版社2010年版，第12页。

是和平解决冲突，认为其成功完全取决于能否避免战争，目的是防止其成为战争的诱因；或者是在有限时间内制定正确对策防止危机扩大化的过程，并在最大程度上用和平手段保护自己的国家利益。① 另一种观点认为，国际危机管理就是争取赢的过程，其目标是迫使对手让步，并在国际上尽最大的可能拓展自己的利益。② 而“迫使对手让步”的方式可以根据形势而定，其中也就包括采取威慑乃至武力的方式。因此笔者认为，冲突本身也是一种危机管理模式，是一种极端的模式。也就是危机一方为了自己的利益而采取武力方式来控制局势，从而防止自己的利益被对方侵害。这种管理模式一般是单边主义模式。

如果中国在南海危机中采取冲突管理模式，必须有以下几个前提条件：一是中国面对其他争端方对南海石油资源的大量掠夺、其他争端方抢占中国拥有主权的岛屿等的危害，远远大于中国采取武力方式进行局势控制的损失；二是中国拥有绝对的军事实力，冲突发生时能够一战而胜，速战速决；三是确保中国在采取军事行动时外界强力不会介入。

但是，其一，冲突管理是不得已而为之的管理模式，虽然南海问题涉及中国的核心利益，其中就包括中国的岛屿主权问题，南海盆地油气资源的保护、开采和利用问题，以及南海航道安全问题等，但武力方式的直接损失可能会远远高于直接收益。冲突管理模式一般是对战略收益有较高预期值而采用的模式，而不是直接收益的实现形式。在南海危机中，武力不会给中国带来直接的收益，除非处于危机中的其他方逼迫中国采用冲突方式，否则中国不会采用单边主义方式。其二，与其他方相

---

① Coral Bell, *The Conventions of Crisis*: *A Study in Diplomatic Management*, London: Oxford University of International Affairs, 1971; Joseph S. Nye, Jr., “Arms Control and the Prevention of War”, in Bernard F. Halloran, ed., *Essays on Arms Control and National Security*, 25th Anniversary Edition, U. S. Arms Control and Disarmament Agency, 1986, pp. 255 - 272。另外还可参见中国现代国际关系研究院危机管理与对策研究中心编著：《国际危机管理概论》，时事出版社 2003 年版，导论；郭学堂：《国际危机管理与决策模式分析》，《现代国际关系》2003 年第 8 期，第 29 页；张沱生、[美] 史文主编：《对抗 · 合作 · 博弈——中美安全危机管理案例分析》，世界知识出版社 2007 年版；郑伟著：《国际危机管理与信息沟通》，中央编译出版社 2009 年版，第 20 页等。

② 参见 Oran R. Yang, *The Politics of Force*: *Bargaining during Superpower Crisis*, Princeton: Princeton University Press, 1968。

比，中国确实拥有绝对优势的作战实力，但中国不能保证速战速决，毕竟南海诸岛远离中国本土，对南海诸岛的海军投放能力受到远距离的掣肘，一旦战事拖延，中国将受到来自国际社会的巨大政治压力、舆论压力，而且作为一个崛起中的大国，中国采用单边主义模式还会承受国际道德的巨大压力。[①] 其三，中国根本无法确保一旦采取军事行动外界强力不会介入。虽然美国一些官员公开表示美国“不偏袒任何一方”，[②] 但美国跟菲律宾之间有共同防御条约，两国是盟友，美国绝不会真的“保持中立”。[③] 另外，南海是美国贸易和石油的重要航线，同时也是美国亚太总部向印度洋部署，特别是向波斯湾、中东地区部署兵力的重要通道，还是美国在亚太的主要盟国日、韩等国的主要海上通道，所以美国在南海问题上不可能“无动于衷”。而事实上，美国无论是现任防长帕内塔还是已离职的防长盖茨，都利用各种机会要求五角大楼认真审视中国军力发展所带来的挑战，鼓吹应强化美军在亚太地区的兵力部署以稳定盟友。帕内塔在为美参院武装部队委员会准备的书面备询中披露，美国军方正在针对中国制定新的军事战略。而盖茨则强调，尽管美国面临军费削减的压力，但诸如隐形战机、无人侦察机、战舰、太空及网络武器等关键项目的研发投入必须得到保证，因为“具有破坏作用的新技术和武器可能被用来拒绝美国力量进入关键海上交通线”，美国需要对此作出

---

① 例如，《菲律宾每日问询报》2011 年 6 月 17 日以“中国开展炮舰外交”为题，质疑中国的“和平崛起论”。参见 http：//junshi. xilu. com/2011/0617/news_ 343_ 167075. html。

② 例如，《菲律宾每日问询报》2011 年 6 月 11 日报道，美国大使馆新闻官托马森通过电子邮件发表了一份声明：“美国在地区领土争端中不偏袒任何一方。”托马森称，美国“对近几天南海事态感到不安，事态引发地区紧张上升”，华盛顿反对岛屿争端任何一方“使用武力或威胁使用武力”。参见 http：//www. sinovision. net/index. php？ module = news&act = details&news_ id = 174372&articlepage = 3。托马森的邮件，实际上只是重复了 2010 年 7 月美国国务卿希拉里·克林顿的讲话，即“美国在中国南海领土争端中不偏袒任何一方”，实际上并无新意。参见 http：//www. state. gov/secretary/rm/2010/07/145095. htm。

③ 例如，美国参议员麦凯恩在 2011 年 6 月 20 日呼吁美国政府要加强对东南亚国家的军事与政治支持，以协助它们在日益紧张的南海局势中抗衡中国。参见 http：//www. zaobao. com/special/china/southchinasea/pages/southchinasea110622c. shtml。另外，美国传统基金会兖州问题研究中心主任沃尔特·洛曼就撰文指出：“中国在南海构成的挑战——对海上领土提出的扩张性主权要求——需要我们作出强烈的、明确的、基于利益的回应。”参见 Walter Lohman，“Sorting American Priorities in the South China Sea”，http：//www. heritage. org/Research/Reports/2011/06/Sorting-American-Priorities-in-the-South-China-Sea。

回应，以确保美国能保卫盟友和美国关键的利益。[①] 一旦有外部强力介入，中国的冲突管理模式将会带来更大的危机。

二、对峙管理模式

所谓对峙管理模式是指危机中的双方通过放纵危机进一步发展来谋取更多的收益，但又不至于导致危机发展到冲突阶段。对峙管理模式的特点：一是双方在危机中的实力大致相当，即便有大国与小国的区别，但大国可能并不把实力投入到本次危机中来，从而削弱了本次危机的掌控能力；而小国可能非常重视本次危机，并把主要的实力投入到本次危机中来，从而增强了小国在本次危机中的掌控能力。因而，从危机的处置来看，双方的实力构成了大致相当的格局。二是以“既成事实”作为讨价还价的筹码，并进一步向危机中的另一方索要更大的利益；或者是要求危机中的另一方承认“既成事实”。三是危机中的双方在危机管理中各自有一个方案，是两个平行的方案。因此，这一管理模式也被称为平行式管理模式，其发展下去就会成为冲突管理模式。

对峙管理模式实际上在第二次世界大战结束以后的国际关系史上就有不少案例，最典型的就是古巴导弹危机。1961 年 5 月，古巴领导人卡斯特罗宣布古巴走社会主义道路，引起了美国的敌视，美国公然干涉古巴并宣布美国不会允许“在西半球建立一个为国际共产主义主宰的政权”，“今天，门罗主义原则和它在 1823 年宣布的时候一样有效”。[②] 美国在古巴问题上的强硬立场使苏联领导人赫鲁晓夫联想到部署在土耳其对苏联存在着直接威胁的美国导弹，因此他萌生了在古巴部署导弹的念头：“美国已经在我国周围部署了军事基地，并用核武器来威胁我们，现在叫它们尝尝要是敌人的导弹对准你是何滋味；我们做的不过是以其

① 参见 http：//www. sinovision. net/index. php? module = news&act = details&news _ id = 174972&articlepage = 2。

② ［英］G. 巴勒克拉夫著，曾苏黎译：《国际事务概览（1959—1960）》，上海译文出版社 1986 年版，第 632—633 页。

人之道还治其人之身而已。”[1] 就古巴导弹危机直接的结果而言，美苏双方实际上是对峙的结局，美苏各有自己的一套管理古巴导弹危机的方案：美国是通过威慑来阻止苏联“入侵古巴”，直到危机高潮过去之后的两个月即1961年12月，美国国防部才“宣布”苏联轰炸机已经离开古巴。而实际上苏联已经获得的“既得利益”却得到了保证，即继续在古巴保持一定的实力存在。苏联也是通过威慑来“援助”古巴，以换取美国从土耳其撤走导弹，但美国同样保证了“既得利益”，即部署在土耳其的导弹并没有撤走，相反还获得了苏联“不入侵古巴”的承诺。[2] 由此可见，美苏两国的方案式平行的，都是想在“既成事实”上进行讨价还价。

南海危机是否可以进行对峙管理？显然不行。主要原因是，在南海危机中，中国的利益受直接的伤害。中国对南沙、西沙群岛拥有全部主权，早在1947年就提出了“南海九段线”的法理诉求，国际社会并无异议。但是自20世纪70年代以来，周边国家不顾中国的主权而占据了南海诸岛，其中越南占据29个岛礁，形成230海里的岛链，驻扎了一个营共600人的军队，并在岛上设立了指挥所；菲律宾占领10个岛礁，进驻了1000人的海军陆战队士兵，拥有1300米的简易飞机跑道；马来西亚占领5个岛礁，在岛上驻军100人，拥有一条约600米的简易飞机跑道；印度尼西亚占领2个岛礁，并宣布8万平方公里的中国海疆为其主权；文莱占领宣布南通礁为其所有。此类抢占中国的主权利益并以此来作为同中国进行讨价还价筹码的做法，中国显然是不能接受的。

南海危机不能进行对峙管理的另一个原因在于，主权之下还有另外一种利益，即资源利益。资源随主权一样归属中国。但是，越南早在1973年越南战争还未结束时，就已经开始对南海丰富的油气资源进行勘探，但鉴于当时中国正在对越南进行大力援助，因此与外国公司未能合作成功。1986年，越南在南沙打出第一口出油探井。随后，越南又将南沙海域划分为数百个油气开发区面向全球招标。近年来，越南与美国、

① 赵绍棣等译：《赫鲁晓夫回忆录》（下），中国广播电视出版社1988年版，第487页。

② ［美］罗伯特·肯尼迪著，复旦大学历史系拉丁美洲研究室译：《十三天——古巴导弹危机回忆录》，上海人民出版社1977年版，第51页。

俄罗斯、法国、英国、德国等国的石油公司签订了一系列油气勘探、开采合同。据不完全统计，越南已从南沙油田中开采了逾1亿吨石油、1.5万亿立方米天然气，获利250多亿美元。21世纪头十年，周边国家单方面在南沙群岛海域钻井1000多口，发现含油气构造200多个和油气田180个，已投入生产的500余口油气井中有100多口位于中国南海断续线内，参与采油的国际石油公司超过200家。周边国家的这些行为显然违背了2002年11月签署的《南海各方行为宣言》。宣言规定："各方承诺保持自我克制，不采取使争议复杂化、扩大化和影响和平与稳定的行动，包括不在现无人居住的岛、礁、滩、沙或其他自然构造上采取居住的行动，并以建设性的方式处理它们的分歧。"① 以中国利益为代价的对峙管理模式，显然对中国是不利的。

三、合作管理模式

所谓合作管理就是危机中的双方或多方相互妥协以达成合作，从而达到相关各方收益的相对满意。合作管理模式既有双边管理模式，也有多边管理模式。一般来说，合作的动力来自于合作的收益超过单边行动的收益。② 但合作归根到底是"通过谈判的过程（即通常所说的政策协调）将各个独立的个体或组织的行动（并不是处于现在的和谐状态）变得互相一致起来"。③

如果对南海危机进行合作管理，中国必须确定好合作的议题。南海危机的核心是南沙群岛的岛礁归属和海洋划界争端。在南沙的岛礁争议中，由于中国宣称主权的大多数岛礁分别被越南、菲律宾、马来西亚、文莱等国占据，是公然对中国主权的践踏。在这一议题上，中国只能通过双边谈判来争取有关国家与中国合作，但即使是这样也很难实现。原

① 《南海各方行为宣言》，参见 http://www.fmprc.gov.cn/chn/pds/ziliao/1179/t4553.htm。

② ［美］詹姆斯·多尔蒂、小罗伯特·普法尔茨格拉夫著，阎学通、陈寒溪等译：《争论中的国际关系理论》，世界知识出版社2003年版，第544页。

③ ［美］罗伯特·基欧汉著，苏长和等译：《霸权之后：世界政治经济中的合作与纷争》，上海人民出版社2001年版，第62页。

因在于，中国政府所倡导的“搁置争议，共同开发”被有关国家错误地理解为“搁置主权，共同开发”。邓小平曾经就南沙问题指出：“把主权问题搁置起来，共同开发，这就可以消除多年积累下来的问题。”[①] 但邓小平实际上是指“搁置”有关主权问题的争议，而不是“搁置主权”。所以，对中国政府立场的错误理解导致南海周边国家的错误行动。这些国家对南沙岛礁占领已经既成事实，要它们把已经到手的利益退出来，绝不是容易的事。正因为艰难才显得谈判之宝贵，双边合作进行危机管理之必要。

在海洋划界争议上，南海周边一些国家单方面宣布200海里的专属经济区或大陆架，其主张或要求均不同程度破坏了中国的传统海疆线。在这一议题上，中国同样要采取双边谈判进行合作管理，而且完全有可能实现目标。这是因为，中国的传统海疆线（即“九段线”、“U型线”）是在1947年划出的，当时包括南海周边国家在内的国际社会在很长一段时间内未提出异议，而且许多国家出版的地图均据此将断续线内的南海海域标绘为中国疆域，其中包括法国、日本，前者曾经是越南的宗主国，两国都先后侵占过南沙群岛，它们出版的代表政府立场的地图都将南沙群岛列入中国版图。[②] 而《联合国海洋法公约》是1982年签署的，1994年才正式生效。这就是说，“1982年的《联合国海洋法公约》是对其后各国对海洋使用权责的法律规范，而无法也不应该成为确定在此之前形成的国际海洋权益分配以及利益之争的法律准绳。这个道理，就如同1945年形成的《联合国宪章》，不应成为判断1898年美国与夏威夷合并是否合法的法律依据一样”。[③] 也就是说，南海周边一些国家无权用《公约》关于200海里专属经济区或大陆架来否定中国在此之前已经获得的南沙群岛主权。因此，在双边谈判中，中国占据着国际法的法理优势，完全可以通过双边谈判进行双边合作管理。

---

① 《邓小平文选》第3卷，人民出版社1993年版，第87页。

② 详细的情况请参见吴士存著：《南沙争端的起源与发展》，中国经济出版社2010年版，第36页。

③ 沈丁立：《谈判是解决南海争端的唯一选项》，《东方早报》2011年6月21日，第A16版。

在南海其他相关问题上，如《南海各方行为宣言》中所指出的海洋环保、海洋科学研究、海上航行和交通安全、打击跨国犯罪（毒品走私、海盗、海上武装抢劫、军火走私等）和海上恐怖主义等非传统安全问题，中国应将其纳入多边机制进行多边合作管理。由于非传统安全问题具有跨国性、突发性、不可预测性等特点，① 所诱发的相关危机更加难以进行有效管理，因此纳入多边合作管理的框架可以产生多赢的利益格局。关于多边合作管理南海海域非传统安全问题引发的危机早在2002年就已经正式启动。2002年11月，中国与东盟签署了《南海各方行为宣言》和《非传统安全领域合作联合宣言》；2004年12月又签署了《非传统安全领域合作谅解备忘录》。2004年1月，首届东盟与中日韩打击跨国犯罪部长级会议在中国的倡议下在曼谷举行。会议提交了概念文件，同意建立东盟与中日韩打击跨国犯罪合作机制，并通过了《首次东盟与中日韩打击跨国犯罪部长级会议联合公报》。即便是在南海危机的当前时刻，中国与相关方的合作仍然存在，而这恰恰可以使危机迅速降温。例如，2011年6月19日，编号为HQ375号和HQ376号的越南海军舰艇与中国海军一同在北部湾进行联合巡逻任务，巡逻路程总长306海里。联合巡逻结束后，越南海军舰艇在中国海军舰艇的引导下，驶过琼州海峡进入广东省雷州半岛的湛江港，同中国海军进行友好交流访问，加强两国和两军之间的相互了解及互信。②

总之，对峙管理是下策，冲突管理则是下下之策，当前应对南海海域的危机只能采取合作管理的模式。中国方面着力于内部的发展，走和平发展之路，并不希望南海危机发展成为一个冲突爆发点，这不利于中国整体战略的实施。菲律宾方面则希望美国通过双边条约对其实施军事援助，但其并非美国的核心利益所在，美国不可能因双边条约而支持其在南海海域对中国的军事行动。至于越南想搞平衡策略，目的是为了多头下注以获取更大的利益，其若采取军事行动，美国只能象征性地进行

---

① 关于非传统安全特点最新的研究可参见傅勇著：《非传统安全与中国》，上海人民出版社2007年版，第27—34页。

② 参见 http://www.zaobao.com/special/china/southchinasea/pages/southchinasea110621a.shtml。

外交表达，而不会有实质性的参与。因此，无论是对任何一方，应对南海危机的上上之策还是合作管理。

第四节 南海危机合作管理的制约性因素

国际危机管理是相关国际行为体之间的一种特殊行为方式，其实质是一种非常规状态下的非程序化决策。[①] 危机决策则是一个由相关行为体在一定的环境和权力结构中进行权力运作的过程。[②] 这就是说，国际危机管理不仅受危机中各行为体的实力、国际环境等的制约，而且受到行为体相互之间认知意象的影响。南海危机合作管理也同样受上述诸因素的制约。

一、中国因素

中国一直努力缓解南海地区相关国家的忧虑，但在主权问题上中国决不会退让。虽然南海局势复杂，但中国同东盟国家就落实《南海各方行为宣言》一直保持着积极的对话和磋商势头。这主要还是因为中国在自身崛起的过程中努力消除周边国家对中国的忧虑。2011 年 6 月 5 日，中国国防部长梁光烈在新加坡香格里拉对话中发表了《促进安全合作，共创美好未来》的发言，代表中国就国际安全合作提出了四个原则：第一，相互尊重，平等相待，照顾彼此的核心利益和重大关切；第二，相互理解，增进互信，全面理解各自的战略意图；第三，互利共赢，同舟共济，不搞针对第三方的对抗性结盟；第四，开放包容，团结合作，欢迎世界各国为亚太安全做贡献。[③] 但是，这并不意味着中国在主权问题

① 钟开斌：《认知—心理、官僚—组织与议程—政治——西方危机决策解释视角的构建与发展》，《世界经济与政治》2007 年第 1 期，第 38 页。

② Henry Mintzberg, Duru Raisinghani and Andre Theoret, "The Structure of 'Unstructured' Decision Processes", *Administrative Science Quarterly*, Vol. 21, No. 2, 1976, pp. 246 – 275.

③ 参见 http://news.xinhuanet.com/world/2011-06/05/c_121497716.htm。

上作出让步。中国在近代史上曾因丧失主权而遭蹂躏，所以把主权始终视为高于一切国家利益。实际上，关于主权问题邓小平在阐述中国对香港问题的基本立场时就强调过，"主权问题不是一个可以讨论的问题"。[①] 今天，中国政府也始终坚持主权至上的原则。在主权问题上，中国决不会退让。这是合作管理模式中的一个重要影响因素。

二、美国因素

美国战略东移和不断加强在东南亚地区的存在，正在打破该地区原有的势力均衡。苏联解体之后，在美国看来，欧洲短期内难以出现取代美国主导权的大国。在东方，崛起的中国已经成为一个不可忽视的力量，这又正好与美国的相对衰落成为一种鲜明的对比，促使美国加快战略东移的步伐以应对中国的崛起。与此同时，美国内部的"中国挑战论"[②] 则顺势甚嚣尘上，认为中国会在国际体系内与美国争夺主导权，甚至两国很有可能发生冲突。这就是所谓的"权力转移必然导致冲突和战争"之说。[③] 但是，美国的战略东移一直受到地区性战争的牵制，如波黑内战、海湾战争、科索沃战争、"9·11"事件、阿富汗战争、伊拉克战争和南奥塞梯战争等。"天安"号事件之后，美国抓住这一机会加快战略东移的步伐。随后，美国又借美越关系正常化15周年的机会促成了"乔治·华盛顿"号进入南海海域。近年来，美国在东亚的诸多举动表明，其欲建亚洲"隐形同盟"来抗衡中国。[④] 因此，美国近年来在与中国"加强接触"的同时，也为中国的发展适当设限，维持亚洲地区的势力均衡，使之对美国有利。但是，美国没有对华采取积极的政策，而是加

---

① 《邓小平文选》第3卷，人民出版社1993年版，第12页。

② John Mearsheimer, *The Tragedy of Great Power Politics*, New York: Norton, 2001, pp. 397－402; John Mearsheimer, "China's Unpeaceful Rise", *Current History*, April, 2006, pp. 160－162.

③ Jack S. Levy, "Declining Power and the Preventive Motivation for War", *World Politics*, Vol. 40, 1987, pp. 82－107.

④ ［新加坡］威廉·钟：《隐形轰炸机外交》，《海峡时报》2011年7月3日，http://www.straitstimes.com/The+Print+Edition/The%2BPrint%2BEdition_20110703.html。

强与日本、韩国的联盟，增强与中国邻国的合作关系，在东亚地区包括南海地区继续提升军力。这在相当大程度上是在鼓励南海周边一些国家对中国采取不负责任的行为，对合作管理同样是不利的。

三、东盟相关国家的因素

南海问题相关的国家包括越南、菲律宾、马来西亚、印度尼西亚和文莱，这些国家不仅在南沙抢占了岛礁，而且已经在开发附近海域的能源和其他海底资源。对于已经获得的利益，它们不可能轻易放弃，甚至还要进一步扩大自己的利益。一方面，这些国家要中国乃至国际社会承认既成的事实，也就是要承认它们已经获得的利益；另一方面，它们加强与区域外大国尤其是美国的关系，以平衡中国的力量，从而为它们在与中国的讨价还价中增加重要砝码。[①] 无论是越南加强与美国的关系，还是菲律宾以美菲同盟关系为依托来对中国施加压力，目的都是把南海问题国际化，从而提升自身在跟中国谈判中的谈判能力。后一方面的因素实际上影响不大，因为东盟相关国家也知道，中国崛起使它们搭乘了“顺风车”，在经济上离不开中国，所以它们并不是真的想跟中国发生武力冲突。也就是说，从这一方面的因素来考量，合作管理是可能的。至于前一方面的因素，特别是要中国承认越南、菲律宾在南海所占利益的事实，那就意味着中国的主权利益受到伤害。合作管理不能以伤害一方主权为前提。因此，从东盟相关国家来看，这一方面才是影响合作管理的最重要因素。

---

① 例如，从2008年以来，越南与美国都要举行一年一度的政治、经济与防务对话。在2011年的对话中，双方高度关注南海局势。双方强调要通过外交手段解决争端，也重申了《联合国海洋法公约》和中国与东盟签署的《南海各方行为宣言》的重要性，但是越南的开发海底能源等行为显然违背了《南海各方行为宣言》，美国并没有给予谴责，反而在联合声明中强调海上航道安全的重要性，这无疑是站在越南一方对中国进行警告。参见“U. S. -Vietnam Political, Security, and Defense Dialogue”, http: //www. state. gov/r/pa/prs/ps/2011/06/166479. htm。

四、认知意象

“复杂政治组织的行为取决于决策，而这些决策又取决于决策者的心理意象。”① 认知意象是国际危机管理最重要的主观性因素。从战略角度来看，国家之间的心理认知意象主要有五种类型：敌人意象、退化意象、殖民意象、帝国主义意象和盟友意象。② 从美国的角度来看，其意识形态中有强烈的反共色彩。③ 连美国的一些学者也认为，在美国，“除极左派外，实际上所有政治派别都接受反共思想，把它作为美国对外政策的主要参数。”④ 美国的反共意识形态深深地影响着美国对中国共产党领导下的中国的认知。这种认知也毫无疑问地要在美国的对华政策中反映出来，其结果就是要么孤立中国，要么遏制中国崛起，要么“根据美国的形象来改变中国”。⑤ 而且，亚洲的安全机制一直是在美国主导下的，随着中国的崛起特别是近年来中国海军力量的提升，美国十分担心这种主导权被中国所取代。⑥ 因此，虽然近年来美国对中国的心理认知有不同的表示，如“利益有关方”、“战略再保证”等，但“敌人意象”始终存在于美国对中国的心理认知框架之中。

从东盟相关国家来看，中国的崛起对这些国家的发展产生了带动效

---

① ［美］詹姆斯·多尔蒂、小罗伯特·普法尔茨格拉夫著，阎学通、陈寒溪等译：《争论中的国际关系理论》，世界知识出版社2003年版，第261页。

② Richard Hermann and Michael P. Fischerkeler, “Beyond the Enemy Image and Spiral Model: The Cognitive-Strategic Research after the Cold War”, *International Organization*, Vol. 49, No. 3, 1995, p. 421.

③ 有学者研究意识形态在美国对社会主义国家外交政策中的地位和作用时发现这样一条规律：美国基本国家利益受到威胁时，趋向于淡化意识形态的作用；美国国力强盛时，则强化意识形态的作用；美国战略对手强大并强调意识形态时，美国会采取同样的姿态以针锋相对。参见刘建飞著：《美国与反共主义——论美国对社会主义国家的意识形态外交》，中国社会科学出版社2001年版，第229—235页。

④ ［美］莫顿·贝科威茨等著，张禾译：《美国对外政策的政治背景》，商务印书馆1979年版，第328页。

⑤ Chin-Chuan Lee, “Established Pluralism: US Elite Media Discourse about China Policy”, *Journalism Studies*, Vol. 3, No. 3, 2002, p. 355.

⑥ Naazneen Barma, Ely Ratner and Steven Weber, “Chinese Ways——Letters to the Editor”, *Foreign Affairs*, Vol. 87, No. 3, 2008, p. 166.

应，但它们对中国的戒备之心是始终存在的。自2010年1月1日中国—东盟自由贸易区正式建立，双方迅速推动取消关税，结果引发了东盟内部有关警惕过度依赖中国的讨论。而为了避免经济上过度依赖中国，东盟国家启动了与中国以外国家推进自由贸易协定的谈判，如新加坡、马来西亚分别启动了与欧盟就自由贸易区的谈判。而新加坡、文莱、马来西亚、越南还是“跨太平洋战略经济伙伴关系协定”（TPP）的成员国。显然，这些并不仅仅是其国家发展所需要，而是出于平衡中国的影响。至于在安全上，东盟国家存在着“中国威胁”的认知意象，其实就是“敌人意象”的认知。特别是在南海问题上，中国在南海的任何举动都会被美国、日本和东盟国家认为是来自中国的所谓“海上威胁”。①

鉴于上述制约因素，也为了维护中国在南沙群岛的主权，笔者建议：

其一，将南海问题进行分类，并按照不同类别的问题加以区别对待。南海问题既有主权问题，也有航道问题；既有海底能源问题，也有渔业资源问题；有的是战略性问题，有的则是过海发展性问题。主权毫无疑问是战略安全问题，也是核心利益。在这一问题上，中国没有退路，并且非常有必要向国际社会继续宣示南沙群岛的主权，甚至可以在国际上开展一些有关中国拥有南沙群岛主权的资料展。中国要进一步强调“搁置争议，共同开发”的前提是“主权在我”。关于航道安全问题，中国继续主张遵守相关国际准则和国际惯例，这样可以避免南海问题国际化，特别是避免美国插手南海问题。

其二，中国要进一步强调《南海各方行为宣言》的重要性，在此基

---

① 例如，美国参议员约翰·麦卡恩（John McCain）对中国航空武器、反卫星能力、隐形战斗机、弹道导弹军械库、进攻性网络武器以及航空母舰表示担心。他说：“我们是从过去一年里中国所采取的一系列举措，才开始担心其军事实力；首先是它宣称在国际水域扩大主权，接着是与海域邻国发生争端，最后是对东南亚等国家进行威胁。”参见 http：//www. militaryy. cn/html/60/t－61160. html。另外，美国防卫问题专家保罗·贾拉、伯纳德·科尔认为：“中国海军的崛起和壮大对美日同盟构成了挑战。中国海军正在挑战多年来掌握西太平洋和东亚制海权的美国海军。”参见《参考资料》2011年6月10日。另外，2011年4月7日，日本防卫研究所发表了首份《中国安全战略报告》。报告认为，拥有航母的中国将能把活动范围扩大到可得到空中支援的任何海域。特别是海军长期在东海、南海等周边海域进行大规模远洋训练及开展歼击机空中加油训练等活动，引起本地区各国新的担忧。而且报告还指出，中国海军不断增强常规动力潜艇是“最大的威胁”。参见 http：//news. stnn. cc/glb_ military/201105/t20110506_ 1558985. html。

础上推动中国与东盟国家谈判，制定南海问题行动准则，使其具有一定的强制性。当前的南海问题在很大程度上是由于越南、菲律宾等国违背了《南海各方行为宣言》的有关规定。前文已述及，《南海各方行为宣言》第五点规定“各方承诺保持自我克制，不采取使争议复杂化、扩大化和影响和平与稳定的行动，包括不在现无人居住的岛、礁、滩、沙或其他自然构造上采取居住的行动，并以建设性的方式处理它们的分歧”；第六点又规定“在全面和永久解决争议之前，有关各方可探讨或开展合作，可包括以下领域：海洋保护、海洋科学研究、海上航行和交通安全、搜寻与救助、打击跨国犯罪，包括但不限于打击毒品走私、海盗和海上武装抢劫以及军火走私”。然而越南、菲律宾等国的行为都超出了上述两条规定，但由于《行为宣言》不具有强制性，中国无法以此采取针对性的行动。因此，中国应以《行为宣言》为基础推动与东盟国家的谈判，争取制定有强制性的南海问题行动准则。

其三，在涉及海底资源的开发和利用问题上，南沙群岛及其海域问题涉及中国、中国台湾、越南、马来西亚、文莱与菲律宾六方，印度尼西亚虽未控制南沙岛屿但其主张的专属经济区部分进入中国九段线内。南沙争端中的“六国七方”，除主权问题之外，最大利益争端是海底能源的开发与利用问题。《南海各方行为宣言》的原则并没有涉及南海海底资源的开发和利用问题，但可以遵循《行为宣言》中“推动以和平方式解决彼此间争议”的精神和中国所倡导的“共同开发”的原则，建立“南沙能源开发组织”来规范各方的海底能源开发行为，实行多边合作管理。

第十章
“一带一路”建设的政治风险

“一带一路”建设要面临种种风险，如投资回报的风险、制度风险、文化风险、道德风险、社会风险、恐怖主义风险等等。由于有些研究成果对此类风险已有专门阐述，因此这里主要分析其政治风险。“一带一路”建设涉及的国家达到60多个，各国的政治体制、政治价值取向、社会制度、政治传统等都不一样，这种政治的差异性必然导致不同的战略和政策，并且会反映在经济发展的具体措施上。同样，政治和社会制度的差异性也会导致不同国家之间的认知差异，以及不同政治制度之下的政治稳定程度的差异。这些都是“一带一路”建设所面临的现实的政治风险。

第一节　沿线国家的政治局势

“一带一路”沿线60多个国家，既有社会主义制度，也有资本主义制度；既有总统制，也有君主制；既有集权制国家，也有选举制民主国家。沿线国家的不同政治制度、社会制度，将会产生不同的政治局势。

第一，东南亚11国的情形。东盟十国整体上来说与中国的关系较好，但从具体的国家来看，有的国家比较稳定，如新加坡、文莱、老挝、柬埔寨、越南，而其他几个国家的政局常常受到选举的影响，每到选举时政局就会动荡，尤其是泰国、菲律宾，包括早几年的印度尼西亚政局。泰国政局更是长期以来受到政治派别的权力斗争而无法安定下来，因此泰国经济近些年来一路下滑。泰国的旅游业占国内生产总值高达10%，但2013年的政治集会运动导致2014年旅游旺季到泰国旅游的人数下降到此前5年的最低值。政治动荡还导致大量资本外逃，这在很大程度上抑制了泰国经济的复苏。再就是缅甸的内战。缅甸是关键枢纽，不仅是“一带一路”的重要国家，也是中印缅孟经济走廊的关键桥梁。当然，“一带一路”建设在东盟地区最大的政治风险是南海问题。这里虽然涉及越南、马来西亚、印度尼西亚、菲律宾、文莱和中国台湾地区，但与中国争议最大且最直接的是越南和菲律宾。菲律宾在南沙群岛和越南在西沙群岛与中国的岛屿之争，已经成为双边关系的重大症结。如果管理不好，且不说在这里推进“一带一路”建设，很有可能成为地区冲突的爆发点。而南海是出入印度洋的必经之地，海上丝绸之路的核心地区就是东盟地区。也就是说，处理南海问题是考验东盟国家和中国领导人政治智慧的一道重要智力题。

第二，南亚8国的情形。南亚8国中政局比较稳定的是一些小国，如尼泊尔、不丹、马尔代夫，孟加拉国、斯里兰卡两国也相对稳定，而阿富汗政局最不稳定。自从“9·11”事件以来，阿富汗的局势始终没有得到有效解决，成为世界最动荡的国家之一。两个大国印度和巴基斯坦不仅内部政治欠稳定，尤其是巴基斯坦严重欠稳定，而且印巴之间的关系更是微妙。双方围绕克什米尔问题长期处于对峙之中，甚至可以说是心存宿仇。上海合作组织乌法峰会启动了印巴加入该组织的程序，受上海合作组织规则的制约，印巴双方可能会克制下来，走上对话与合作的轨道；而且，双方都对“一带一路”战略构想产生共鸣。但是，毕竟双方积怨太深，短期内难以形成良性互动。此外，中印两国之间同样存在边界问题，尽管当前两国的确互动较多，但并不排除边界问题会在某种因素的刺激下重新成为中印双边关系的障碍。而南亚是连接中亚、东南亚的重要区域，特别是印巴都成为上海合作组织的成员国后，南亚与中亚一起成为“一带一路”建设的核心区域。

第三，中亚6国的政局处于微稳定状态。由于这里是新丝绸之路的核心区域，笔者将进行详细阐述。这里除了恐怖主义、分裂主义和极端主义三股势力外，还存在着比较严重的“帝国后遗症”现象。所谓中亚的“帝国后遗症”现象，一方面是指苏联时期在中亚地区推行的民族政策所产生的消极影响仍然存在；另一方面也指苏联解体虽已过去20多年，但帝国崩溃的余波尚存，如幽灵一般缠绕在中亚各国，挥之不去。

其一，苏联在民族国家设置上具有很大的随意性，而且建立何种建制也缺乏明确的标准。为了推行形式上的联邦制实际上的单一制国家，斯大林主张按民族特征组建新的民族国家和民族自治体。特别是在中亚地区，按照这种方式自1924年至1936年先后完成了现在的中亚五国的组建工作。但是，苏联民族区域划界和改变建制工作完全是通过行政命令手段来完成的，特别是划界没有考虑客观情况，这在很大程度上成为苏联解体后民族冲突的巨大隐患。①

其二，苏联强制一些民族整体迁移，粗暴践踏人权。最初主要是远东的朝鲜人。苏联认为日本可能进犯苏联，并制造舆论说日本帝国主义及其代理人在远东大肆从事特务活动，而朝鲜族则被认为是“代理人”之一，所以根据斯大林的指示，从1937年8月开始，在短短的几个月里约18万朝鲜人被迫从远东迁到中亚的哈萨克斯坦和乌兹别克斯坦。在卫国战争期间，苏联政府又以一些非俄罗斯民族中的少数人“背叛祖国并且与德国法西斯合作”为由，借口维护“国家安全”，对有关的整个民族实行严厉的惩罚，将整个民族强制迁移到遥远的中亚和西伯利亚地区，总人数达到近500万。② 整体迁移所涉及的民族有苏联德意志人、克里米亚鞑靼人、车臣人、印古什人等，其中绝大多数是16岁以下的儿童。赫鲁晓夫执政时期，为了大垦荒的需要，又把大批的工人、大中学生招到中亚和西伯利亚地区，从1955年开始，每年有100多万自愿者被派到上述地区。③ 大量移民迁入造成了当地主体民族人口比例下降；与此同时，为了使中亚等边缘地区“俄罗斯化”，苏联政府还有目的地把俄罗斯人迁往上述地区，所以俄罗斯人在中亚各共和国总人口中的比例一直

① 李宗禹等：《斯大林模式研究》，中央编译出版社1999年版，第176页。

② 参见罗·麦德维杰夫：《让历史来审判》（下册），人民出版社1981年版，第842页。

③ 《苏联社会主义经济史》第6卷，东方出版社1986年版，第485页。

呈上升趋势，1959 年为 621.5 万，1979 年达 931.3 万，1991 年苏联解体时达到近 1000 万，已占中亚地区总人口的 20% 和俄罗斯联邦境外俄罗斯人的 40%。[①] 大量移民的涌入不仅冲击着本地区本民族的就业、住房等问题，也使大俄罗斯沙文主义不断膨胀，这就为紧张的民族关系埋下了祸根。

其三，在经济政策上，苏联长期在各加盟共和国推行专业化和按区域分工的经济政策，导致许多地区经济结构严重畸形。长期以来，中亚各国受联盟劳动分工的束缚，其经济严格按照联盟中央规定的方向发展，经济布局也是由联盟中央决定，各共和国没有经济发展的自主权。而当时苏联从军备竞赛的需要出发，对中亚地区重工业的发展较为重视，尤其重视对矿产资源的开发，而对相关的加工部门以及轻工业和食品工业等严重忽视，致使中亚各国采掘业和个别重工业相对发达，而轻工业和食品工业严重滞后。可见，正是苏联的专业化分工导致了中亚各共和国的经济基础十分薄弱，特别是在苏联解体和中亚各国独立后，专业化分工给新独立的中亚各国在经济上留下了严重的后患。由此可见，中亚各国作为独立主权国家的经济条件很不完备的情况并没有根本改变，[②] 以至于在独立十多年后中亚国家同俄罗斯之间的经济"脐带"仍然无法割断，中亚国家的经济仍然依赖于俄罗斯的"脐带血"，这就注定了俄罗斯的现代化之路充满荆棘。[③] 正是这样，俄罗斯在独立初期非常不情愿充当这些国家的"奶牛"，而视之为"包袱"力图甩掉。[④] 中亚国家经济上的困境，特别是大多数居民生活水平低下、贫富差距过大、官员腐败等，就成为社会动荡和民族纷争的经济根源。

其四，苏联在宗教问题上也推行了一些过激的政策，尤其是在赫鲁

---

① 潘志平主编：《民族自决还是民族分裂》，新疆人民出版社 1999 年版，第 27 页；赵常庆主编：《中亚五国概况》，经济日报出版社 1999 年版，第 12 页。

② Boris Rumer and Stanislav Zhukov，"Structural Change"，in Boris Rumereds，*Central Asia：The Challenges of Independence*，New York，1998，pp. 70 – 102.

③ Umirserik Kasennov，"Post-Soviet Modernization in Central Asia：Realities and Prospects"，in Boris Rumereds，*Central Asia：The Challenges of Independence*，New York，1998，pp. 28 – 53.

④ 学刚、姜毅主编：《叶利钦时代的俄罗斯·外交卷》，人民出版社 2001 年版，第 151 页。

晓夫后期，苏联公然宣布宗教是“旧势力的残余”，并把无神论与宗教信仰之间的矛盾不恰当地提升到阶级斗争的高度。苏联政府还以行政手段强行关闭教堂和清真寺，强迫神职人员还俗，凡是反抗者都会受到严惩。苏联政府的这些做法不仅加深了宗教界人士与政府的矛盾，伤害了教徒们的感情，也加剧了少数民族的民族主义情绪。因此，在苏联走向崩溃之时，包括中亚在内的不少地区的反苏共行为多少带有宗教民族主义的色彩。而在独立后的中亚国家，由于在苏联时期伊斯兰教受到过度的压抑，苏联解体后伊斯兰复兴不仅成为一种政治现象，而且不少伊斯兰教派迅速演变为干预政治、危害社会稳定的伊斯兰极端势力。①

苏联解体意味着一个欧亚帝国的崩溃。帝国的实质性崩溃早在 1990 年 3 月立陶宛宣布独立已开始，随后爱沙尼亚、拉脱维亚也相继宣布独立。波罗的海三国独立之后，苏联境内既有政治“民主化”的强烈呼声，更有更大规模的民族主义浪潮。前者的目的在于废除苏共对国家权力资源的垄断，而后者则是为了直接肢解苏联。最后，《别洛韦日协定》以“合法性的民族主义”宣布苏联帝国的最后崩溃。苏联解体后，帝国崩溃的余波仍然时而不时地在原苏联地区荡起阵阵旋涡，并直接威胁到新独立国家的政治稳定。从俄罗斯车臣包括整个高加索地区、里海沿岸国家，到整个中亚地区包括阿富汗，都受到帝国崩溃余波的巨大冲击。这种冲击表现为在原苏联地区十多年来出现持续不断的各种冲突和不稳定，如国内或国家间的种族冲突；环绕里海地区的经济冲突以及原苏联“不曾有过的”能源竞争和能源依赖问题；由苏联加盟共和国的政治安排和政权不能对公民的权利进行有效的保护引起并延续至今的宗教极端主义和恐怖主义；以及从苏联独立出来的各国之间的边界冲突、非法移民和毒品走私。② 有的问题甚至已经波及到了西方国家。③

---

① 参见孙壮志：《中亚新格局与地区安全》，中国社会科学出版社 2001 年版，第 167—170 页。

② A. P. Tsygankov，“Mastering Space in Eurasia：Russia's Geopolitical Thinking after the Soviet Break-up”，*Communist and Post-Communist Studies*，Vol. 36，No. 1，2003.

③ 例如毒品走私，西方国家已经成为中亚—阿富汗毒品走私的巨大市场，西方国家已感到再不对中亚—阿富汗地区进行有效治理，毒品将在西方国家严重泛滥，最终将危及西方国家的社会安全。

而中亚地区民族构成复杂，影响该地区的宗教也繁多，民族问题和宗教问题在帝国时期和帝国崩溃后，都是该地区不稳定的直接原因。由此可见，十多年来，肆虐中亚地区的民族分裂主义、宗教极端主义和国际恐怖主义三股恶势力以及其他跨国犯罪活动，说近一点，不过是苏联70多年来在中亚推行帝国政策的一种消极后果的表现；说远一点，则是俄罗斯200年来介入中亚地区后其帝国政策所积累的消极因素的总爆发。

这种"帝国后遗症"现象的根源是什么呢？

制度变迁客观上需要进行目标制度的设计。"8·19"事件之后，在民族主义浪潮的冲击之下，苏联解体已经成为难以挽回的局势，但是后苏联空间用什么来替代苏联的帝国制度，人们并不清楚，特别是中亚地区历史上一直被别的民族统治，自己没有选择制度的机会，所以难免会成为一个"破碎地带"。由此可见，中亚"帝国后遗症"产生的原因固然是多方面的，但最直接的原因在于，国际社会、俄罗斯和新独立的中亚国家都缺乏相应的准备。

首先，对苏联解体没有心理准备。苏联是与美国匹敌的超级大国，是美国的冷战对手，尽管美国一直想搞垮苏联，但绝不会想到苏联的结果会是这样的，更不会想到苏联帝国会如此迅速地崩溃。1991年7月，布什访问苏联与戈尔巴乔夫会晤后，又特地分别与俄罗斯领导人叶利钦、哈萨斯坦领导人纳扎尔巴耶夫和乌克兰领导人克拉夫丘克会谈。在与克拉夫丘克会谈时，双方分别是用英语和乌克兰语进行的，也就是说，美国俨然将乌克兰当作一个独立的国家来看待。而当时美国驻苏联大使马特洛克还十分难为情地表示："我们已经有点出格了，以往的来访者从未像我们那样把乌克兰视为一个独立的主权国家。"① 然而，此后不到半年，苏联就彻底瓦解了。由此可见，西方国家对苏联的解体也是缺乏心理准备的。

其次，由于对苏联的解体缺乏心理准备，苏联解体后更缺乏对原苏联地区进行有效治理的制度，而最突出的是在中亚—高加索地区。虽然

① ［美］小杰克·马特洛克：《苏联解体亲历记》（下），世界知识出版社1996年版，第664页。

原苏联的欧洲部分包括东欧国家也是苏联解体后出现的新的战略空间，但这一地区是过去冷战的前线，更是北约和华约两大军事集团以及苏美两大超级大国必争的战略空间，一旦任何一方势力走弱，另一方就会迅速渗透进去，填补其空间。由于西方早就觊觎东欧甚至原苏联的欧洲部分，决不会毫无准备地面对该地区可能出现的权力真空，因此在华约解散、苏联解体后，西方势力很快就毫不犹豫地强占了该地区的战略空间，该地区基本上没有出现权力真空。与原苏联的欧洲部分和东欧国家不一样，中亚—高加索地区是冷战的大后方，是苏联的传统战略后院。根据麦金德的“枢纽”理论，美国等西方国家应该说非常想进入中亚地区，但是它们不仅在冷战时期没有想到它们可能会进入该地区，甚至在冷战后初期也没有想到它们能够在该地区迅速施加影响。当然，美国等西方势力对中亚的渗透是做了不少努力的。苏联解体后，美国就同中亚国家在政治上进行积极接触。一方面，美国派出了包括当时的国务卿贝克、基辛格、布热津斯基等在内的一大批资深外交官穿梭于中亚各国；另一方面，美国也寻找政治平衡力量来抗衡俄罗斯和影响中亚。其目的在于，既不能使中亚国家重新回到俄罗斯的怀抱，也不能使这一地区成为伊斯兰原教旨主义的家园，而要使之成为美国推行全球战略可依托的地区之一。在军事上，美国借助于北约与中亚国家建立“和平伙伴关系计划”，并通过在中亚地区进行维和军事演习而试图将自己的军事力量渗透到中亚地区。自 1997 年夏季“中亚营”演习以后，美国的确在俄罗斯的战略后院撕开了一道裂痕，破天荒地进入中亚地区。在经济上，美国在 1992—1999 年间向中亚国家提供了近 10 亿美元以支持中亚国家的民主改革和经济转轨。[①] 但即便如此，美国、北约在冷战后也无法在短期内填补中亚地区的战略空间，尤其是在东欧和一部分原苏联国家纷纷要求加入北约的时候，迄今为止还没有一个中亚国家提出过此类要求。尽管“9·11”事件后美国取得了中亚实质性的存在，但这仍然是暂时的，对

① Anatolii Taksubayev, “Russia and Central Asia”, *International Affairs*, Vol. 45, No. 3, 1999.

中亚新格局的影响也是有限的。[1]

再次，苏联解体后，俄罗斯的国力对周边的影响力已今不如昔。苏联解体后，俄罗斯经济已经陷入危机的深渊。尽管俄罗斯试图通过实施"休克疗法"来实现经济转轨，但"休克疗法"非但没有使俄罗斯摆脱危机，相反，由于宏观经济环境恶化，外资不敢来，内资则因害怕"受损"而对宏观经济环境产生"恐惧和怀疑"，最后不得不逃到境外。[2] 大量资本外逃使内部资金短缺，投资严重不足，从而导致国家税源枯竭，财政赤字上升。由于这样，投资者对经济形势更加没有信心，特别是俄罗斯又处于高通胀和拒付危机之中，资本外逃的情况就更加严重，资本也更加短缺，投资市场日益萎缩。因此，20 世纪 90 年代的俄罗斯经济正是处于这样一个恶性循环之中。[3] 尽管俄罗斯的军事力量仍然可以与美国抗衡，但由于经济实力严重衰弱，外交和外交上必要的军事行动都受到经济上的严重制约。正是这样，虽然俄罗斯由于其传统的影响在中亚地区仍然是主要的力量，但已不再是这一地区绝对的支配力量。[4] 俄罗斯的传统影响力减弱，而其他力量又不能迅速填补原苏联的力量空间，这就为民族分裂主义、宗教极端主义和国际恐怖主义的肆虐提供了可乘之机。

中亚内部对苏联解体后的情况也缺乏足够充分的准备。这不仅表现在经济上，更集中表现在中亚各国内部的政治控制力上。尽管中亚国家在苏联解体后都纷纷建立了总统集权制，但由于这些国家都是多宗教、多民族的国家，民族纷争、宗教冲突常常反映到国内政治生活上来，与

---

① 国内不少学者认为，美国在中亚的存在将是长期的，为了从其自身利益考虑，美国不会轻易从中亚撤出，但是中亚国家特别是乌兹别克斯坦的学者和外交家大都认为，美国暂时留在中亚有利于整个中亚的稳定，但美国最终必须离开中亚，至于什么时候离开，这要取决于阿富汗的局势。

② Konstaintin Loukine, "Estimation of Capital Flight from Russia: Balance of Payment Approach", *The World Economy*, Vol. 21, No. 5, July 1998; Terry Sicular, "Capital Flight and Foreign Investment: Two Tales From China and Russia", *The World Economy*, Vol. 21, No. 5, July 1998.

③ A. Abalkin and J. Whalley, "The Problem of Capital Flight from Russia", *The World Economy*, Vol. 22, No. 3, May 1999.

④ Anatolii Taksubayev, "Russia and Central Asia", *International Affairs*, Vol. 45, No. 3, 1999.

苏联时期相比，这些国家的总统制的控制力已严重弱化。政治控制力弱化、民族纷争、宗教冲突等为民族分裂主义、宗教极端主义和国际恐怖主义的肆虐提供了必须的社会环境。更为关键的是，目前中亚国家老一辈政治精英逐渐老去并退出政治舞台，新的政治精英的政治取向不仅是中亚国家政治发展的变数，也是推进“一带一路”建设的重要变数。

第四，西亚北非16国中比较不稳定的国家包括伊朗、伊拉克、土耳其、叙利亚、以色列、巴勒斯坦。这些国家不稳定有几种情况：一种是国家领土之争，这主要是指巴勒斯坦与以色列之间的关系；二是内部政治权力斗争，如伊朗内部的派系斗争、伊拉克内部的权力争夺；三是政治权力受外界的影响而弱化，如巴勒斯坦在以色列的压制之下而无法正常履行国家职责；四是受社会因素影响而导致社会动荡，如叙利亚、伊拉克等国受“伊斯兰国”极端势力的影响而导致国家治理严重缺失。当前整个西亚北非乃至更大的范围都在遭受着“伊斯兰国”极端势力的危害，中国在这里虽然没有非常重要的战略利益，但有一定的经济利益。“一带一路”战略构想提出来后，西亚北非成为“一带一路”建设的主要地区，因此这里的政局、社会稳定同样至关重要。

第五，中东欧16国中仍然存在着相对不稳定的国家，如阿尔巴尼亚与塞尔维亚之间的科索沃问题，至今还是悬着的一把达摩克里斯之剑。波黑的后遗症也是困扰东南欧的一个历史遗留问题。此外，在原独联体内部的国家中，格鲁吉亚与亚美尼亚之争、摩尔多瓦内部的问题等都成为该地区政治不稳定的重要因素。当然，这些国家和地区不是中国的邻国，“一带一路”的推进相对来说要缓慢一些。但是，乌克兰的内部局势迄今为止尚未解决，长久拖下去，出现外溢的可能性很大，这种情形不利于“一带一路”在这些地区和国家的推进。

总之，对于经济来说，最大的风险来自于政治，尤其是政局的不稳定将会导致相应的经济投资收益丧失，外资不愿意投入，境内资本外逃。也就是说，经济环境决定于政治环境，政治环境一旦出现不稳定，那么整个宏观经济环境就难以支撑。

第二节 传统地缘政治争夺

“一带一路”重点地区是在欧亚大陆和太平洋西岸一直延伸到印度洋沿岸，而这些地区迄今为止还有多处热点问题，是国际冲突的主要爆发点。尽管已经进入21世纪，但冲突仍然表现为传统地缘政治的争夺。

第一，乌克兰危机虽然是内部政治力量的权利争夺，但始终存在着欧美与俄罗斯地缘争夺的浓厚色彩。自2013年11月21日亚努科维奇政府宣布暂停与欧盟联合协议的准备工作转而与俄罗斯加强经贸联系之后，乌克兰发生了大规模的抗议活动，随后，乌克兰危机愈演愈烈。乌克兰危机虽然是乌克兰国内政治的危机，但自始至终受到国外因素的深刻影响，因而危机本身也对国际局势产生重要影响，尤其是对欧亚大陆局势产生重大影响，甚至是自冷战结束以来对欧亚大陆国际格局产生影响的最大事件。乌克兰危机的直接导火线是乌克兰内部政治力量关于与欧盟合作还是更加亲近俄罗斯的选择问题，最后演变为无休止的街头政治斗争，但俄罗斯和美欧两大外部力量借用了这样一个机会在乌克兰进行新的地缘政治博弈。这一事件大致经过了以下几个阶段：

第一阶段，主要是内部政治力量关于乌克兰未来的选择，从2013年11月21日到2015年2月21日前。以亚努科维奇为首的东部亲俄力量主张加强与俄罗斯的关系，而以季莫申科副手图奇诺夫为代表的西部力量主张加强与欧盟的关系，最终是要加入欧盟。由于亚努科维奇掌控着行政资源，同时得到了俄罗斯的经济支持，因而暂时处于竞争优势。但在外部的调停之下，亚努科维奇与政治反对派进行了妥协，至此，形势发生了逆转。

第二阶段，俄罗斯、美欧力量对乌克兰危机渗透都很深，都想影响乌克兰的政治走势。2015年2月21日，亚努科维奇受到死亡威胁并逃离乌克兰。在这种情形下，东部亲俄力量不满反对派剥夺亚努科维奇的总统权力而导致大规模的抗议活动。3月17日，克里米亚举行全民公投，结果超过96%的投票要求克里米亚并入俄罗斯。随后，俄罗斯上议院和下议院先后通过了克里米亚入俄的法案，3 月 21 日俄总统普京签署法案，克里米亚正式加入俄罗斯联邦。对于克里米亚的公投，联大认为是无效的，美国、欧洲都不予承认，但俄罗斯指出，科索沃已有先例。

第三阶段，乌克兰全面陷入无政府状态，东部的哈尔科夫、卢甘斯克、顿涅茨克、敖德萨等都相继要求改变乌克兰单一制政体，实现联邦制，有的甚至也要求加入俄罗斯联邦。所以，乌克兰开始以反恐的名义来打击亲俄的东部力量，乌克兰事实上已经陷入战争状态。与此同时，美欧、俄罗斯都在乌克兰进行着一场隐蔽的代理人战争，即美欧暗中派情报人员甚至武装人员参加乌克兰临时政府的所谓“反恐”战争，而俄罗斯也暗中把一些情报人员送入乌克兰东部地区，并进一步挑起乌克兰俄罗斯族和讲俄语的人们进行抗议活动。美俄在乌克兰进行实质性的武装接触实际上已经通过代理人开始了。乌克兰大选之后，原本国际社会对波罗申科有很高的期待，尽管他出生于东部，但内心中是以西方为价值取向的，正是在他上台后，乌克兰成了欧盟的准成员国，然后取消了不结盟运动的地位。在国际观察家看来，这无疑是在为加入北约做准备，这对俄罗斯来说是难以接受的。众所周知，苏联解体使俄罗斯的战略纵深退缩了 1000 多公里，科索沃战争期间，北约大规模东扩，又极大地刺激了俄罗斯的软肋，不仅波兰、捷克、匈牙利加入北约，而且波罗的海三国也成为北约阵营中的新成员。时任俄罗斯总统叶利钦曾对北约东扩划了一条红线，即北约绝对不能越过波罗的海国家和乌克兰。波罗的海国家早已投入北约的怀抱，如今乌克兰又跃跃欲试，所以俄罗斯不得不绷紧神经。这就如美国著名国际政治学者布热津斯基所说的，没有乌克兰，俄罗斯就难以成为欧亚帝国。乌克兰处于欧亚中部地区，一直就是东西方力量博弈的主战场。加上国内政治力量长期不和，乌内部东西部的矛盾始终没有弥合，因而给外部力量的地缘博弈提供了很好的机会，从而也加剧了乌内部的政治纷争。

乌克兰危机已经在欧亚大陆的中部地带产生了传导效应。欧亚大陆中部的稳定本就十分脆弱，自苏联解体以后，这一地区没有真正地稳定过：苏联解体导致的民族分裂主义、2003—2005 年的“颜色革命”，以及长期活跃在中亚地区的恐怖主义、分裂主义和极端主义等，都给欧亚大陆中部的稳定造成了严重的破坏。本来苏联解体的民族分裂主义余波已渐渐走向平静，“颜色革命”的潮水也逐渐退却，三股势力也在上海合作组织反恐军演的威慑之下而有所收敛，然而乌克兰危机把这一切又重新激活了。

从事件本身可以看出，乌克兰危机兼有前面所有问题的特质，包括苏联解体的民族分裂主义色彩（如克里米亚问题）、“颜色革命”的特点（如季莫申科发动的“橙色革命”）、极端主义因素（如敖德萨的暴乱）等。不仅在乌克兰内部，而且在欧亚大陆中部也在不断蔓延。在乌克兰危机的直接影响下，德涅斯特河沿岸共和国强烈要求加入俄罗斯联邦。另外，此次乌克兰危机在很大程度上是一次语言、民族的分裂运动，是讲俄语和讲乌克兰语的民众之间的分裂。而在欧亚大陆中部，语言、民族的矛盾是很深的，不仅在乌克兰，包括波罗的海国家、高加索地区、中亚特别是哈萨克斯坦、土库曼斯坦等，也同样存在着讲本民族语言和讲俄语民族之间的矛盾。如果这一问题成为一种常规现象，那么其在欧亚大陆中部地区将会演化为严重的语言、民族冲突，这将是灾难性的后果。

欧亚大陆中部地区进一步碎片化（民族分裂）的可能性非常大，也有可能极化（或俄罗斯化）。这两个过程实际上是同一过程的不同表现，当前“俄罗斯化”会更为突出。而为了阻止该地区的“俄罗斯化”，美欧必然要对俄罗斯进行制裁：经济制裁和战略制裁。经济制裁对俄罗斯的影响不大，但战略制裁则影响较大，如实行北约新的东扩政策，包括促进乌克兰局势稳定，迅速吸收乌克兰进入欧盟，将乌克兰纳入北约体系；同时也加快格鲁吉亚加入北约的进程。因此不难看出，在欧亚大陆一场新的冷战似乎已经以乌克兰危机为标志而若隐若现地开始了，只是与上次冷战的表现方式和内容都稍有不同，即不是社会主义阵营与资本主义阵营的冷战，而是充满了地缘争夺的色彩，当然也有价值观的色彩。因为毕竟俄罗斯的价值观与欧美的价值观依然相去甚远。

如果这是一场新冷战的话，那么其分界线肯定不再是在欧洲内部，而是从欧洲开始向亚洲腹地延伸。从短期来看，俄罗斯在乌克兰危机中处于优势地位，占据着先机，因为克里米亚、塞瓦斯托波尔都成为俄罗斯的一部分，但俄罗斯是否能够迅速消化这些问题值得怀疑。如果这些问题短期内得不到解决，新的危机将从俄罗斯内部开始，一直会蔓延到独联体其他国家，当然包括中亚各国。因而，新的冷战就不只是俄罗斯与美欧之间的地缘争夺，也包括资源争夺，同时还伴随着宗教冲突、民族分裂主义、极端主义、恐怖主义等非传统安全因素。而受这些因素影响最深的不是欧洲内部，而是亚洲的腹地，即中亚—高加索地区。北约体系将在打击各种非传统安全威胁的名义下与俄罗斯全面展开地缘争夺，并迅速蔓延到中国西部。也就是说，如果新冷战出现，那么其边界会向东延伸到中亚地区，直接威胁到中国西部安全。

因此，在推进“一带一路”建设的过程中，中国需要正确评估乌克兰危机对中国的影响。首先在外交上，我们不应该支持任何力量分裂乌克兰，坚持乌克兰领土主权的完整性，这是秉承国际法的原则和国际道义。因为，用任何手段肢解一个主权国家，都是有悖于国际法原则的。特别是中国也有台湾问题、新疆问题、西藏问题，如果中国支持乌克兰一些地方的独立或并入俄罗斯，那么中国自己的问题将难以应对。其次，在民族语言上，我们要避免“乌克兰陷阱”。乌克兰最大的问题是语言不统一，而中国长期以来没有对少数民族尤其是维族奉行统一的语言政策，事实上在维族，1970年后出生的人很少有能够懂汉语的，普通话对他们来说几乎就是外语，这隐藏着巨大的分裂风险。因此，既要维护少数民族语言的合法权利，也要坚持官方语言的统一性，全面推行普通话，这是维护国家统一的基本前提。再次，经济发展是根本。乌克兰的分裂与经济发展严重失衡有直接的关系，东部发达，而西部落后。中国也是一样，东部沿海地区发展很快，而西部地区经济非常落后。因此，我们要大力发展西部经济，中国也应该像当年的美国一样发起一次经济发展的“西进运动”，把西部的发展放在国家发展战略最重要的地位，用“一带一路”来推进西部的全面发展。最后，从内部与外部的联动来看，一要强化上海合作组织的经济合作和安全合作；二要平衡中国与俄美的合作关系，不能为了俄罗斯而得罪美国，也不能以单方面的妥协而求得与美国的友好关系；三是在内部大力发展西部的同时要突出兰州、乌鲁木齐、喀什在西部发展中的重要作用，也要重视中部的重庆、成都、昆明、南宁对西部乃至中亚、东南亚、南亚的辐射作用。从这方面来看，新丝路经济带的确是战略之举，通过新丝路经济带的经济发展来推动上海合作组织的安全合作和其他方面的合作，这样可以从根本上化解新冷战对中国的负面影响。

第二，中亚自古以来就是地缘政治争夺的焦点。中亚地区处于欧亚大陆的腹心地带，东邻中国，西至里海，北起俄罗斯，南接伊朗、阿富汗，历史上著名的丝绸之路穿过其中，是古代兵家必争之地。从历史来看，中亚确实一直是列强逐鹿之处，包括阿拉伯帝国、奥斯曼土耳其帝国和蒙古帝国都没有忽视过中亚这块地方，中亚的重要性由此可见一斑。今天又有东接太平洋、西至大西洋的欧亚大陆桥横贯中亚，其地缘政治的地位更加凸显。中亚总面积达 400 万平方公里，内部市场腹地广大。最重要的是，中亚地区蕴藏着大量的铁、铜、铅、锌以及黄金等各种有色金属和稀有金属，其中用于生产核武器的铀的蕴藏量，仅塔吉克斯坦就占世界的 14%。这里还有丰富的石油、天然气资源。哈萨克斯坦、土库曼斯坦都是石油、天然气出口国。石油是工业的血液，面对中亚丰富的地下能源，域外大国不可能做“坐观垂钓者”。正是中亚突出的地缘政治经济地位，促使俄罗斯、美国、欧盟在对外战略上越来越重视中亚地区。

俄罗斯虽然对中亚的影响呈颓势，但这种影响是难以消除的，而且俄罗斯仍然把中亚视为其战略后院，所以说，中亚是俄罗斯的利益所在。俄罗斯在中亚的核心利益还有“从其通往印度洋的线路”，不过，“在这条线路上的中亚地区存在着强大的伊斯兰反俄力量”。① 因此，苏联解体后，俄罗斯地缘政治思潮再度复兴。不过，各种地缘政治思潮的观点是大相径庭的。一种观点认为，俄罗斯应该建立一个“沟通桥梁”，通过发展跨俄罗斯和苏联共和国疆域的地、空和电子通路，连接欧亚的南、西、东地区，通过缩短沟通网络的长度，把目前连接欧洲和东亚的网络缩短一半，使所有参与者从中获利。同时，欧亚仍将成为一个开放的、经济和政治稳定的地区。这种主张可能更接近于今天所倡导的“一带一

① 张文木：《丝绸之路与中国西域安全》，《世界经济与政治》2014 年第 3 期。

路”的思想。另一种观点认为，为了有效发挥稳定中亚的作用，俄罗斯必须保持强权，而且其地位不仅仅是象征。如果俄罗斯不是强权，欧亚地区就不会有和平和稳定。保持强权地位是通过在该地区的政治、军事平衡政策，以及各种由国家组织的地缘经济项目来实现的。但是，不管是哪种地缘政治思想，俄罗斯始终没有放弃中亚，而且大多数俄罗斯精英和知识分子都极力主张要保持俄罗斯在欧亚地区特别是中亚地区的文化、政治和经济的存在。事实上，自苏联解体以来，俄罗斯跟中亚国家建立了诸多联系，包括机制化和非机制化的联系，甚至也有军事化的合作（如集体安全条约等）。尤其是在欧美的战略挤压之下，俄罗斯更加强调与中亚国家的关系。

美国虽然与中亚距离遥远，但冷战结束后，美国迅速与中亚接近。从克林顿时期以来，美国的力量就不断向中亚渗透。其目的就在于，一旦掌控中亚，那么北可以影响俄罗斯，南可以遏制伊朗，东可以给中国造成压力，西可以牵制高加索地区。在克林顿时期，美国以北约的名义在中亚国家进行和平军事演习，不过仅仅是演戏而已，但是2001年“9·11”事件给美国政府提供了千载难逢的机遇。布什政府在反恐大旗的掩护下仅用一个月的时间就完成了在中亚的军事部署，并为美军战机租用了乌兹别克斯坦、吉尔吉斯斯坦和塔吉克斯坦三国的军事基地，实现了美国多年来梦寐以求却难以实现的战略目标。因此，美国舆论将其视为美国全球军事战略的“历史性突破”，是美国实现“全球无处不在的宏大计划”的一个重要组成部分。应该说，美军在中亚的出现，是美国在该地区地缘政治争夺中的一大胜利，美军的存在为美国维护其里海能源利益提供了安全保障，为军事上威慑俄罗斯、伊朗和中国提供了一个便利的平台。在这种情形下，美国在中亚的战略即更加清晰：以反恐为旗号，保持美军在中亚的长期存在，实现美军在外高加索零的突破，配合北约在东欧地区的部署，对俄罗斯形成从巴伦支海、黑海到里海的弧形包围之势，与此同时，加强对伊朗和中国的军事威慑；加速对中亚地区条件成熟的国家进行的“民主化改造”，并通过这种方式将更多的中亚和外高加索国家彻底纳入美国主导的世界政治体系之中，从而扩大美国的地缘战略优势，维护美国在该地区的能源利益。①

2005 年“安集延事件”发生后，美国与乌兹别克斯坦的关系迅速恶化，俄乌关系“重修旧好”，俄罗斯在中亚影响力有了一定的恢复和扩大，上海合作组织也发表声明，要求美军制订撤军时间表。在这种情形下，美国国务院于 2006 年 4 月推出“大中亚计划”，将南亚和中亚当作一个整体区域看待，阿富汗成为新大中亚区域的中心和连接中亚和南亚的桥梁。通过推动中亚与南亚国家在水电、能源运输、交通通信、经济贸易、文化等方面的合作，构建一个将中亚五国与阿富汗、南亚三国连成一体的新“大中亚概念”。为此，2006 年初，美国国务院改组内部机构成立中南亚事务局。2007 年国际开发署将中亚事务从欧洲与欧亚大陆事务局划归亚洲局管理，美国为推进“大中亚计划”所做的管理层面的调整已初步完成。与此同时，美国大力介入中亚—高加索地区的政治选举，在格鲁吉亚、吉尔吉斯斯坦通过“隐身”而借助于政治选举来进行“民主化改造”。在格鲁吉亚取得了成功，但在中亚却很快失败，这促使中亚国家在政治上更加倾向俄罗斯。近年来，中亚国家一直致力于巩固新生主权和社会发展，在这方面逐渐掌握了一些规律，获得了一些治理国家的经验。所以，在经历了一系列重大事件以后，中亚各国不断地推动着独立建国进程和参与国际社会新秩序建设，并以不同的方式与定位确立了各自在地区一体化和经济全球化进程中的位置。② 也就是说，外部力量对中亚地缘政治的争夺将变得更加困难，但这种争夺会更加激烈。这是推进“一带一路”建设的重大风险。

第三，南海岛屿之争、航道安全问题以及东海大陆架问题也是传统地缘政治争夺的一个缩影。中国拥有 300 万平方公里的海洋国土，但大约有 120 万平方公里的海洋国土与周边国家存在争议。南海海域及其相关岛屿与菲律宾、马来西亚、越南、印度尼西亚、文莱等国存在着争议；东海海域有东海大陆架、钓鱼岛与日本存在着争议。此外，黄海海域与韩国之间在苏岩礁的归属问题上存在争议。

---

① 参见胡尚哲、高永久：《美国的中亚和高加索战略的演变》，《俄罗斯中亚东欧研究》2006 年第 2 期。

② 许涛：《中亚地缘政治变化与地区安全趋势》，《现代国际关系》2012 年第 1 期。

在南海地区，一边是越南、菲律宾等国家对南海岛屿虎视眈眈；一边是美国欲借机在南海出牌以牵制中国；而中国方面则因要坚守南海诸岛的主权而不得不作出主权国家的必要应对。众所周知，南海问题对中国来说，涉及领土主权问题、经济利益问题以及国家安全战略问题。

从领土主权来看，中国对南沙群岛及其附近海域拥有无可争辩的主权，这一事实可以上溯到汉朝唐宋年间，许多历史地理著作将西沙和南沙群岛相继命名为“九乳螺洲”、“石塘”、“长沙”、“千里石塘”、“千里长沙”、“万里石塘”、“万里长沙”等。宋元明清四代，以“石塘”、“长沙”为名记述南海诸岛的书籍多达上百种。元代，对南海诸岛地理位置的记载更为详细。清代《更路簿》记载了中国海南岛渔民所习用的南沙群岛各个岛、礁、滩、洲的地名具体方位，其中南沙计 73 个地名。在清代，中国政府将南沙群岛标绘在权威性地图上，对南沙群岛行使行政管辖。1724 年的《清直省分图》之《天下总舆图》、1755 年《皇清各直省分图》之《天下总舆图》、1767 年《大清万年一统天下全图》、1810 年《大清万年一统地量全图》和 1817 年《大清一统天下全图》等许多地图均将南沙群岛列入中国版图；1932 年和 1935 年，中国参谋本部、内政部、外交部、海军部、教育部和蒙藏委员会共同组成水陆地图审查委员会，专门审定了中国南海各岛屿名称共 132 个，分属西沙、中沙、东沙和南沙群岛管辖。

第二次世界大战期间，日本发动侵华战争，占领了中国大部分地区，包括南沙群岛。《开罗宣言》和《波茨坦公告》及其他国际文件明确规定把被日本窃取的中国领土归还中国，这无疑包括了南沙群岛。日本政府于 1952 年正式表示“放弃对台湾、澎湖列岛以及南沙群岛、西沙群岛之一切权利、权利名义与要求”，从而将南沙群岛正式交还给中国。1946 年根据《开罗宣言》和《波茨坦公告》精神，中国内政部会同海军部和广东省政府委派专员管理西沙群岛和南沙群岛，并在岛上立主权碑。1947 年，中国内政部重新命名包括南沙群岛在内的南海诸岛全部岛礁沙滩名称共 159 个，并公布施行。

从经济利益来看，20 世纪中期以前，中国一直拥有南海的主权而且没有引起过其他国家的争议。但是，1968 年美国地质学家埃默里的一份报告认为，在越南沿岸的附近海域、南沙群岛东部和南部海域蕴含着非常丰富的油气资源，西方国家某些利益集团甚至吹捧南海的石油资源是第二个波斯湾。这样，有巨大的石油资源就成为越南、菲律宾、马来西亚、文莱和印尼等相关国家蚕食中国南沙群岛的强大诱因，纷纷向中国提出主权要求，或者付诸行动。

目前，南沙群岛的岛礁除了小部分在中国控制下，其他的都被周边国家瓜分。其中越南占领最多，43 个岛礁中有 30 多个被越南非法占领。围绕着岛礁进行的争夺，实质上是资源的争夺。因为如果拥有岛礁，根据《联合国海洋法公约》的规定，就意味着拥有岛礁地下及岛礁附近一定海域的资源。海洋中有丰富的资源，例如，世界石油可采量约 3000 亿吨，而海底就达到 1350 亿吨；世界天然气储量 255 万亿—280 万亿立方米，而海洋储量高达 140 亿立方米，此外还有煤、锰、铁、镍、钴、铜、可燃冰等。虽然中国近海已发现了渤海盆地、北黄海盆地、南黄海盆地、东海盆地、台湾西部盆地、南海珠江口盆地、琼东南盆地、北部湾盆地、莺歌海盆地和台湾浅滩盆地等大型含油气盆地，但在中国 300 万平方公里的海洋国土中，目前有大约 120 万平方公里的海洋国土并不掌握在中国手中，这就意味着有相当部分的海底资源被他国非法占有。

从战略利益来看，经过 30 多年的对外开放，中国经济已经完全是一种外向型经济。外向型经济要求陆上开放、海上畅通，但从陆上来看，中国同 14 个国家接壤，陆地边界总长 2. 2 万多公里，是世界上陆地边界线最长和邻国最多的国家，但也是边界情况最复杂的国家之一，能够给中国对外交通提供便利的地方并不多。例如，往西是第二亚欧大陆桥，实际上受到中亚地区恐怖主义的影响而很难发挥应有的作用；南边则是喜马拉雅山脉，基本上没有出口，通往巴基斯坦的口岸也很少。从海上看，中国尽管拥有 1. 8 万公里长的海岸线，长度居世界第四，但中国对外的航线都需要借道他国。而南海诸岛更是世界主要航道的必经之地，特别是这一地区与马六甲海峡一起组成了连接太平洋与印度洋之间的咽喉要道。一国的某种利益关系到该国未来命运的时候，这种利益必然是该国的核心利益。南海诸岛涉及到中国未来发展问题，因而是中国的核心利益。尤其是在推进海上丝绸之路建设的过程中，该问题更显得重要而迫切。

另外，南海是国际航道的必经之处，当然也是海上丝绸之路的必经之处。南海周边个别国家借助美国撑腰不断闹事，并同美国等进行高级别、高层次的军事演习，不断加剧南海局势的复杂性。根据有关国际法，即使是公海也要遵循“无害通过”的原则。而美国等国家在属于中国主权的南海诸岛附近进行军事演习，本身就是对中国“核心利益”的危害，也违背自己作出的在南海争议中“不选边站”的承诺。这无疑为推进“一带一路”建设增加了困难。

从东海大陆架来看，东海是中国大陆东岸与太平洋之间的一个半封闭海，西接中国，东邻日本的九州和琉球群岛，北濒韩国的济州岛和黄海，南以台湾海峡与南海相通，总面积约为75万平方公里。20世纪60年代末东海大陆架及钓鱼岛周边发现蕴藏丰富的石油资源以来，中日两国间东海海底资源争端浮出水面。1994年《联合国海洋法公约》正式生效后，双方在东海海域大陆架划界问题上的分歧日渐突出，争端愈演愈烈。中日间的大陆架最大宽度为325海里，最小宽度为167海里，一般宽度为216海里，这就在客观上造成了两国大陆架与专属经济区的部分重叠，导致双方在海域权利主张上出现相互对立。在这一问题上，中国一直主张按“自然延伸”标准采用“公平原则”划界。1982年12月，中国政府签署《联合国海洋法公约》，1996年5月正式批准《联合国海洋法公约》。1998年6月，第九届全国人代会通过了《中华人民共和国专属经济区和大陆架法》。该法规定，“中华人民共和国的专属经济区，为中华人民共和国以外并邻接领海的区域，从测算领海宽度的基线量起延至200海里。中华人民共和国的大陆架，为中华人民共和国以外依本国陆地领土的全部自然延伸，扩展到大陆边缘的海底区域的海床和海土；如果从测算领海宽度的基线量起至大陆边缘的距离不足200海里，则扩展至200海里”。[①] 这表明中国对大陆架的权利主张是基于自然延伸标准。而日本则主张“等距离中间线”划界。根据1996年6月日本国会通

① 国家海洋局政策法规办公室编：《中华人民共和国海洋法规选编》，海洋出版社2001年版，第4页。

过的《专属经济区和大陆架法》规定，“日本的专属经济区是从其领海基线量起向外延伸到其每一点同领海基线的最近点的距离为200海里的线以内的区域，包括海床、底土和上覆水域（不包括领海）。如果专属经济区外部界线的任何部分超过了中间线（中间线是一条其每一点同日本领海基线的最近点和与日本海岸相向的其他国家的领海基线的最近点距离相等的线），中间线（或者是日本与其他国家协商同意的其他线）将代替那条线”。“日本的大陆架包括从日本的领海基线向外延伸到其每一点同领海基线的最近点的距离等于200海里的线以内的海域的海底及其底土。如果大陆架的外部界线的任何一部分超过了中间线，中间线（或者日本与其他国家协商同意的其他线）将代替那条线。”由此可见，日本主张中日东海划界应按照等距离标准以“中间线”来确定界线。两国之间的划界标准分歧导致两国在东海大陆架的长期争端。

不过，即便如此，中国在这方面仍然是十分克制的。因为，中国东海油田（包括春晓、平湖、残雪、断桥和天外天等油气田，占地面积达2.2万平方公里）实际上处于日本所主张的200海里线中国一侧。这就是说，中国坚持一直所倡导的和平解决划界争议。东海虽然不在海上丝绸之路上，但如果中国与日本之间因划界或钓鱼岛而引起海上冲突，那么其影响的范围可能就不只是在东海之内，将会波及更远的地方，这同样是“一带一路”建设的重大风险。

第三节　非传统因素引发的政治风险

冷战结束以后，各种非传统安全因素凸显，这些非传统安全因素同样也会引发国际国内政治风险。这里首先以水资源为例来分析水资源安全问题究竟如何导致地区的政治风险。新丝绸之路经济带建设的核心区域在中亚南亚地区，众所周知，该地区尤其是中亚水资源严重短缺，而且分布极不平衡。中亚地区的矿物能源主要分布在西部，也就是下游的乌兹别克斯坦、哈萨克斯坦和土库曼斯坦；而水资源主要分布在东部，也就是上游的塔吉克斯坦和吉尔吉斯斯坦。为了解决水资源分配问题，

1992年中亚五国成立了跨国水资源合作委员会，但经过18年的复杂谈判也没能明确解决关于锡尔河和阿姆河流域的水资源问题，各国仍只能按自身利益来行事，或是寻求双边合作。这一地区的水资源管理机构十分零散，由6个不同的国家共同控制，这些国家视彼此为对手，主要矛盾集中在上游国家和下游国家的不合作与竞争上。长期以来，中亚国家为水资源的分配而龃龉不断。水资源争夺恶化了中亚国家之间的关系，在一定程度上加深了中亚内部的矛盾。例如，1997年，由于哈萨克斯坦没能履行所商定的能源运输、付清所欠款项，吉尔吉斯斯坦威胁要切断对哈萨克斯坦的水电供应，1998年5月哈萨克斯坦的供水果然被停了10天，引起了哈萨克斯坦和吉尔吉斯斯坦关系的紧张；土库曼斯坦与乌兹别克斯坦之间的边界和水争端已经长期化。同样的争端也存在于吉尔吉斯斯坦与乌兹别克斯坦之间、塔吉克斯坦与乌兹别克斯坦之间，以及乌兹别克斯坦与哈萨克斯坦之间。1997年6月，吉尔吉斯斯坦宣称它正在计划向哈萨克斯坦和乌兹别克斯坦收取水费，这引起了哈、乌两国的不满。1997年7月，当乌兹别克斯坦把德鲁日巴运河的流量减少70%时，引起了当地哈萨克人的抗议，使两国关系陷入僵持状态。2000年在哈萨克斯坦、吉尔吉斯斯坦和乌兹别克斯坦出现了三方争端。因为哈萨克斯坦没有满足协商已同意的能源供应，吉尔吉斯斯坦中断了供水，哈萨克斯坦南部面临着严重的缺水，由此产生了哈、吉两国争端。在这场争端中，乌兹别克斯坦试图行使其政治实力。如果哈萨克斯坦试图改变现存的分配政策，乌兹别克斯坦威胁要使用武力夺取锡尔河哈萨克斯坦境内的托克托古尔大坝。而塔吉克斯坦也曾试图把锡尔河作为“在与乌兹别克斯坦任何领土争端中的一种进攻武器”。且不论这些威胁的实质内容如何，但这些争端和威胁性说明了中亚地区的水资源争夺已经成为国家间关系健康发展的严重障碍。进入21世纪后，中亚在水资源争议问题上的矛盾更进一步暴露出来。

其实，不只是在中亚国家内部，中国与中亚国家也有跨境河流，中国新疆也是严重缺水的地区。中国与哈萨克斯坦之间共有23条跨境河流，其中最大的是伊犁河和额尔齐斯河。处于中下游的哈萨克斯坦特别关注中国在上游地区对这两条河的水量使用，担心中国筑坝、建水库、引水工程等危及哈国的用水安全。中哈两国于1992年1月正式建交，双方同意在和平共处五项原则基础上，发展两国之间的友好合作关系。与此同时，中国开始对伊犁河和额尔齐斯河进行开发利用，哈方随后便提出了跨界河流问题。1992年哈向中方转交了涉及联合、合理使用界河水资源法律原则的建议，1994年又向中方转交了这一领域政府间协议草案的哈方方案。中哈双方都保持友好磋商的态度，并且于2003年10月就中哈跨界河流有关事宜签署了联委会工作条例及会议纪要；2006年双方又签订了《关于开展跨界河流科研合作的协议》《关于相互交换主要跨界河流边境水文站水文水质资料的协议》《关于中哈国界管理制度的协定》，对中哈两国在跨界河流域共同开展科学研究和技术交流做了安排。但是，在"一带一路"沿线国家和三大国际经济走廊中存在着众多的国际河道，中俄之间、中印之间、中国与中南半岛国家之间等都有非常重要的跨境河道。如果处理不当，可能会引发地区国与国之间的冲突。很显然，巴勒斯坦和以色列之间的矛盾很深，实际上最根本的原因可能还是在于水资源的争夺。

除水资源外，当前直接引发政治风险的非传统安全因素是难民问题，尤其是当前来自中东却搅乱欧洲的难民危机。

此次的欧洲难民问题几乎是突如其来的，但实际上是21世纪初"反恐"战争和各种政治纷争积累起来的。十多年来，阿富汗战争、伊拉克战争、利比亚战争，以及由各种极端组织引发的中东、北非一些国家的内部政治动荡，包括近些年来"伊斯兰国"极端势力猖獗，这些因素是此次难民危机的直接诱因。联合国难民署公布的数字显示，2015年1—8月，已有30多万名难民和非法移民经地中海进入欧洲，其中80%来自叙利亚，途中有2850人死亡和失踪。

在对待此次难民问题上，欧洲各国都在博弈。德国作为欧盟国家中最欢迎移民的国家之一，预计2015年将有80万难民入境，是2014年4倍之多。德国要求欧盟设立强制及永久配额机制收容难民。默克尔承认，限制移民自由的"都柏林规定"难以继续推行，同时表示德国愿意成为全欧盟难民收容的第一大国。法国总统奥朗德表示，全球都看见了叙利亚男童陈尸沙滩的画面，认为此时是欧洲负起责任之时，应拿出良心接纳所有遭迫害的人民；同日，奥朗德与德国总理默克尔联合提议，要求欧盟国家按照配额制度共同分担涌入欧洲的大批难民。意大利拥有逾7500公里海岸线，完全无法阻止偷渡船入境，也是难民选择进入欧洲的首选国之一。匈牙利是中东移民前往德国的途经国，最初匈牙利采取在边境架起铁丝网，但仍无法阻止大批移民进入。匈牙利总理曾指出，这波移民危机不是欧盟问题，而是德国的问题，因为“他们全都想去德国，而我们只是帮忙登记而已”。英国非申根国，坚决防堵移民自英法隧道进入。但是，发生叙利亚男童溺毙事件后，英国已有逾22万人网络联署，要求政府收容更多难民。英国首相卡梅伦表示，未来英国会再继续收容数千名难民，但他警告，收容难民不是解决危机的唯一方法，必须要有解决问题核心的完整方法。此外，北欧的瑞典2014年共收到8.13万份庇护申请，其中3.06万份申请获得许可，2015年还在继续允许难民申请进入。瑞士政府还给难民提供语言课、文化课、职前培训及实习等帮助，希望其尽快融入劳动市场。不过，政府越是努力让难民融入，瑞典社会便越分裂。反移民的瑞典民主党支持率已超过20%。奥地利2015年上半年已有超过2.7万名难民申请庇护，比上一年同期多出3倍。而奥地利政府希望通过修改宪法，迫使各个州接收难民。相反，另一些国家则采取拒绝的态度，如荷兰因苛刻的避难法限制至少2/3的难民申请不被批准；波兰大部分难民中心都设于偏远的前军营或前工人疗养院，难民很难融入社会，而约七成波兰受访者表示，不愿意接收穆斯林及非洲国家难民。

由此可见，难民问题已经成为欧洲政治上的头等大事。正如一些观察家所说，欧盟内部已经意识到：难民问题的挑战将比希腊债务危机更严重，难民份额分配将会引起欧盟的分裂。然而，对于欧洲来说更为可怕的是，欧洲很有可能会被伊斯兰难民拖垮，有人甚至担心汹涌而来的难民危机正在引发成为一场欧盟危机。欧盟如果不能解决此次难民危机，那么“一带一路”建设就很难在中东、欧洲顺利推进。匈牙利是与中国签署推进“一带一路”建设战略性文件的第一个欧洲国家，但其显然已经成为此次难民危机首先受到冲击的国家。因此，难民危机既是对欧洲的考验，也是“一带一路”建设过程中的重要政治变数。

参考文献

［美］斯蒂芬·安布罗斯著，徐向铨译：《艾森豪威尔传》，中国社会科学出版社 1989 年版。

［美］安德鲁·内森、罗伯特·罗斯著，柯雄、贾宗谊、张胜平译：《长城与空城计——中国对安全的寻求》，新华出版社 1997 年版。

［美］罗伯特·基欧汉著，苏长和等译：《霸权之后：世界政治经济中的合作与纷争》，上海人民出版社 2001 年版。

［美］罗伯特·肯尼迪著，复旦大学历史系拉丁美洲研究室译：《十三天——古巴导弹危机回忆录》，上海人民出版社 1977 年版。

［美］莫顿·贝科威茨等著，张禾译：《美国对外政策的政治背景》，商务印书馆 1979 年版。

［美］塞缪尔·亨廷顿著，周琪等译：《文明的冲突与世界秩序的重建》，新华出版社 2002 年版。

［美］沃尔特·拉弗贝：《美苏冷战史话 1945—1975》，商务印书馆 1980 年版。

［美］小杰克·马特洛克：《苏联解体亲历记》，世界知识出版社 1996 年版。

［美］亚历山大·温特著，秦亚青译：《国际政治的社会理论》，上海人民出版社 2000 年版。

［美］詹姆斯·多尔蒂、小罗伯特·普法尔茨格拉夫著，阎学通、陈寒溪等译：《争论中的国际关系理论》，世界知识出版社 2003 年版。

［英］G. 巴勒克拉夫著，曾苏黎译：《国际事务概览（1959—

1960)》，上海译文出版社 1986 年版。

［苏］罗·麦德维杰夫，何宏江译：《让历史来审判》，人民出版社 1981 年版。

《赫鲁晓夫回忆录》，中国广播电视出版社 1988 年版。

《马克思恩格斯文集》第 1—10 卷，人民出版社 2009 年版。

《苏联社会主义经济史》第 6 卷，东方出版社 1986 年版，第 485 页。

《资本论》第 1—3 卷，人民出版社 2004 年版。

［俄］阿·恩·丘马科夫：《全球性问题哲学》，中国人民大学出版社 1996 年版。

蔡拓等：《全球问题与当代国际关系》，天津人民出版社 2002 年版。

冯友兰著：《中国哲学史》，重庆出版社 2009 年版。

傅勇著：《非传统安全与中国》，上海人民出版社 2007 年版。

郭树勇著：《大国成长的逻辑：西方大国崛起的国际政治社会学分析》，北京大学出版社 2006 年版。

国家海洋局政策法规办公室编：《中华人民共和国海洋法规选编》，海洋出版社 2001 年版。

胡键、文军：《网络与国家安全》，贵州人民出版社 2002 年版。

胡键著：《角色·责任·成长路径：中国在 21 世纪的基础性战略问题》，上海人民出版社 2010 年版。

黄琪轩著：《大国权力转移与技术变迁》，上海交通大学出版社 2013 年版。

黄仁伟著：《中国崛起的时间和空间》，上海社会科学院出版社 2002 年版。

李宗禹等：《斯大林模式研究》，中央编译出版社 1999 年版。

刘汉太、都幸福主编：《中国打击“东突”报告》，新疆人民出版社 2003 年版。

潘光、胡键：《21 世纪的第一个新型区域合作组织——对上海合作组织的综合研究》，中共中央党校出版社 2006 年版。

潘志平主编：《民族自决还是民族分裂》，新疆人民出版社 1999 年版。

潘志平主编:《中亚政局走势微妙》，新疆人民出版社 2005 年版。

吴士存著:《南沙争端的起源与发展》，中国经济出版社 2010 年版。

吴兴南、林善炜:《全球化与未来中国》，中国社会科学出版社 2002 年版。

王逸舟、谭秀英主编:《中国外交六十年（1949—2009）》，中国社会科学出版社 2009 年版。

学刚、姜毅主编:《叶利钦时代的俄罗斯·外交卷》，人民出版社 2001 年版。

张沱生、[美] 史文主编:《对抗·合作·博弈——中美安全危机管理案例分析》，世界知识出版社 2007 年版。

张文木著:《论中国海权》，海洋出版社 2009 年版。

张幼文、黄仁伟等著:《2006 中国国际地位报告》，人民出版社 2006 年版。

孙壮志:《中亚安全与阿富汗问题》，世界知识出版社 2003 年版。

孙壮志:《中亚新格局与地区安全》，中国社会科学出版社 2001 年版。

赵常庆主编:《中亚五国概况》，经济日报出版社 1999 年版。

郑伟著:《国际危机管理与信息沟通》，中央编译出版社 2009 年版。

中国现代国际关系研究院危机管理与对策研究中心编著:《国际危机管理概论》，时事出版社 2003 年版。

周琪主编:《意识形态与美国外交》，上海人民出版社 2006 年版。

[美] 艾伦·布坎南、[美] 罗伯特·基欧汉:《全球治理机制的合法性》，《南京大学学报（哲学·人文科学·社会科学）》2011 年第 2 期。

陈利君:《建设孟中印缅经济走廊的前景与对策》，《云南社会科学》2014 年第 1 期。

陈利君:《中巴经济走廊建设的前景分析》，《印度洋经济体研究》2014 年第 1 期。

达巍:《建立面向未来的中美关系战略共识与长期稳定框架》，《现代国际关系》2015 年第 6 期。

冯怀信：《水资源与中亚地区安全》，《俄罗斯中亚东欧研究》2004年第4期。

郭学堂：《国际危机管理与决策模式分析》，《现代国际关系》2003年第8期。

郭学堂：《“高铁外交”的地缘政治学解读》，《社会科学》2015年第5期。

高会平：《中巴经济走廊建设中的巴基斯坦风险分析》，《东南亚南亚研究》2014年第1期

赫特、索德伯姆：《地区主义崛起的理论阐释》，《世界经济与政治》2000年第1期。

胡键：《“问题政治观”：中国和平崛起的国际政治理念》，《国际观察》2004年第3期。

胡键：《俄罗斯应对中国和平崛起的战略分析》，《当代世界与社会主义》2006年第3期。

胡键：《非经济国力与中国的国际地位》，《太平洋学报》2005年第5期。

胡键：《论上海合作组织发展的动力》，《社会科学》2005年第6期。

胡键：《马克思世界历史理论视野下的全球治理》，《世界经济与政治》2012年第11期。

胡键：《美国意象中的中国国际角色》，《国际论坛》2007年第3期。

胡键：《新丝路：中国内外互联互通的战略构想》，《社会观察》2014年第6期。

胡键：《知识、制度、利益：理解中国改革的三个维度》，《华东师范大学学报（哲学社会科学版）》2013年第1期。

胡键：《中国和平发展道路：逻辑、经验、前景》，《探索与争鸣》2013年第7期。

胡键：《中亚“帝国后遗症”及其治理机制》，《世界经济研究》2004年第2期。

胡键：《“一带一路”：战略内涵与城市布局》，《社会观察》2015年第6期。

胡键：《“一带一路”战略构想与欧亚大陆秩序的重塑》，《当代世界与社会主义》2015 年第 4 期。

胡尚哲、高永久：《美国的中亚和高加索战略的演变》，《俄罗斯中亚东欧研究》2006 年第 2 期。

黄仁伟、刘宏松：《中国和平发展道路能否成功的三大标志》，《国际观察》2012 年第 5 期。

黄仁伟：《建设新思路的战略考量》，《社会观察》2014 年第 6 期。

黄益平：《中国经济外交战略下的“一带一路”》，《国际经济评论》2015 年第 1 期。

姜琦、王耀东：《中国面对欧亚地缘政治格局新态势的战略选择》，《上海行政学院学报》2000 年第 2 期。

李新：《中俄蒙经济走廊助推东北亚区域经济合作》，《俄罗斯东欧中亚研究》2015 年第 4 期。

刘兴华：《国际道义与中国外交》，《外交评论》2007 年第 6 期。

陆钢：《“一带一路”：一盘棋，八大联动》，《社会观察》2015 年第 6 期。

陆建人、王旭辉：《东亚经济合作进程及其对地区经济增长的影响》，《当代亚太》2005 年第 2 期。

庞中英：《中国在国际体系中的地位与作用》，《现代国际关系》2006 年第 4 期。

任佳：《孟中印缅地区经济合作与经济走廊建设构想》，《东南亚南亚研究》2014 年第 1 期。

任剑涛：《在一致与歧见之间——全球治理的价值共识问题》，《厦门大学学报（哲学社会科学版）》2004 年第 5 期。

唐永胜：《欧亚大陆地缘关系的重大变化》，《世界经济与政治》1999 年第 1 期。

唐朱昌：《“一带一路”的定位、风险与合作》，《社会观察》2015 年第 6 期。

王逸舟：《创新不干涉原则，加大保护海外利益的力度》，《国际政治研究》2013 年第 2 期。

王逸舟：《论综合安全》，《世界经济与政治》1998 年第 4 期。

许涛：《中亚地缘政治变化与地区安全趋势》，《现代国际关系》2012 年第 1 期。

姚勤华：《“一带一路”系中国崛起的大战略》，《社会观察》2015 年第 6 期。

俞晓秋等：《非传统安全论析》，《现代国际关系》2003 年第 5 期。

张文木：《丝绸之路与中国西域安全》，《世界经济与政治》2014 年第 3 期。

张蕴岭：《中国的周边区域观回归与新秩序构建》，《世界经济与政治》2015 年第 1 期。

钟开斌：《认知—心理、官僚组织与议程—政治——西方危机决策解释视角的构建与发展》，《世界经济与政治》2007 年第 1 期。

A. P. Tsygankov, "Mastering Space in Eurasia: Russia's Geopolitical Thinking after the Soviet Break-up", *Communist and Post-Communist Studies*, Vol. 36, No. 1, 2003.

A. Abalkin and J. Whalley, "The Problem of Capital Flight from Russia", *The World Economy*, Vol. 22, No. 3, May 1999.

Albert Keidel, "China's Growing Pains Shouldn't Hurt Us", *The Washington Post*, July 24, 2005.

Anatolii Taksubayev, "Russia and Central Asia", *International Affairs*, Vol. 45, No. 3, 1999.

Barry M. Blechman and Cathline S. Fisher, "Phase out the Bomb", *Foreign Policy*, Winter 1994.

Chin-Chuan Lee, "Established Pluralism: US Elite Media Discourse about China Policy", *Journalism Studies*, Vol. 3, No. 3, 2002.

Coral Bell, *The Conventions of Crisis: A Study in Diplomatic Management*, London: Oxford University of International Affairs, 1971.

ECAFE, Committee or Co-ordination of Joint Prospecting for Mineral Resources in Asian Offshore Areas (CCOP), *Technical Bulletin*, Vol. 2,

May 1969.

Gregory Gleason, *THE CENTRAL ASIAN STATES—Discovering Independence* , Westview Press A Division of Harper Collins Publishers, 1997.

Hans J. Morgenthau, *Political Dilemma*, The University of Chicago Press, 1958.

Henry Mintzberg, Duru Raisinghani and Andre Theoret, "The Structure of 'Unstructured' Decision Processes", *Administrative Science Quarterly*, Vol. 21, No. 2, 1976.

Ian Hurd, "Legitimacy and Authority in International Politics", *International Organization*, Vol. 53, No. 2, Spring 1999.

Jack S. Levy, "Declining Power and the Preventive Motivation for War", *World Politics*, Vol. 40, 1987.

Jeffery D. Sachs and Wing Thye Woo, "Understanding China's Economic Performance", *Journal of Policy Reform*, Vol. 4, Issue 1, 2000.

John J. Mearsheimer, "China's Unpeaceful Rise", *Current History*, April 2006.

John Mearsheimer, *The Tragedy of Great Power Politics*, New York: Norton, 2001.

Konstaintin Loukine, "Estimation of Capital Flight from Russia: Balance of Payment Approach", *The World Economy*, Vol. 21, No. 5, July 1998; Terry Sicular, "Capital Flight and Foreign Investment: Two Tales From China and Russia", *The World Economy*, Vol. 21, No. 5, July 1998.

Michele Penna, "China's Marshall Plan: All Silk Roads Lead to Beijing?", *World Politics Review*, December 9, 2014.

Murry S. Turner, "China Rethinks Unrest", *The Washington Quarterly*, Vol. 27, No. 3, 2004.

Naazneen Barma, Ely Ratner and Steven Weber, "Chinese Ways——Letters to the Editor", *Foreign Affairs*, Vol. 87, No. 3, 2008.

Richard Hermann and Michael P. Fischerkeler, "Beyond the Enemy Image and Spiral Model: The Cognitive-Strategic Research after the Cold War",

International Organization, Vol. 49, No. 3, 1995.

U. S. National Security Strategy 2006, http://www.whitehouse.gov/nsc/nss/2006/introduction.html.

Umirserik Kasennov, "Post-Soviet Modernization in Central Asia: Realities and Prospects", in Boris Rumer eds, *Central Asia: The Challenges of Independence*, New York, 1998, pp. 28 - 53.

US Department of State Dispatch, October 31, 1994.

Zbignew Brezinsiki and John J. Mearsheimer, "Clash of the Titans", *Foreign Affairs*, Vol. 146, January/February, 2005.

Zorawar Daulet Singh, "Indian Perceptions of China's Maritime Silk Road at Sea", *Journal of Defence Studies*, Vol. 8, No. 4, 2014.

后　记

“一带一路”战略构成一被提出来就引起了国内外的广泛关注，更激起了国内学术界的研究热情。这至少表明，“一带一路”切中了沿线国家发展的血脉。沿线国家有的处于经济发展的瓶颈之中，依靠自身的力量难以解决，需要外部力量来打破；有的处于经济转型的关键点上，虽然转型初期的阵痛已经过去，但要真正治好转型初期的“经济病”还需要有一剂关键的药来加以固本，而这服药剂可能也需要从外部借药引子；有的虽然走出了“转型陷阱”，但已经步入中等收入陷阱的边缘，如果经济发展没有新的动力，很有可能就陷入这个陷阱之中。很显然，“一带一路”战略构想正是着眼于沿线国家的和平、合作、共赢、发展。由于中国的发展是基于构建利益共同体、责任共同体和命运共同体的发展构想，它不仅是中国的经济发展战略构想，而且中国的发展将会为周边乃至整个欧亚大陆的发展带来新的机遇，因此“一带一路”构想也将促进沿线国家的经济转型和社会发展。

当然，“一带一路”毕竟刚刚提出来，实际的行动也刚刚开始实施，理论研究也刚刚起步。迄今为止，绝大部分的研究要么属于解释性的研究，要么是历史回顾性的研究，此外还有一种预测性的研究。解释性研究主要是研究“一带一路”是什么的问题。也许有人会说，社会科学研究的基本范式不就是解释现象、回顾历史和对未来的预测吗？话虽如此，但对“一带一路”的解释的确存在着不少争议，正如本书中所罗列的那样，各种说法都有失之偏颇之处。这主要还是因为提出来的时间尚短，没有一致的认同本是正常现象。而回顾历史则往往是从研究者以往的研究来回顾这种研究与“一带一路”所存在着的学科关系的，目的是证明“一带一路”是有历史底蕴的。但是，每一种历史回顾都难免存在一定程度上的牵强。至于说对未来的预测，毫无疑问，“一带一路”作为中国乃至沿线国家的共同发展战略，其未来美好的前景是不容置疑的，这样就很可能因过于乐观而忽视其推进过程中的风险与危机。

本书对“一带一路”的研究可能既有解释性的，也有历史回顾性的，同时还有对未来的简单预测，可以说是一种综合性研究。即便如此，本书仍然存在着严重的缺陷，特别是作为社会科学对现实问题的研究成果，本应发挥社会科学资政的功能，为决策者提出相应的政策建议，而本书恰恰没有进行对策性研究，而且即便是对现实热点问题的研究，仍然难脱学究味，带有明显的书斋式的风格。

应该承认，上述研究现象既源于主观认识上的问题，也受制于研究对象的新颖性，但无论如何，对“一带一路”的研究是值得赞扬的。然而，“一带一路”战略构想在实践中的推进并非一朝一夕的事情，其是中国未来数十年的战略构想，实施过程也是有先有后、按区域和国家、分步骤推进的，所以既有的研究乃至未来一段时间的研究都属于阶段性的成果。因此，对于既有的研究就很难求其全。本书同样也只是关于“一带一路”的阶段性成果。社会科学研究者的职责就是要紧跟国家战略和国际大势进行跟踪研究，这样学术创新才能够体现时代的风貌，从而更加具有现实意义。